图书馆管理系列

区域图书馆资源共建共享模式研究

——以长沙地区为例

王自洋◎著

知识产权出版社
全国百佳图书出版单位

图书在版编目（CIP）数据

区域图书馆资源共建共享模式研究：以长沙地区为例 / 王自洋著 .
—北京：知识产权出版社，2014.10
ISBN 978-7-5130-2797-7

Ⅰ.①区… Ⅱ.①王… Ⅲ.①图书馆－文献资源共享－研究 Ⅳ.① G253

中国版本图书馆 CIP 数据核字（2014）第 131948 号

内容提要

本书是在创建国家公共文化服务体系示范区过程中，长沙地区图书馆在实现资源共建共享过程中实践探索、理论研究、系统思考和经验总结的成果。全书主要内容包括：国内外区域图书馆资源共建共享典型案例调研，长沙地区图书馆信息资源共建共享的现状调研，长沙区域图书馆资源共建共享模式构建、问题及对策、法律保障、制度设计与实施。希望对国内相关地区图书馆开展区域图书馆资源共建共享，探索公共图书馆服务体系建设的模式、路径、方式、方法和措施，提升图书馆服务效能等方面提供借鉴和参考。

责任编辑：张水华　　　　**责任出版**：谷　洋

区域图书馆资源共建共享模式研究
——以长沙地区为例

王自洋　著

出版发行：	知识产权出版社有限责任公司	网　　址：	http://www.ipph.cn
社　　址：	北京市海淀区马甸南村 1 号	邮　　编：	100088
责编电话：	010-82000860 转 8389	责编邮箱：	miss.shuihua99@163.com
发行电话：	010-82000860 转 8101/8102	发行传真：	010-82000893/82005070/82000270
印　　刷：	北京中献拓方科技发展有限公司	经　　销：	各大网上书店、新华书店及相关专业书店
开　　本：	787mm×1092mm　1/16	印　　张：	18.75
版　　次：	2014 年 10 月第 1 版	印　　次：	2014 年 10 月第 1 次印刷
字　　数：	350 千字	定　　价：	54.00 元

ISBN 978-7-5130-2797-7

前言

图书馆资源共建共享是图书馆人的世纪梦想，也是图书馆工作和图书馆事业达到最高境界的重要标志。在图书馆资源共建共享理论研究和实践探索中，区域图书馆资源共建共享备受关注。国外许多著名的图书馆资源共建共享系统都是地区性的，或者从最初地区性的图书馆资源共建共享系统发展成为全国乃至全球性的图书馆资源共建共享系统。我国地域辽阔，各地区在经济发展、文化基础、科技水平、网络条件等方面都存在巨大差异，由此造成了不同地区信息化程度、信息资源分布和需求水平之间的巨大差异。为此，以提高区域信息化程度、满足地区信息需求为主要目标的区域图书馆资源共建共享体系是我国图书馆资源共建共享的主要模式之一，引起了图书馆界和图书馆学界的广泛关注。

由于科技、经济和文化等因素，区域资源共建共享成为了长沙地区图书馆快速可持续发展过程中需要重点思考的问题。特别是在国家大力构建公共文化服务体系的时代背景下，如何实现长沙区域图书馆资源共建共享，以及如何实现图书馆服务的均等化、高效化和全民化，成为长沙区域图书馆资源共建共享实践探索中的核心问题。长沙市抓住创建国家公共文化服务体系示范区的有利契机，对长沙区域图书馆资源共建共享模式进行了一系列理论研究和实践探索。一方面，积极参与全国性和全省性图书馆资源共建共享项目；另一方面，大胆开展了地区内的图书馆资源共建共享实践尝试，取得了较明显的成效，初步形成了三个层次的区域图书馆资源共建共享机制，即总分馆体系、区域图书馆联盟和图书馆联合服务协作网。

长沙在总分馆模式方面的实践较为成熟，取得了突破性进展。通过总分馆模式的实施，基层图书馆购书经费不足、管理水平低下的问题得到有效缓解，通过总分馆系统统一采购、分编、调配整个体系的藏书，使有限的资金得到高效的利用，整体提升了地区图书馆的服务效能，使图书馆在传递知识资源、参与公众教育、普及公共文化服务的过程中发挥出最大的社会效益。

长沙区域图书馆联盟模式的探索，目前主要是参与全国性和全省性的图书馆资源共建共享项目。联盟建设的组织模式为层级型，即对不同类型图书馆分类进行组织。在联盟管理模式中，区域内公共馆包括长沙市区域内的所有级别的公共图书馆，联盟中各成员的地位平等，由区域图书馆联盟委员会和会长负责统一组织，下设相关部门。联盟的服务模式采用网状结构，形成了一个由长沙区域内所有图书馆组成的图书馆服务网络。

长沙区域图书馆联合服务协作网建设的组织模式较为松散，在具体运作中要根据需要和自愿原则来选择是否联合。协作服务网的管理模式大多数是通过合作成员签订协议或合同，由协议来约束和规范联合服务的运作。服务模式同样是网络模式，联合服务的各单位共同协作，在建设和服务中各单位相互联系。

长沙区域图书馆资源共建共享集成模式的构建，以长沙市公共图书馆系统为主体，以总分馆模式为基础和起点，构建长沙区域公共图书馆资源共建共享体系；以长沙区域图书馆联盟模式为核心，联合区域内所有类型图书馆，构建较为广泛的区域图书馆资源共建共享体系；以长沙区域图书馆联合协作服务模式为补充，联合一切力量构建覆盖全长沙的图书馆资源共建共享体系。这种集成模式构建的关键是要符合实际，能实现便利读者、管理简便、成本低廉、资源共享、长效运行等目标，做到可持续发展。

长沙区域图书馆资源集成共享模式的实践探索者逐步形成了一套行之有效的保障机制。通过成立共建共享领导（协调）小组，健全共建共享绩效考评机制，强化政府支持引导力度；通过下发文件，健全相关法规确保资源共建共享可持续发展，形成了政策与制度保障；通过固化公共财政资金投入，拓展经费来源，优化了公共资金保障机制；同时加大人力资源建设力度、扩大共建共享组织社会影响力，加大总分馆制推行力度，延伸服务触角，通过多种方式宣传推广共享资源，树立长沙区域图书馆服务品牌。

区域图书馆资源共建共享历久弥新，发展模式日益多样化。本书是长沙地区图书馆在实现资源共建共享过程中实践探索、理论研究、系统思考和经验总结的成果。在本书的编写过程中，我们尽可能吸收一些区域图书馆资源共享研究的成果，同时结合中西部地区图书馆现状探索了一些新的做法，如总分馆建设的标准化与实施情况的因地制宜，规范化管理与队伍建设，阅读推广创新与图书馆效能提升，等等，取得了良好的社会反响。图书馆资源共建共享虽有一定的规律和模式，但由于社会不断发展，信息技术日新月异，图书馆正处于急速变革的转型时期，各地社会经济文化发展程度各不相同，不同地区不同类型图书馆事业建设情况各异，因此不同区域图书馆资源共建共享产生的效果也不同。

为更好地介绍长沙区域图书馆资源共建共享的研究和实践成果，经过精心整理与修改，现将本书编辑出版。全书共分为六篇，每篇之下分若干章：

第一篇　国内外区域图书馆资源共建共享典型案例调研；

第二篇　长沙地区图书馆信息资源共建共享现状调研；

第三篇　长沙区域图书馆资源共建共享模式构建研究；

第四篇　长沙区域图书馆资源共建共享问题及对策研究；

第五篇　长沙区域图书馆资源共建共享的法律问题研究；

第六篇　长沙区域图书馆资源共建共享的制度保障研究。

本书是在长沙市创建国家公共文化服务体系示范区制度设计课题“长沙区域图书馆资源共建共享模式研究”成果的基础上进一步拓展而成。在课题研究过程中，得到了北京大学信息管理系李国新教授的精心指导和鼓励；湖南图书馆张勇馆长、湖南大学图书馆郑章飞馆长、东莞图书馆李东来馆长等为课题研究提出了很多宝贵的、富有建设性的专业指导意见。在课题研究和本书编写过程中，中南大学文庭孝教授、刘灿姣教授和湘潭大学周永红教授、杨思洛、龚蛟腾、周淑云副教授及刘意同学给予了大力的支持和帮助，为建立符合长沙实际、科学有效的区域图书馆资源共建共享模式，提供了丰富的科学理论依据和强有力的理论支持；长沙市人民政府、长沙市文化广电新闻出版局的各级领导高度重视课题研究和制度设计以及成果运用，给予了有力的政策支持和经费保障；长沙学院图书馆尹锋馆长，长沙商贸职业技术学院唐晓应馆长，长沙市图书馆肖雨滋副馆长、张军副主任及市、区县图书馆同仁积极探索有效途径和方法，为课题研究提供了良好的实践经验，在此表示衷心的感谢。

此外，本书在写作过程中参考了很多国内外同行专家的研究成果，特别是一些案例，在此衷心感谢他们所做的工作。

图书馆资源共建共享是一个庞大而复杂的系统实践工程，虽然近几年长沙市图书馆在这方面付出了许多努力，做了大量工作，取得了一些成果，并最后集结成了本书。但由于学识和水平有限，疏漏和不当之处，敬请专家、同行、读者批评指正。

目　录

PART ONE

第一篇 国内外区域图书馆资源共建共享典型案例调研

1. 区域图书馆资源共享模式概述

信息资源共享是人们关注和研究已久的问题，也是信息化社会中的一个焦点。在信息资源共享中，区域图书馆资源共享的实践和研究引人注目。国外许多著名的资源共享系统都是地区性的，或从地区图书馆共享系统发展成为全国乃至全球性的共享系统（如 OCLC、Ohio LINK、Minitex、MEDLINE 等）。区域图书馆资源共享是当今世界各国图书馆发展的通行做法和必然趋势。我国地域辽阔，不同地区的经济发展、文化基础、科技水平、网络条件等都存在着巨大差异，并由此造成不同地区信息化程度、信息资源分布和需求水平之间的巨大差异。正因为如此，以提高区域信息化程度、满足地区信息需求为主要目标的资源共享体系和模式，应该是我国图书馆资源共享的基础和主要模式之一。在实践中，我国产生了许多不同类型、不同范围、不同性质的区域性图书馆共享系统，也发挥了一定的作用。

1.1 国外区域图书馆资源共享模式现状

美国图书馆资源共享的历史可以追溯到 1901 年，这一年美国国会图书馆开始对其他馆实行馆际外借服务，并开始对 400 多家图书馆提供印刷目录卡片。但真正规模的资源共享计划则是在“二战”以后，大致可分为如下几个阶段：第一阶段从 1948 年到 20 世纪 80 年代，以美国政府为主导的全国性文献信息资源共建计划，以前期的法明顿计划和后期的 NPAC 计划为主要内容；第二个阶段从 20 世纪 60 年代后期美国高等教育法颁布后开始，以促进地区图书馆协作为目的的自主性图书馆协作共同体的形成和繁荣为特征；第三个时期是 20 世纪 80 年代开始的以编目自动化和编目资源共享为开端的书目共同利用体的出现与发展；第四个阶段始于 20 世纪 80 年代中期以计算机网络为基础的第二代地区图书馆协作体的崛起为标志，是图书馆协作网络的前身。这四个时期并不前后更替，有些是重叠发展的。[1]

德国很重视图书馆体系的现代化，早在正式统一之前就成立了联邦及州专家组成的工作组并一直持续到 1992 年，其任务是规划东德图书馆体系重建的蓝图。

[1] 上海地区文献资源共享协作网，华东师范大学信息学系联合课题组．美国图书馆信息资源共享的历史与现状 [J]．图书馆杂志，1999(10)：19-22．

虽然后来全盘引进的是西德模式，而且国家权利分散、缺乏统一的规范，但是德国的合作图书馆系统在实现资源共享方面还是很成功的。德国图书馆分为公共图书馆和学术性图书馆，这些馆不仅有自己的组织和网络，还有自己独特的分类规则，而馆际互借是德国资源共享供给的主要方式。德国图书馆信息资源共享主要集中在州层次上，主要组织形式是地区性图书馆联盟。[1]

日本图书馆信息资源共享的发展大致经历两个阶段：第一阶段是在“二战”后，随着各种图书馆协作组织和网络的高速发展，开展各种协作活动，进行图书馆之间的资源共享成为这些协作组织的重要活动。尽管这些协作是多样化的，但真正意义上的信息资源共享的方式和内容比较单一，很分散，没有形成全国规模，书目信息共享远远落后于当时的欧美国家。第二阶段是 20 世纪 80 年代中期，以学术信息中心（NACSIS）的建立为标准，进入了一个以计算机网络为基础的全国性信息资源共享阶段。[2] 日本在短短 10 多年时间内已经建立了具有日本特色的信息资源共享体系，赶上了欧美国家的水平。日本图书馆在开展文献信息资源共享方面，根据文献的性质、传递手段及自动化、网络化程度采用了不同的形式。其中馆际互借、馆际文献复制、大学图书馆面向社会开放和数字图书馆服务是 4 种主要形式。

区域图书馆资源共享历久弥新，虽然它的存在已经是众所周知的，但是对其的研究对图书馆界的发展与繁荣有着重要的作用。各国的区域图书馆共享模式主要有总分馆制、区域图书馆联盟、协作网络等，各国的形式并非单一的，而是共存发展，不过，各有千秋、各有所长。譬如，美国的总分馆制和协作网络、日本的协作网络、德国的地区性图书馆联盟，另外还有英国的区域图书馆联盟、法国的区域图书馆联盟和协作网络，此外，也不乏国际性的共享形式，等等。

1.2 国内区域图书馆资源共享模式现状

在我国，区域性图书馆资源共建共享从 20 世纪 90 年代后期开始出现在一些经济文化比较发达的省市，主要以图书馆联盟为基础在局部进行。最早是 1994 年，为响应上海市政府的“上海文献信息资源共建共享”计划而成立的上海市文献信息共建共享协作网，截至 2008 年年初，其成员发展到包括上海图书馆、上

[1] 朱前东，高波．德国的图书馆信息资源共享模式 [J]．大学图书馆学报，2008(5):43-48.

[2] 上海地区文献资源共享协作网，华东师范大学信息学系联合课题组．日本图书馆信息资源共享的现状 [J]．图书馆杂志，1999 (11):18-22.

海科学技术情报研究所等54所大学的图书馆、情报所、文献馆以及28个区县图书馆。现阶段影响较大的有2002年成立的广东网络图书馆，由于它采用三维立体全景图作图书馆导读系统，使读者在任何地方都可以了解到各成员馆的物理结构，为读者有效利用图书馆提供了先进的可视化服务。还有以首都师范大学等28所市属市管高校组成的，旨在构筑北京地区高校文献信息资源共享服务体系的北京高校网络图书馆等区域性信息资源共建共享服务体系。[1]

目前，我国各系统的图书馆都进行了总分馆制的尝试，如广东东莞城市图书馆公共服务体系，已初步建立起1个总馆、36个分馆和102个服务站的集群图书馆网络，服务覆盖东莞32个镇区；厦门大学、北京大学和中山大学等一些综合性的高校纷纷采用了总分馆制；中国科学院国家图书馆于2006年也采用了总分馆制。总分馆模式已经在国内公共图书馆、高校图书馆和中国科学院国家科学图书馆三大图书馆系统中实现。[2]

2000年4月5日，由科技部高科技产业司等21家成员单位参加的“中国数字图书馆工程建设联席会议”发出成立中国数字图书馆联盟的倡议，本着“资源共享、联合建设、优势互补、互惠互利、自愿参加”的原则，建立了中国数字图书馆联盟；2002年5月21日，CALIS管理中心正式发表《中国高等学校数字图书馆联盟成立宣言》，并联合22家高等学校图书馆共同发起成立中国高等学校数字图书馆联盟。继此之后，上海、浙江等高校也相继建立了高等院校的地区性图书馆联盟，目前成员单位已达500所。图书馆联盟作为一个节约成本、资源共享的模式在图书馆界兴起。[3]

1990年，四川川南的泸州市、宜宾市、自贡市、内江市、乐山市等五地市公共图书馆馆长聚集泸州市，自发组织召开了关于川南五馆协作协调建设的筹备会和成立会。同年，在泸州市召开了以“川南五地市公共图书馆期刊订购协调、确定编印川南五地市图书馆中文期刊联合目录编制”为主题的协作网年会，拉开了我国西部市地州公共图书馆协作网建设尝试与探索的序幕。[4]

---

[1] 郎卫红．区域性信息资源的共建共享研究——以丽水市网络图书馆为研究模型[J]．今日科技，2010(2):37.

[2] 中国科学院国家科学图书馆．馆情介绍[EB/OL]．[2012-04-13] http://www.las.cas.cn/gkjj/.

[3] 蔡和全．图书馆联盟——从合作到服务创新[J]．科技情报开发与经济，2006(10):5-6.

[4] 吴长兰，熊树华．西部地区公共图书馆协作网建设构想[J]．合作经济与科技，2010(20):106-107.

1.3 国内外区域图书馆资源共享模式总体情况

综合国内外区域图书馆资源共享模式现状，区域图书馆资源共享模式按照不同的形式可分为很多种，按管理模式分，主要分为：总分馆模式、图书馆联盟和协作网络模式。本次调研也是依据总分馆、图书馆联盟和协作网络模式对国内外区域图书馆开展调研的。

总分馆制是指在1个总馆下设立若干个分馆，构成管理、流通、服务体系，以网状的形态面向社会提供服务，使图书馆的服务范围覆盖区域内各个地方，实现服务效益最大化。

图书馆联盟是图书馆联合的最新形式，为了实现资源共享、利益互惠的目的而组织起来的，受共同认可的协议和合同制约的图书馆联合体，它既可以理解为馆际合作，也可以理解为传统图书馆与数字和虚拟图书馆、纸型资源与电子资源的互补共存。

图书馆协作网络是指在少数几个图书馆合作、联合的基础上，通过利用现代通信技术和计算机网络设备，有计划地将分散在各地区、各系统、各种类型的图书馆组织起来，在一定管理职能机构的统一领导下、统一规划下统一行动，形成一个既有分工又有合作的图书馆联合体，目的是为了充分发挥图书馆联合体的整体资源优势，实现文献资源共建共享。[1]

2. 总分馆模式

总分馆模式是国外大多数城市图书馆普遍采用的一种公共图书馆管理模式。总分馆制源于西方国家，其中，美国是总分馆制实行比较普遍的国家，体制也比较完备。根据美国图书馆法的相关规定，其公共图书馆采用总分馆制，资源由总馆统一协调，图书馆的类型有总馆、分馆、图书站、借阅处和汽车图书馆等。随着总分馆制在公共图书馆的广泛应用，也同时逐步应用于大学图书馆，如英国的剑桥大学图书馆采用多级设馆形式，它共有90个图书馆，包括5个大学馆、55个系馆和30个学院图书馆。这些馆都有基于网络的统一的管理系统、目录系统、借阅系统和馆员教育培训，留学生论文总馆和分馆之间实行统一的管理与服务。总分馆制以有效利用资源、提高服务效益为目的，通过一体化和专业化管理，实

[1] 张艳波．新时期图书馆协作网络建设的现状分析［J］．黑龙江史志，2012(1)：59-60.

现体系内各级图书馆之间的资源共享和服务的互动，充分体现了管理机制和运行机制的合理性与适用性。在网络技术、计算机技术高度发达的今天，这种总分馆模式越来越受到国内图书馆界的关注。[1]

2.1 国外总分馆模式

2.1.1 美国

据统计，美国现有公共图书馆 18022 所，50 个州和华盛顿特区共有独立建制的公共图书馆 9863 所，公共图书馆分馆则有 8259 所，平均每 1.3 万人拥有一家公共图书馆，由此也产生了良好的社会效益，美国公共图书馆的读者年到馆人数达到 8.83 亿人次。[2]下面将以纽约、波士顿和洛杉矶等三个城市的公共图书馆总分馆制进行阐述。

美国的公共图书馆为非盈利组织，通常是由所属行政辖区的居民代表组成图书馆董事会，决定图书馆的各项相关事项，通俗地讲就是董事长领导下的总分馆制。董事会决定馆长人选，决定经费使用方案，日常工作由总馆按董事会决定对各分馆实施领导。董事会通过成员馆选举产生，每年更换三分之一的成员。董事会实施统一用人、统一采购、统一编目等。

同时，美国公共图书馆的经费来源虽然为政府财政拨款，但是却是由纳税人通过公决投票方式确定对图书馆的投入，政府不过是执行纳税人的决定。所以在美国，公共图书馆会尽全力以最好的方式为民众服务，以争取民众投票来保障或增加国家对图书馆的投入。[3]

（1）纽约

纽约市有 3 个公共图书馆系统，分别是纽约公共图书馆系统、皇后区公共图书馆系统和布鲁克林区公共图书馆系统，构成覆盖全市五大区的公共图书馆服务网络，总馆和所属分馆之间实行网络化管理，为纽约市 800 余万人口提供了完善的图书信息服务。

其中，纽约公共图书馆系统拥有 4 个研究型图书馆、85 个分馆和 3 个流动图书馆，分散在布朗士区、曼哈顿区和斯塔滕岛区（里士满）。皇后区公共图书

[1] 何立芳．刍议总分馆制在国内图书馆的实现 [J]．图书情报工作，2009(7):59-62, 148.
[2] 王嘉陵．美国公共图书馆总分馆制考察 [J]．图书馆理论与实践，2011(4):66-70.
[3] COLLETTE MAK. Resource sharing among ARL libraries in the US:35 years of growth [J]. Interlending & Document Supply. 2011(1):26-31.

馆系统包括1个中央图书馆和68个分馆，共有980万件馆藏。布鲁克林区公共图书馆系统则由1个中心图书馆、1个商务图书馆、1个数码资料库、1个儿童流动图书馆、1个成人流动图书馆及60个分馆组成，现有450万册藏书、近100万册的历史文献、2.6万册乐谱、6.2万张DVD光盘、3.5万盒音像带及1000台供读者使用的电脑。皇后公共图书馆正式注册是1896年，1901年获捐建立8个分馆；20世纪20年代，皇后区图书馆已有20个分馆；1930年设总馆，1946年有总馆和44个分馆，总藏书量达80万册；1964年，皇后公共图书馆系统增加到53个分馆；1966年总馆迁入新址，成为全美第一家在同一楼面提供全面服务的大型图书馆系统；1988年，完成图书流通电脑操作。现在皇后公共图书馆最高流通量也表明，它是全美国使用最频繁的公共图书馆。[1]

美国公共图书馆属非营利性机构，经费主要靠政府拨款、基金会及各种捐助，其中最主要的经费来源于市政府、州政府、政府专项资金、联邦政府基金等。美国在1948年发布的《全国公共图书馆工作规划》中提出：15%的图书馆经费由联邦政府提供，25%由州政府提供，60%由地方政府提供。纽约公共图书馆也不例外。例如2008年，布鲁克林公共图书馆的经费为9351万美元，其中80%来源于纽约市政府，8%来源于纽约州政府，3%来源于联邦政府基金，3%来源于捐献，3%来源于图书馆投资收益，3%来源于罚金和收费项目等营利性收入。

（2）波士顿

之所以选择波士顿作为美国总分馆制的代表，是因为波士顿有其特有的优势：一是波士顿公共图书馆总分馆制与纽约有所不同，全市只有一个公共图书馆系统，在一个总馆的前提下，构建各区域不同的分馆；二是波士顿是美国最发达的都市之一，波士顿公共图书馆是美国最早创建分馆的图书馆，其服务模式在美国较具有代表性，其服务理念较发展中国家而言具有较强的示范性；三是该馆共有26个分馆，较纽约公共图书馆系统等大型或其他小型总分馆系统而言，其分馆数量适中。这样既有利于保证从宏观层面了解其服务模式的全貌，又能够从微观入手研究各分馆的服务项目，较为全面地调研国外公共图书馆领域颇具代表性的总分馆服务体系。

波士顿公共图书馆位于美国马萨诸塞州首府波士顿。该地区拥有哈佛大学、麻省理工学院等世界著名学府，是美国最古老、最富文化价值的都市之一。波士

[1] 孔令玉，高波．美国的图书馆信息资源共享模式［J］．大学图书馆学报，2008(5):34-38.

顿公共图书馆成立于1848年。早在1868年，波士顿公共图书馆就提出了建设分馆的构想，1880年该馆首个分馆建于东波士顿，它被公认为是美国历史上最早的分馆。19世纪下半叶，分馆的扩张得到迅猛发展，1882—1900年，已有超过21个分馆遍及波士顿不同的社区。目前，波士顿以1个总馆、26个分馆（此外，还设有杜德利扫盲中心和柯尔斯商业图书馆）构成了波士顿公共图书馆体系。

波士顿的总分馆制实施有其相应的法规作为政策保证，位于波士顿市中心的总馆一方面承担服务职能，另一方面对整个系统承担管理职能，包括对各分馆的人员配备、图书采购等实行集中统一管理。该馆拥有两座大厦：麦金大厦作为波士顿公共图书馆的研究馆藏地，承担研究与参考服务功能；约翰大厦是整个波士顿公共图书馆系统的流通馆藏地，作为波士顿公共图书馆总馆服务于26个分馆。[1]

波士顿总分馆共享内容包括技术资源的共享、统一资源检索界面、文献书目资源共享、合作馆藏建设、馆际互借和文献传递、集团采购、合作参考咨询等。

它的服务模式可概括为馆藏服务和项目服务两大类型。馆藏服务是指图书馆依托图书、期刊、电子出版物、政府信息、网络数字资源和网络信息系统等馆藏资源提供的各类访问、流通或咨询服务。项目服务是指图书馆结合读者或社区居民的需求，与政府、文化机构和教育机构密切合作，开设各具特色的文化活动或辅助教育活动，以满足用户的各类文化需求。

（3）洛杉矶

洛杉矶公共图书馆（Los Angeles Public Library，简称LAPL）始建于1882年，是美国最大的公共图书馆之一，目前包括一个中心图书馆和82个分馆，拥有600多万册馆藏，为美国最多的用户群（近400万）提供服务，服务的地理范围480平方英里。根据所处地域，82个社区分馆分属于中心及南区、东峡谷区、好莱坞地区、东北区、西峡谷区、西区等6大地区分馆。

洛杉矶公共图书馆是洛杉矶市政的一个独立部门，由图书馆管理委员会负责管理。图书馆管理委员会经过市宪章的认定，委员由市长亲自征选并获得市议会同意后委任，委员会由5人组成，任期5年。委员会负责制订和实施整个图书馆各种必要的规章制度。首席执行官是整个图书馆的馆长，由市长任命、理事会确认，负责图书馆日常工作的管理。图书馆共设有图书馆管理部、图书

[1] 陶俊，孙坦，金瑛．总分馆制下公共图书馆的服务模式研究——以美国波士顿公共图书馆系统为例[J]．图书馆建设，2010(8):8-13.

馆基础设施部、信息技术与馆藏部、服务部、中心馆服务部、系统协调办公室、业务处、人力资源处、公共关系办公室等业务岗位部门对图书馆工作进行管理。其中分馆服务部门下设有执行主任、助理主任及6大分区主任，对分馆业务工作进行具体管理。[1]

洛杉矶公共图书馆是由市政拨款的独立单位，但是有限的市政拨款不足以支持图书馆的发展所需，所以图书馆积极拓展资金渠道来源，采取各种方式获取社区资助。首先，通过建立基金会筹集资金，1992年成立的洛杉矶图书馆基金会，虽然是独立组织，但仍是洛杉矶公共图书馆的伙伴，为那些不受市政支持的项目筹集资金。该基金自成立以来共筹集了8000万美元，平均每年为图书馆筹集500万美元，支持图书馆资源、服务和项目，帮助图书馆和82个分馆的建设与发展。

其次，通过书友会获取物质和经济捐赠。LAPL有很多基于社区的支持组织，通常称为书友会，为图书馆筹集资金并资助项目，帮助提供社区图书馆的服务。LAPL共有80多个书友会，有些早在20世纪80年代初就已经建立，很多是20世纪80年代建立的，随着新分馆的建立，一批新的书友会随之成立。书友会通过图书销售、拍卖用户捐赠的与图书馆业务不直接相关的物品及其他方式筹集资金。书友会每年要向图书馆馆长和图书馆委员会提交年度财务报告。再次，LAPL还从联邦政府、州政府处获取各种资助，如在1988年分馆设施建设一期和1998年分馆建设二期工程期间，图书馆得到了来自联邦政府的资金支持，这些支持促进了新馆建设。

洛杉矶公共图书馆总分馆模式下，资源共享程度非常高，共享内容可以概括为两个方面，首先是通过先进的技术应用，让总分馆成为统一平台下的分散服务。1993年，LAPL开通了图书馆网络，这在当时是首屈一指的；1994年，创建了自己的网站，成为图书馆资源和服务的入口；1995年，启动了“虚拟图书馆项目”，通过各分馆提供公共服务的计算机工作站连接中心图书馆的电子资源，如今，3100台供公众和员工使用的计算机已经联网，平均每个分馆的计算机工作站有25—30台公共计算机，提供前所未有的信息资源。这些工作站集中了LAPL可获取的所有电子资源，包括在线书目、150多个订阅数据库提供的期刊全文和报纸论文。其次是通过统一的图书馆网站实现统一检索和分布式服务，具体包括在

[1] 柯平．洛杉矶公共图书馆系统的管理、服务与活动［J］．图书馆杂志，2001(2):47-48,53.

线目录和流通系统。在该系统支持下，可以随时随地从网上获取书目、定位资料、预约资料、查看个人信息等；除了目录，图书馆提供150多个订阅数据库，包括期刊和报纸全文，覆盖商业、医学、社会科学、自然科学、语言、文学、艺术等各个领域的资源；LAPL还自建了数据库，供用户使用，这些资源包括50000余件历史照片等；特色咨询服务也开展得有声有色，通过网络，即时聊天工具或邮件的方式，使用“AskNow”（由联邦图书馆服务于技术法支持的合作图书馆系统）在线聊天，为用户提供及时便捷的咨询服务。[1]

美国图书馆的总分馆除了总馆、分馆，还有图书站、借阅处和汽车图书馆等。从1892年起，美国在纽约州就开始有图书馆以马车运送图书给偏远地区民众阅读的服务，发展至今，不仅各州公共图书馆相继效法，运载图书的车辆也已经换成汽车或者装备精良的大型货车。为了这项服务，美国图书馆界还成立了“图书巡回车及延伸服务协会”。“图书巡回车”是以车辆载送图书，将书籍送到一定聚居地点，供民众阅读，甚至像邮局的速递服务一样，逐家逐户地递送精神食粮。[2]

2.1.2 英国

英国是世界图书馆事业发展最早的国家之一。其公共图书馆实行分馆制模式，社区分馆遍布全国，英国共拥有5183所公共图书馆，平均1万人拥有1所图书馆。中心馆与社区分馆相互联网，实现了通借通还；中心馆负责购书、编目及图书的配送和流转，社区分馆只负责图书的流通。格拉斯哥人口50万，社区图书馆拥有32所；爱丁堡拥有30多个社区图书馆；伦敦有32个行政区，每个行政区都有十几个社区图书馆。社区图书馆的面积最小的800平方米，最大的超过1500平方米；每个馆都藏书几万册，如伦敦西敏斯区有13个社区图书馆，总藏书超过100万册。社区图书馆每天接待的读者众多，大约1000人左右。图书馆的工作人员除正式职工外，还有临时工和志愿者帮忙，都有比较高的文化素质。

在公共图书馆的经费来源方面，地方政府拨款占图书馆经费的40%—50%。地方政府用于公共馆的经费，一般占地方税收的3%左右，中央政府对图书馆资金的控制主要体现在基本建设投资上，每年这方面的费用约为360万—580万

[1] 刘兰，黄国彬．国外公共图书馆总分馆制典型案例分析及其启示——以洛杉矶公共图书馆总分馆制为例［J］．图书馆建设，2010(8):2-6.

[2] 熊军．公共图书馆向基层延伸服务的实践及其研究［J］．图书馆论坛，2007(5):121-124.

英镑。

伦敦市公共图书馆网络比较发达，大伦敦地区（包含英国首都伦敦与其周围的卫星城镇所组成的都会区）共1589平方千米，其中分布着390多个公共图书馆。这些公共图书馆组成“大众网络”，由伦敦图书馆发展局主持运作，目前拥有纸本藏书1600万册，CD、磁带、有声图书、影碟和光盘共计150万套，员工数量超过4000人。[1]

剑桥大学图书馆是世界上最大的图书馆之一。建馆600余年，藏书600余万册，该馆的服务对象不仅有本校学生和研究人员、教学人员，也包括议会的议员。剑桥大学共有90个图书馆，包括5个大学馆（1个总馆和医学馆、科技期刊馆、法律馆及由Intel公司创始人和总裁资助建立，并以他和他的夫人姓名命名的Betty和Gordon Moore馆），55个系图书馆和30个学院图书馆。

剑桥大学总分馆模式的最大优势是，它能很好地适应综合性大学图书馆的发展需求。在该模式中，总馆的宗旨起到领航的作用，各分馆战略规划秉承了总馆宗旨，又具有较大的灵活性，可以围绕各分馆的关键成功因素来确定本馆的需求，并进行规划，从而可以更好地突出各分馆的特色、重点与作用。

英国政府通过“拨款、立法、评估”为主的“三位一体”的质量监督与评估机制，保证了英国大学图书馆的发展。

剑桥大学图书馆的服务方式有馆内阅览、外借（包括馆际互借、国际互借）、打字服务、缩微和静电复制服务等。总馆下设有科技期刊图书馆、医学图书馆和法律图书馆。此外，剑桥大学的各系和各学院都分别设有为本系和本学院学生服务的专业图书馆。其他系或学院的学生若要使用这些图书馆需先提出申请或通过馆际互借。

剑桥大学图书馆服务确实做到了以人为本，一切为读者着想。无论大学总馆、大学专业图书馆，还是学科系（研究中心，研究所）和学院图书馆都实行藏、借、阅一体化的布局，采用全部开架的服务方式。为方便读者，大学总馆和其他较大的图书馆还设置了讨论室、休息室和可以免费上网的电脑室，所有图书馆都有复印机。无论是教师还是学生都可以向图书馆推荐新书，如果系（研究中心，研究所）或学院图书馆不能订阅，则向大学总馆和相关的专业图书馆推荐，同时通过电子邮件向推荐者致谢和通报情况。与国内大学图书馆不同，剑桥大

[1] 孙慧明，倪晓建．国外城市公共图书馆服务体系建设及其启示［J］．图书馆建设，2011(3)：81-84.

学图书馆允许读者携带书包进入图书馆阅览，出入也不需要检查。每个图书馆对校（系、院）外读者都是完全开放的，校（系、院）内读者享有除外借图书以外的同等权利。

2.1.3 日本

日本的图书馆除协作网络发达之外，也实行了总分馆的运行模式，实现了真正意义上的资源共享。图书馆系统由地区图书馆、流动图书馆以及这些馆的核心馆组成，构成图书馆系统的各个馆不是单独运作的，而是以中央馆为核心，在统一组织下，为取得最大效益而工作。依照《日本图书馆法》的有关规定，按行政区划，都（东京都）、道（北海道）、府（京都府和大阪府）、县（43个县）均设立至少一个中央图书馆，在其下的市、区、町依次设立分馆属基层单位。日本2004年3月修订的《公立图书馆任务和目标》指出，各自治体公立图书馆的设置标准应该根据各自治体人口规模和密度等具体情况设定，图书馆建设的各项指标均有详细的规定，如最小规模的图书馆应有50000册藏书、3名专任职员、800平方米的馆舍等。因此，日本人更把社区图书馆称为“家庭的书柜”。

大阪市立中央图书馆以总馆为核心，在全市建立了23个地区分馆，如果步行，15—20分钟就会有一个图书馆，实现了一体化预算和运营；24家图书馆联合采购文献，由中央馆统一编制目录数据，再分送至各分馆；同时各馆相互联网，实行一卡通用，总馆和分馆是一体化的垂直管理系统，藏书、人员由总馆统一调配，总馆和分馆、分馆与分馆之间的借还书刊采取的是“通借通还”形式。通过资源的流动，实现中心馆服务的延伸，实现资源共享最大化，满足读者需求。

东京是由23个特别行政区和26个市、5个町、8个村所组成的自治体，截至2010年，人口约为1264万人，面积约为2188平方千米。东京23个特别行政区相当于我国城市的城区及近郊区，人口853万，面积621平方千米。据东京都立图书馆的调查显示，2009年东京的公共图书馆总数为385个，其中东部23个特别行政区公共图书馆总数为221个，覆盖的地域范围平均为2.89平方千米，覆盖的人口平均为3.98万人。

日本公共图书馆特点：第一，为儿童服务细心周到。专门为儿童设置读书区、游戏设施，其装饰和设计完全符合儿童行为和心理；许多馆设立“故事屋”，座椅上有插口，可供孩子们听录音故事。第二，为残疾人服务体贴入微。要求每个馆必须设立残疾人服务区和阅览室，设有盲道和盲人洗手间、录音室和朗读室。

第三，为不同国籍的读者提供多元文化服务。

2.1.4 其他地区

加拿大的大温哥华地区有大约200万人口，有公共图书馆100多个，每个城市除各有一个主馆外，还按地域、人口的需要设置分馆，如温哥华市图书馆就设有22个分馆，列治文市有4个分馆。印度德里地区公共图书馆由中心馆、区馆、分馆及小分馆等65个图书馆组成，还有5部汽车图书馆，所有分馆统一由中心馆领导，图书由中心馆统一采编。新加坡全国人口300万，其公共图书馆系统有1个国家参考图书馆、4个区域分馆、23个社区图书馆、46个社区儿童图书馆。国家参考图书馆为总馆，其余为分馆。

2.2 国内总分馆模式

2.2.1 公共图书馆系统

（1）深圳福田模式

以福田区图书馆为总馆，各街道、文化站图书室及村图书馆作为分馆，由福田区政府统一拨款，福田区图书馆统一管理、采购、编目、配置，总分馆之间定期交换图书的一种运作模式。福田区所有分馆除办馆场地由所在社区提供、管理人员暂时由社区委派外，其他一切资源均由福田区图书馆负责统一配置。目前，已建立了包括1个区级馆、8个街道分馆、88个社区图书馆的总分馆网络体系，文献总藏量已达106万册。总馆中心机房建立了全区公共图书馆计算机业务管理平台，读者证可在全区范围内一卡通用，图书文献可通借通还。

深圳公共图书馆事业至今已初步形成了一个以市图书馆为龙头、区图书馆为骨干、街道图书馆为节点、遍布全市的社区图书馆四级网络，其中福田区以福田区图书馆为总馆，各街道、文化站（图书室）及村图书馆作为分馆，由福田区政府统一拨款，财政性资金100%。福田区总分馆模式是在区政府的主导和直接投入下建立起来的，各分馆的所有资源（文献、设备、经费、管理系统软件）由福田区图书馆统一配备，业务运作统一管理，布局选点统筹规划。应该说福田区总分馆体系的建设起点在所有城市图书馆体系中相对较高，具有实现集群管理最有利的条件。[1]

福田区图书馆同时建立面向广大读者提供远程服务的数字图书馆，其资源包括2万种电子图书、1400种电子期刊及多个大型全文检索数据库，可提供180多万种（近6亿多页）中文图书的全文检索、阅读和文献传递服务，以及8000余种中文期刊、2500万篇期刊文献的查阅服务。

福田区已建成公共图书馆101个、区属文化馆8个、街道文化站8个、社区文化活动室98个、社区文化广场28个、各类主题文化墙45面、社会投资博物馆5个，全区公共文化设施面积达26万平方米，基本做到每个大的片区都有1个以上大型文化设施、每个街道都有1个文化站和1个图书馆、每个社区基本建有社区图书馆和文化活动室，市民走出家门一公里，就能找到一处文化设施。其中，福田区文化馆被评为国家一级馆和省特级馆，福田区图书馆被评为国家地市级一级馆，8个街道文化站有6个省特级站和2个省一级站，还有2个全国特色文化广场、2个省十佳文化广场。[2]

深圳市建立了公共图书馆数字资源共享平台，实现公共图书馆书目数据统一检索，初步实行书刊借还"一卡通"，全市文献信息远程电子传递服务将读者需要的图书送进社区、送到读者手中；逐步搭建深港澳数字图书馆网络体系，扩大发展空间，实现图书馆服务与国际化标准对接。

社会共建社区（村）图书馆是深圳基层图书馆建设的一大特色和亮点，已形成了政府资助引导、社会力量共建共享的建设模式，村、社区居委会、物业管理公司提供社区图书馆场地及人员，区财政给予购书经费及图书馆相关设备的资助，市文化局按照所制订的《深圳市社区图书馆达标评估标准》进行评估。

（2）东莞模式

以东莞图书馆新馆为城市中心馆（总馆），各镇图书馆为分馆，村、社区（居委会）图书馆以及图书流动车为补充，同时吸收企业、学校等其他系统图书馆加入，形成服务全市的图书馆集群网络。

其实施步骤分两步走：第一步实现统一采购、集中编目、通借通还，达到"合理分工、共同负担、分别保存、合并使用"的目的。第二步将行政管理改为行业管理，分馆作为总馆派出的一个机构，分馆的人员、财务及设备均由总馆管理，

[1] 肖焕忠．总分馆制发展模式比较研究［J］．图书情报知识，2007(3)：42-43.
[2] 福田区图书馆．福田区图书馆简介［EB/OL］.［2012-5-1］http://www.szftlib.com.cn/about2.jsp?pid=2.

达到“集中使用资金投入，合理组织专业分工，统一业务规范管理，最大限度地实现资源共享”的目的，最终建立起国际上通行的总分馆体系。[1]

截至2008年年底，在全市已构建起由1个城市中心馆、36个分馆，包括24个镇街、8个村（社区、居委会）图书室、4个企业（学校）图书馆及102个图书流动车服务点组成的城乡图书馆总分馆网络体系，共享工程基层服务点达123个。

东莞市的总分馆模式是在东莞图书馆主导、东莞市政府支持与推动下开展起来的，是经市政府发文，由市政府和各镇（街）政府共同出资、共同推动实施的一种总分馆模式。“政府主导，统一组织，经费分担，分步实施”是其显著特点，也是东莞模式顺利实施的有效保证。同时东莞总分馆模式的关键是自行研究开发的Interlib业务平台的成功运行，保障东莞的总分馆制实现“一馆办证，多馆借书；一馆借书，多馆还书”的目标。而且该系统具有“数据集中管理”的特点，各分馆通过互联网访问总馆的服务器，省去了分馆系统的安装和维护工作，降低了基层图书馆的技术门槛，能有效地统一管理发展水平参差不齐的各类型基层图书馆，非常适合现阶段我国城市基层图书馆的状况和发展要求。

（3）嘉兴模式

嘉兴模式推行的是市、县两级图书馆乡镇分馆制，构建城乡一体的公共图书馆服务体系。即以市、县级图书馆为中心，以图书馆乡镇分馆为骨干，以村（社区）图书室和图书流动车为基础，以企业、学校、部队等行业系统图书馆联合加盟为补充，形成覆盖全市、城乡一体、功能完善、资源共享、管理规范的公共图书馆服务体系。[2]

嘉兴总分馆制的实施模式是以政府主导、统筹规划、多级投入、集中管理、资源共享、服务创新为主要措施，构建以市县（区）图书馆为中心，以乡镇图书馆分馆为骨干，以村（社区）图书馆及图书流通站为基础，以数字技术和计算机网络技术为支持的城乡一体化、资源高度共享的新型公共图书馆服务体系，为广大城乡居民提供优质、高覆盖的公共图书馆服务。至2009年4月，嘉兴全市建成图书馆镇分馆20个，市本级已基本实现镇分馆全覆盖，全市镇分馆建成率将

[1] 冯玲，黄文镝，廖小梅．基于协同视角的区域图书馆业务统筹管理：以东莞图书馆为例[J]．图书与情报，2009(6):14-19.

[2] 朱福英．嘉兴市构建城乡一体化新型公共图书馆服务体系的实践和思考[J]．图书馆，2011(02):110-111.

达到 80%，逐步实现全覆盖。[1]

市县图书馆的中心地位具体表现在：市县图书馆是整个市县公共图书馆服务体系的资源建设中心、读者服务中心、区域内图书资源配置中心、基层管理服务中心、计算机网络中心。各个市县图书馆之间密切合作，有效进行资源互补和共享新型的公共图书馆服务体系是一项覆盖嘉兴城乡的系统工程，这一工程的建设与管理离不开现代信息技术和计算机网络技术的支持。运用信息技术和网络技术才能把市、县公共图书馆资源送到广大的基层，把分散的图书馆资源整合在一个有机的整体中，为不同层次的需求人群提供服务。现代信息和计算机网络技术也是各个不同层次图书馆必需的服务手段，因此建设新型公共图书馆服务体系必须重视现代信息技术、计算机网络技术的运用。

在乡镇分馆的管理上，嘉兴确立了一些基本的准则并形成一整套具体的管理方式和方法。例如：乡镇图书馆的业务工作由市县总馆负责，包括业务规范和服务工作规范要在市县总馆确立的业务框架内实施。在工作人员的管理上，可以有三种选择：总馆负责、乡镇政府负责和合作管理。从有利于业务工作的角度出发，实行总馆负责制最理想，但在目前情况下很难做到完全的总馆负责制。比较实际的做法是合作管理或者乡镇负责。对一些人口集中度高、规模大的乡镇分馆一般可采用合作管理的模式，相对人口集中度较低的乡镇分馆则可由乡镇管理。无论采用哪种方法，必须做到能保证管理人员有合理稳定的工资与福利，管理人员必须由总馆进行业务培训，取得上岗证并定期进行考核。[2]

（4）苏州模式

苏州图书馆数年来一直在摸索图书馆网络建设的经验。2005 年，沧浪区政府提出建设文化沧浪，建设社区文化设施，从节省建设资金和运行资金、增加社区图书馆文献资源数量、方便社区居民阅读等出发，沧浪区政府与苏州图书馆开始洽谈建设社区图书馆的合作事宜，在 8 月份玉兰社区分馆试建成功的基础上，完善合作模式，于 10 月份在沧浪少年宫建立了“苏州图书馆沧浪少儿分馆”，同时挂沧浪区图书馆牌子。这种模式实质上是沧浪区政府向苏州图书馆购买服务，以较小的投入达到较大投入才能达到的效果，而苏州图书馆实现了服务的拓展，

[1] 嘉兴民进网．关于建立嘉兴城乡一体化的新型公共图书馆服务体系的基本设想与建议［EB/OL］．［2012-04-13］http://www.jx.zjmj.org/list.asp?id=2&no=109.

[2] 来自“构建公共图书馆服务体系嘉兴论坛”的声音［EB/OL］．［2012-05-17］http://www:danganj.net/bbs-/viewthread.php?tid=6559.

整合了资源，是双赢的结果。其后，苏州着力推进以苏州图书馆为总馆、社区图书馆为分馆的两级图书馆服务网络建设，实现资金、人员统一管理以及一卡通服务。截至 2009 年年底，苏州图书馆通过合作建设方式在全市城区共建成分馆 21 所，共接待读者 426 万人次，其中总馆接待读者 228 万人次，分馆接待读者 192.5 万人次，流动车接待读者 6.5 万人次，比总分馆建设实施之初的 2005 年的 146 万人次增加近两倍。同时，苏州所辖 5 个县级市也分别在当地开展总分馆建设，并建成乡镇分馆 62 个。总分馆建设由市政府主导，集中市、区两级财政于公共图书馆的建设和运行经费投入，并逐步在市、区按每 2 万人设置一所社区图书馆的标准建设。5 个县级市参照此做法，各县级市图书馆作为总馆，每县市建设约 20 个乡镇、乡村分馆。至“十二五”期末，建成覆盖全市、通借通还的公共图书馆分馆累计不少于 200 个。苏州全市 6 个总馆构成一个区域性服务网络，实行联合采编、统一检索、一证通用、资源共享，实现苏州市公共图书馆网络的全覆盖。[1]

总分馆读者可以免证阅览分馆藏书、报纸、杂志；图书通借通还，即在主馆或分馆任意一处借阅的图书或音像制品，可以在任意一处归还；上网查阅苏州图书馆提供的数字资源；借阅馆藏图书，需使用苏州图书馆读者证，如无证，可当场办理；提供预约借书服务，并可以根据读者需要，个别调配其他馆藏在馆图书；提供在线影视服务，读者可以在分馆提供的电脑上点播自己喜欢的电影、电视剧；免费发放苏州图书馆“苏州大讲坛”公益讲座入场券；不定期举办读者互动活动；是全国文化信息资源共享工程基层服务点；有音像制品馆藏的分馆提供音像制品外借。

苏州市公共图书馆网络的建设成为政府工程，由市政府根据分馆建设布局，按照比例（市、区各承担多少）向各区统筹集中一定的资源和财力，包括调度一定的房屋资源（使用权）、资金，统一拨付苏州图书馆，由苏州图书馆集中使用，保障了分馆建设、运行和文献资源购置、加工、调度的各项投入。

（5）广东佛山模式

该模式是在禅城区中心图书馆的基础上，根据本地人口数量或地域范围等标准，在不同的区域分别建立布局合理、标志统一、格调统一、管理统一、资源高度共享且贴近市民的小型公共图书馆群，图书馆所有权全部归属政府的主分馆

[1] 张欣毅. 苏州公共图书馆总分馆实现全覆盖［J］. 图书馆理论与实践，2010(4):6.

联合体。其建设目标是：建成主馆1个、分馆8个的图书馆群，按人口标准，每10万常住人口拥有一座公共图书馆，到2010年全区常住人口人均拥有藏书1册。

佛山市禅城区联合图书馆是一个由政府完全拥有所有权的总分馆制图书馆服务体系，它打破了目前国内“一馆一地”的格局，开创了城市图书馆“一馆多地”的新模式。它是根据本地区人口数量及分布状况、范围等标准，在不同的区域建立一批布局合理、深入社区、贴近市民的中小型公共图书馆群。[1]

它最大的特色就是鼓励各种形式的社会投资，无论谁投资，冠什么名，它的所有权必须归属区政府，建成后图书馆的人员配备及日常运作经费也全部由政府全额承担。集中统一管理，分层分点服务正是联合图书馆的核心。联合图书馆的价值在于，它的发端之初就排除了其他城市无法回避的两大障碍体制和技术。其办馆模式实质上就是被国外和我国港台地区多年实践证明为成功有效的一种城市图书馆运作模式——总分馆制。

（6）杭州模式

杭州图书馆的发展重点在于“两网”。一张是在“一证通”工程中所建立的实体的四级服务网络，而另一张就是以互联网为平台的虚拟图书馆——“文澜在线”服务网。杭州图书馆主要是通过实施“一证通”工程推进服务网络的建设。这项工作从2003年开始，主要是杭州图书馆与区、县市图书馆的联通，到2006年，已开通了82个社区点，14个乡镇（村）点，读者凭借书证就可以在这些点上实现通借通还。它的主要任务是建立以杭州图书馆为中心，区、县（市）图书馆为分中心，街道、乡镇图书馆为基层中心，社区、村图书室为基层服务点的四级图书信息网络服务体系。建立地区信息服务保障体系，实现地区图书信息机构间文献资源的共建共享，实现文献资源的大整合、大采购、大流通。从“一证通”工程实施的情况看，这一目标正在逐步实现。[2]

杭州图书馆总分馆的特点是“跨系统总分馆制图书馆联盟”。通过图书馆协会把图书馆组合成一个行业，然后联合《杭州地区公共图书馆服务公约》（下面简称《公约》），以行业的形式向大众承诺图书馆为大众提供公平、免费、无障碍的服务，在全地区图书馆实现免费服务。通过《公约》的方式，以地区公共图书

[1] 白冰. 公共图书馆总分馆制研究——以佛山禅城区联合图书馆为例[D]. 广州，华南师范大学，2009:22-46.

[2] 唐晴. 公共图书馆与和谐社会建设——杭州图书馆构建和谐社会的实践[EB/OL]. [2012-05-14] http://www.dl-library.net.cn/publication/pub_content.php?id=333&flag=11.

馆联盟的形式，规范图书馆业务工作，强化工作人员职业服务水平，统一提供免费的服务。

在资源建设方面，采取协调采购方式。成立杭州图书馆信息采编中心，采访人员主要是“一证通”各成员单位的采访专业人员，由他们共同负责四级服务网络的资源建设。

在文献流通方面，按基层服务点的文献流通要求，通过市级中心馆杭州图书馆或区、县（市）级馆的运作，不定期地批量调拨文献给有需求的服务点，实现文献的不间断流转。这一措施对于弥补基层服务点资源的不足起了很大的作用，激活了一些因为资源缺乏不能正常开展服务的基层服务点。

在管理机制方面，建立覆盖城乡、四级一体、逐级管理的服务网络体制。明确杭州图书馆的中心作用，但不主张中心图书馆越级管理，为此，杭州图书馆总馆还在大力培育发展四级网络中的二三级图书馆，提高其管理能力。

为开辟经费新来源，建立了杭州图书馆事业基金会，利用该平台宣传公共图书馆理念，联系社会各方面，募集善款，为图书馆发展提供雄厚的资金支撑。

2.2.2 科学图书馆系统

中国科学院国家科学图书馆于 2006 年 3 月 18 日由中国科学院所属的文献情报中心、资源环境科学信息中心、成都文献情报中心和武汉文献情报中心四个机构整合而成。原北京文献情报中心设为总馆，兰州、成都、武汉成为二级法人分馆，保留非法人的上海生命科学信息中心作为生命科学分馆，并依托有条件的研究所资料室建立特色分馆。[1]

国家科学图书馆负责全院文献情报服务的组织、管理和协调，负责公共信息平台建设和服务，领导各分馆开展高效的文献情报服务。作为有特色的文献情报服务机构，各法人分馆根据全院统筹布局，参与全院文献情报联合建设，负责相应领域的战略情报研究和面向相应地域研究所一线的深层次用户服务；各个特色分馆在服务本单位需要的同时，接受国家科学图书馆的业务指导，满足特色需求，服务全院，辐射全国；各个研究所图书馆，在国家科学图书馆的统筹协调下，共同支持研究所的文献信息服务。[2]

---

[1] 汪莉莉，钟永恒. 中国科学院国家科学图书馆总分馆制研究 [J]. 图书馆学研究，2009(12):17-20.
[2] 研招信息网. 院校巡礼：中科院国家科学图书馆介绍 [EB/OL]. [2012-05-17] http://yz.kaoyan.com/las-/zixun/21/203054/.

2.2.3 高校图书馆系统

随着高等教育的发展，一些合并院校和综合性大学，都出现了一校多馆的现象，国内规模较大的高校图书馆进行了总分馆制模式管理的尝试。其中具有代表性的有：取消院系资料室，按学科门类重新建立专科分馆的厦门大学和中山大学模式；由于高校合并，图书馆重组后由一个总馆和若干个分馆组成的武汉大学和浙江大学模式；在原院系所资料室基础上转型为分馆的北京大学模式；对院系资料室进行二级馆改造的海南大学模式。这些不同的模式可以概括为：集中式、集中分散式、分散式等。

（1）中山大学模式

中山大学的总分馆制是典型的集中式架构模式。2004年，中山大学取消院系所有的分馆（资料室）建制，按学科门类和读者群建立学科分馆。现整个图书馆系统由南校区图书馆总馆、北校区医学图书馆、东校区图书馆、珠海校区图书馆共4个校区图书馆和经济与管理学科分馆、生命科学学科分馆、化学学科分馆等3个学科分馆组成。

中山大学图书馆的总分馆制采用集中式管理，人、财、物都由总馆全面管理，分馆不受院系领导。各院系所原来的图书资料从业人员由总馆统一考核、统一聘用、统一培训，并在全校图书馆系统内实行图书资料人员流动制。各院系所分馆（资料室）收藏的文献信息资源、学校下拨的购书经费、相关家具设备全部划归学校总馆集中管理。

4个校区图书馆和3个学科分馆构成了一个完整的大学图书馆文献资源服务体系。但各馆在文献服务方面又各有侧重，总馆主要实施全面管理职能和书刊文献资源统一采编工作，存放古籍、特藏、专藏等资源，侧重为学术科研服务。医学馆主要收藏生物医学文献，为医疗、教学、科研服务。珠海校区、东校区图书馆为基础图书馆，主要向本科生及教职工提供服务。学科分馆侧重收藏三大学科文献资源，为三大学科学术科研服务。学科分馆统一执行总馆的各项政策和业务标准，免费向全校开放，实行全校文献资源通借通还。

（2）北京大学模式

2000年北京大学图书馆分馆建设工作开始启动，根据学校学科调整、系所合并成立学院的总体部署，将原来的校图书馆、系（所）资料室两级文献服务保障体系分别转变为校中心馆、学院分馆，逐步将系（所）资料室合并为学院级分馆。分馆在行政上属学院领导，其人员、经费、设备、馆舍等全部由各院系管理，同时接受中心馆在业务方面的指导、培训、监督和协助管理。从2001年数学学院分馆试点建设，到目前为止，已经拥有包括医学部及其附属医院和北大附属中学在内的25家分馆，还有10余个院系资料室也参与了文献资源保障体系的工作。经过10多年的发展，中心馆与分馆密切配合，充分发挥各自的优势，基本形成了全校完善的文献服务保障体系。[1]

分馆的建设宗旨是文献分藏、读者分流、特色集中、方便用户。为了更好地加强分馆的管理，2009年北京大学图书馆进行机构重组调整，从最初设立的分馆建设办公室改为文献典藏与分馆办公室，扩大了职能与业务范围，不仅全面负责分馆业务的统筹协调和规范化管理，包括分馆发展，分馆培训、分馆评估、分馆服务、会议策划及组织等，同时负责回溯编目和数据维护，组织落实分馆及中心馆文献的回溯编目，并且组织协调全校的文献典藏、馆藏调拨、文献清点、文献剔除等。

分馆建设的目的是对全校文献资源进行统一规划、统一管理、统一布局；通过使用统一的自动化网络化管理系统，使分馆与中心馆的业务工作同步进行，共建书目数据库，增强工作人员的业务能力，提高文献资源管理水平；实现在网络环境下的文献资源共知、共享，优化读者服务，提高全校文献资源保障水平和服务水平。因此，通过对分馆馆员的业务培训，由分馆馆员和中心馆分馆建设办组建的专业编目队伍，采用统一的编目标准和规范操作流程，对各分馆的馆藏文献进行回溯编目。截至2008年年底，分馆特有的馆藏文献约95万余册全部回溯进总馆书目数据库，全面揭示了全校的文献资源，实现了资源共享，更好地满足了全校师生的教学和科研需求。

3. 区域图书馆联盟模式

自20世纪80年代以来，国际上图书馆联盟发展很快，美、英、德等国都先后建立了数量众多图书馆联盟。据调查，目前在国际图书馆共同体联盟（ICOLC）注册的图书馆联盟就已达232个。美国的联机计算机图书馆中心（OCLC）、俄亥俄图书馆与信息网（OhioLINK），英国的联合信息系统委员会（JISC）、国家和大学图书馆协会（SCONUL）、英国研究性图书馆（RLUK），德国的柏林暨

[1] 曾勤，陈瑞金．北京大学图书馆分馆建设的个性化探析[J]．大学图书馆学报，2011(4):51-54.

勃兰登堡合作图书馆网络（KOBV），加拿大的图书馆联盟“书目中心”（The Bibliocentre）、研究知识网络（CRKN）等都是全球著名的图书馆联盟。[1]

图书馆联盟在世界范围内经历了三个重要的发展阶段。第一阶段可追溯到19世纪后期。1886年，美国召开第一届ALA大会，会上设立了“协作委员会”(Cooperative Commit-tee)，由此开始了图书馆之间的馆际协作活动。第二阶段为20世纪60—80年代，因计算机自动化技术在图书馆工作中的广泛使用，出现了图书馆联盟兴建的第一次高潮，产生了许多以同类型图书馆为中心的区域性文献资源共享网络。OCLC(Ohio College Library Center)、RLG (Research LibraryGroup)、WLN(Washington Library Network) 都是在这个时期建立起来的。第三阶段为20世纪80—90年代，由于印刷型文献价格的直线上升，迫使各种类型的图书馆开始考虑降低成本，寻找各种机构和实体之间的协作或合作，而高度发展的网络信息技术使图书馆之间的广泛合作成为可能。因此，联盟再次成为许多机构解决难题的有效办法，出现了图书馆联盟建设的第二次高潮。美国、英国、德国、日本等相继建立了数量众多的图书馆联盟，50个以上机构组成的大规模图书馆联盟高达50%以上。许多地区纷纷制订了依托计算机网络的图书馆合作计划，并以图书馆联盟的形式把这些合作稳定下来，形成可持续的发展机制，使图书馆资源共建共享发展到一个新的阶段。[2]

3.1 国外区域图书馆联盟模式

区域图书馆联盟最初发源于美国，以大学图书馆联盟为最初形式。在美国，图书馆之间的合作是非常发达的，早在很久以前就建立了很多区域性合作的图书馆。美国从19世纪40年代开始实施的法明敦计划，通过指定区域分类收藏，确保整个国家文献资源的完整性。20世纪90年代网络的发展是图书馆合作的一个重要里程碑，图书馆联盟蓬勃发展，目前几乎每个州都有图书馆合作。

现代图书馆联盟的种类多种多样，并没有统一的标准，从不同角度、不同功能、不同目的可以将同一联盟归到不同的种类。从管理上讲，有组织严密、有专职人员、共享网络化系统并开展多种活动的紧密型联盟，也有为了降低费用而合作购买数据库的使用权而建立起来的单一功能的联盟；从专业上讲，有同类型图书馆构成的联盟，也有大学、公共等多类型图书馆构成的联盟；从经费上讲，有

[1] 冯晴．NSTL与国外图书馆联盟的比较［J］．图书情报工作，2011(3):10-13．

[2] 陈华．论国外区域性图书馆联盟［J］．情报杂志，2007(4):126-128．

政府出资的联盟，也有自筹资金或两者兼而有之的联盟。每种类型都是在相同的目标和共同需求下建立起来的。根据国外区域性图书馆联盟的构建模式，主要有下列三种基本模式。

3.1.1 集中式管理的同类型图书馆组成的联盟

集中式联盟在管理上很严格。集中管理在组织和领导联盟活动及联盟章程上起着重要作用，有共同的议程和纲领，有专职人员促进计划项目，成员馆达成协议在共享利益的基础上合作购买资源，可避免重复建设。成本较低，易于启动，较容易管理。需要考虑的因素是选择集团中心地点（包括计算机系统中心、异地存储中心等）难以全面照顾成员馆及其读者的特殊需求。

这一模式的典型例子有：华盛顿研究图书馆联盟（Washington Research Library Consortium，简称 WRLC）。该联盟成立于 1988 年，由华盛顿哥伦比亚特区和弗吉尼亚州的主要 8 所高校组成，其中包括美国大学（American University）、基督教大学（The Catholic University of America）、盖洛戴特大学（Gallaudet University）、乔治梅森大学（George Mason University）、乔治·华盛顿大学（The George Washington University）、乔治城大学（Georgetown University）、马里芒特大学（Marymount University）、哥伦比亚特区大学（The University of the District of Columbia）。支撑 WRLC 运行的费用是由各图书馆共同投入的，可为 8 所高校的师生员工提供信息服务。其组织形式和资源共享均采取集中模式。

华盛顿研究图书馆联盟成立的宗旨是图书馆收藏和信息技术资源共享，以便于学生及教师获取资源。主要业务有：①图书馆运行和资源共享的信息技术支持；②网络资源共享；③数字化馆藏技术支持和校园知识共享；④ 数字资料加工服务；⑤三线书库免费开放。

WRLC 的联合收藏包括：①联合书目数据库。WRLC 成员馆实行联机合作编目和文献检索，集中维护运行。8 个成员馆共拥有超过 8 000 000 条共享书目数据。②电子期刊和数据库。由联盟统一购买和签订使用协议，集中维护运行，专人负责。共拥有数百万篇的得到许可的在线文章（绝大多数为全文，有一些为引文和摘要），只要是 WRLC 教职员工和学生且遵守数据库使用规范，均可在线浏览、打印或邮件传递。系统具有 MetaLib/SFX 功能，可集中查询检索所有电子资源，使用便利。③数字化特色馆藏。WRLC 拥有特色馆藏的数字化产品。④其他资源。其他数字化收藏、其他大学系统、其他图书馆书目数据库、图书馆工作人员推荐的其他资源。

联合馆藏发展与共享项目的目标是为 WRLC 的学生及教职员工扩大信息资源获取的范围和便利性，发展战略有：①保证图书馆资金的适当水平以满足需要和致力于共享研究性收藏；②最优化使用大学在物理馆藏方面的投资；③在选择和购买网络资源时保持合作关系以节约资金；④加强文献传递服务。

WRLC 各成员馆结合各自资源创建了一个共享图书馆收藏（虚拟图书馆），WRLC 图书馆资源共享系统包括：①通过联机目录实现馆际互借。WRLC 馆际互借程序开始于 20 世纪 60 年代，在美国这是历史最悠久的合作项目，现今此项目包括直接借阅（即学生和职工可在任一成员馆借书）、馆际互借和文献传递服务（CLS: Consortium Loan Service）（学生和教职员工可通过网络对任意一成员馆发出请求，全文资料由电子邮件传递，图书馆有联盟专门运输车传递）。②对于网络资源采取集体购买使用权方式。WRLC 成员馆在 200 多个数据库使用权购买上通过 ALADIN 采用集团形式购买，WRLC 拥有专业的数据库采购专家评估产品以及为信息资源购买事项与数据库厂商进行协商。建立了身份认证系统和代理服务器以保证各个成员大学校园外的合理使用以及校园内的个人服务。③合作馆藏建设。WRLC 图书馆的一个主要作用在于合作馆藏建设，扩展 WRLC 教职员工和学生信息资源获取范围。目前采取分散试挑选和采购图书资源，在许多项目上采取合作方式，例如合作回溯建库、建立合作计划分析图书馆收藏、专科文献建设计划等。④虚拟参考服务。WRLC 各成员馆均设立了虚拟参考咨询服务项目，通过在线聊天的方式协调处理用户问题，联盟内各图书馆的咨询馆员轮流协同管理，只要在 ALADIN 主页上注册的读者均可享受虚拟参考咨询服务。三线书库项目的目标是：在学校图书馆内提供合适区域给馆藏、服务和用户，缩减图书馆书籍空间的支出费用。其战略包括集中提供高密度的、安全的、环境受到控制的存储设施和制订相应政策以确保收藏的最优化利用和管理。各成员馆首先制订存储资料的标准，通过联合书目数据库控制储存量，采用先到先服务原则，对于成员馆储存数量没有设限，成员馆可以额外付费储存 ALADIN 没有记录的资料，各学校可交纳一定费用储存非图书馆资料，非成员机构也可付费储存资料。读者可通过 CLS、电话传真以及电子邮件向储存中心提出请求，每天下午 5 点以前接到的请求项目将在下一个工作日由中心配备专车统一出借和传送。

WRLC 各成员馆都有许多特色馆藏，但是在数字化方面有着许多障碍，造成利用率低的弊端，因此，由美国博物馆与图书馆服务协会（IMLS：The Federal

Institute of Museum and Library Services）拨款，于2002年建成馆藏数字化生产中心（DCPC：Digital Collections Production Center），DCPC的主建筑坐落在马里兰州，总建筑面积为900平方英尺，共有3名工作人员，包括一名管理人员，一名元数据馆员和一名扫描技术人员。DCPC是一个合作单位，为WRLC成员大学提供数字化服务。DCPC的任务是通过提供共享工具以便在产业化环境下巩固项目管理、信息技术和数字转换技术以促进WRLC图书馆数字化馆藏的发展。DCPC主要服务项目有5项：①计划和管理数字化项目；②设计数字化馆藏；③设计和制作元数据记录；④按照一定规格扫描或者输入其他材料；⑤制作和转换EAD Finding Aids。经过这几年的发展，数字化生产中心已经成为华盛顿研究图书馆联盟的核心项目之一，完成了许多数字化项目，将WRLC成员馆的特色馆藏数字化，如美国大学图书馆的历史照片和出版物、基督教大学的布鲁克斯－奎恩家族（1883—1989年）收藏、盖洛戴特大学的报纸《沉默的工人》（*The Silent Worker*）（1888—1929年）、乔治梅森大学的维吉利亚国内战争档案（1861—1865年）等。[1]

3.1.2 分布式的同类型图书馆组成的联盟

分布式的图书馆联盟有其优势，能有效利用现有的基础设施和资源，各成员馆能保持自己的特点和独立性，能更全面地照顾成员馆和读者的特殊要求。缺点在于需要考虑的因素是运作成本较高、知识产权和公平使用的问题，有某种程度上的重复建设。这一模式的典型例子有加拿大国家站点许可计划（CNSLP/CRKN）和美国的机构协作委员会（CIC）等。

加拿大国家站点许可计划（Canadian National Site Licensing Project，简称CNSLP）是由渥太华大学于1999年4月向加拿大创新基金（Canada Foundation for Innovation，简称CFI）提出提议，并于2000年1月建立起来的64个加拿大大学的国家联合体，由渥太华大学进行管理。该计划通过与数据库和学术期刊出版商的协商，获得了为期3年的加拿大电子出版物网站许可证，这些电子出版物主要集中在科学、技术和医学学科领域。CNSLP于2004年4月1日更名为加拿大研究知识网络（Canadian Research Knowledge Network，简称CRKN），CRKN在CNSLP的基础上组建，已由部分接受政府资助转为全部依靠成员缴费自运营，

[1] 张贝楠.图书馆联盟内的数字馆藏的建设与共享——华盛顿研究图书馆联盟数字化生产中心介绍[J].图书馆学研究，2006(10):18-28.

经费总额超过 9000 万美元；致力于发展加拿大的信息基础设施和学术研究机构的科研能力，其最重要的活动仍旧是内容许可计划，并将协商的重点转至社会科学和人文科学领域的数字资源。目前，CRKN 已通过协调全国各地 80 多所高校的力量在国家许可模式下引进了 44 种数字资源，提供这些数字资源的资源内容供应商共有 28 家，加拿大本土之外的出版商或内容供应商占了较大比重，且在国际学术出版市场上大都享有较高知名度。CRKN 对加拿大的科学研究和科技创新的支撑作用十分明显，由第三方出具的评估报告显示：超过 60% 的研究人员认为 CRKN 引进的资源提高了他们的研究水平，扩展了他们的研究网络，增加了他们的科研产出，提升了他们的教学质量。82% 的机构尤其是中小机构认为 CRKN 引进的资源提高了他们的科研竞争力，这些机构对能够参与其中并发挥作用甚感满意。CRKN 为遍布加拿大的 84 个成员大学提供一站式服务，为 85 万余位大学研究者和学生在线提供了 2200 余种学术期刊。

美国的机构协作委员会（Committee on Institutional Cooperation，简称 CIC），该联盟由分布在美国中西部 8 个州的 13 所大学组成。CIC 虚拟电子图书馆（Virtual Electronic Library，简称 VEL）由美国教育部资助和 CIC 成员共同出资开发，通过 HTTP/Z39.50 协议，将分散的系统和数据库“虚拟”地结合在一起，统一界面，同一检索式，用户界面个性化，可跨 OPAC 检索 13 个成员馆的资源。读者以 ISO 标准向其他任何 12 家 CIC 成员馆提出馆际互借请求，无需馆员干预。在日本，区域性图书馆联盟大多也采用这种模式，该模式类似我国国家型的国家科技图书文献中心（NSTL）。这种模式能够使图书馆联盟成员的范围分布广泛。

3.1.3 跨系统的复合式联盟

该模式有利于多种类型图书馆组成的联盟，兼有集中式和分布式的优缺点，这一模式的成功范例有英国大学研究图书馆联盟（CURL/RLUK）和美国俄亥俄州图书馆与信息网络（OhioLINK）。

1983 年，为了共享机读目录资源，提高图书馆查询系统技术，英国剑桥大学等 8 所大学图书馆联合建立了英国大学研究图书馆联盟（Consortium of Universty Research Libraries United Kingdom，简称 CURL），并逐渐发展成涵盖 20 余所大学图书馆及多个公共图书馆馆藏的国家联合体。它的宗旨在于通过国内各界的合作，塑造和实现现代化的研究型图书馆，使英国拥有全球最先进的研究图书馆服务。CURL 将其成员馆所提供的 3.5 万余种图书和期刊资料数字化，建立起书目资料库，提供免费浏览和在线联合目录查询系统（COPAC）服务。同时，积极与 JISC 等机构合作开展 SHERPA 等项目，力求促进全球学术研究成果的开放存取。2008 年 3 月，CURL 更名为英国研究性图书馆（Research Libraries UK，简称 RLUK），将其成员范围扩展至各类学术信息机构，以便实现全国信息资源的共建共享。它的任务目标是加强合作，丰富馆藏，分享经验，领导成员的创新活动，以实现更多更快的发展；听取和尊重联盟各成员的意见，使其影响力和经济效益达到最大化；多方合作，建设现代化的研究图书馆。[1]

美国俄亥俄州图书馆与信息网络（Ohio Library and Information Network，简称 OhioLINK）。它是由该州的大学和公共图书馆组建的图书馆联盟，联盟成员包括 18 所公立大学图书馆、38 所私立大学图书馆、23 个社区与技术学院和公共图书馆。联盟的目的在于为该州所有用户提供极快的检索和文献传递服务。其经费来源主要是州政府的财政拨款。其经费分为两个部分：资产拨款和运作拨款。资产拨款用于支付中心系统的硬件设备和软件、网络维护、参考资料库等。运作拨款用于支付合作网中央系统的人事、办公设备、管理、软件维护、资料库签约等。由州政府统一拨款，建立统一的图书馆自动化系统平台，统一购买电子资源和数据库，成员馆无需交纳会费。OhioLINK 的中心设在兰特大学图书馆，由俄亥俄州高校董事会负责，设有管理委员会，负责批准联盟的战略方针和财政预算，下设四个专业组。OhioLINK 的管理架构是一个管理委员会主导全局的大政方针，并委托一个执行主任在两个分委员会的协助下主管合作网的具体运作。执行主任配有一套工作班子负责中央系统的日常工作。两个理事会下辖四个常设委员会和一个联席会。各常设委员会又根据需要组建特别工作组（Task Force）、兴趣团体（Interest Group）或工作小组（Working Group），探讨和解决专门问题。[2]

中心系统包括编目和规范档、联机目录、地方系统间转移查询程序、附加数据库和连接俄亥俄州以外系统的通道。它通过统一的用户界面，为各馆收藏的同一种文献提供统一的检索点。其主要任务和作用：一是提供免费联机目录的查询。其目录系统覆盖了 89 个成员馆的 880 万条记录，可同时提供 4500 个用户查询。二是共享资源。州内所有成员馆可共享联盟的书目记录、联机编目、文献信息检索、馆际互借 / 文献传递，以及联盟拥有的全部电子资源和网上资源，达到了州

[1] ANDY APPLEYARD. British Library document supply — a fork in the road[J]. Interlending & Document Supply. 2010 (1) : 12-16.

[2] 姚晓霞，朱强. 国外高等教育文献资源的运行管理机制 [J]. 中国教育网络，2013 (9):68-70.

内图书馆的广泛合作。三是节省经费。OhioLINK 购买了大量的电子资源用于网上检索，避免了成员馆重复购买，为成员馆节约了经费。可提供 3910 万件资源、100 多个电子数据库、5800 种电子期刊和 18000 种电子图书。目前，它已成为美国一个颇具规模和较有影响的大型图书馆联盟。[1]

上述几种类型从功能上分析均为多功能的联盟。近几年，信息数字化后并没有解决图书馆人力、财力与技术等资源的困乏，相反，“获取”（access）取代“拥有”（ownership）的观念使电子资源的共享越显重要。于是，出现了单一功能的区域性图书馆联盟。一是学术电子资源集团采购联盟，以联盟方式团结力量，与信息供货商就收费模式和价格以及使用权限等协商谈判，以获得更好的资源分配。二是数据库共享联盟，以联盟的方式，向政府单位争取经费，由一馆统一采购多馆共享电子数据库使用权，这种多馆共享的数据库内容无须分别安装在各馆的主机，可减少各馆系统管理的额外负担。日本九州地区的 15 所国立大学图书馆构成的电子资源共享联盟，就是将共同服务器设在九州大学图书馆，由 6 所大学 8 名成员组成工作小组，负责服务器的系统运行、管理、服务以及电子资源的采购等。联盟大学的用户只要连接本校的图书馆主页，点击“共享电子资源”，就可自由利用共享电子资源。

3.2 国内区域图书馆联盟模式

21 世纪，我国的图书馆联盟也逐步形成规模——2000 年 6 月 12 日，根据国务院的批复，由科技部联合财政部、国家经贸委、农业部、卫生部和中国科学院等有关部委，成立了国家科技图书文献中心（NSTL）。该中心是一个虚拟式的科技信息资源机构，按照理、工、农、医四大支柱组建，由中国科学院图书馆、工程技术图书馆、中国农业科学院图书馆、中国医学科学院图书馆组成。该中心的宗旨是：根据国家科技发展的需要，按照“统一采购、规范加工、联合上网、资源共享”的原则，采集、收藏和开发理、工、农、医各学科领域的科技文献资源，面向全国开展服务，为促进政府科学决策、科学技术研究、技术创新、人才培养、参与国际竞争等提供支撑保障。目前该中心已成为西文文献资源最丰富的虚拟机构。

图书馆联盟的组织模式是图书馆在长期发展中形成的某种标准形式或固定形

[1] 对美国大学图书馆联盟的思考 [J]. 四川图书馆学报，2005(2):72-76.

式，它确定了图书馆联盟的主要活动以及实现联盟战略的协调方式。现代图书馆联盟的种类多种多样，根据系统的划分，主要有跨系统的图书馆联盟和系统内的图书馆联盟。

3.2.1 跨系统的图书馆联盟

区域性跨系统的图书馆联盟是指一个地区内各级各类图书馆之间的文献信息资源共建共享体系，是一种条块结合的组织模式。采用这种模式一般是以地区图书馆委员会为中心，下辖各高校图书馆、公共图书馆、专业图书馆和其他文献信息机构，实现信息资源共建共享。

（1）广东省文献资源共建共享协作网

2006年由广东省公共、高校及科技情报系统的28家单位，启动了“广东省文献资源共建共享协作网”，每年省政府拨出200万元专款用于文献资源共建共享。目前，共享资源囊括了300余个中外全文数据库、100余个特色专题库，共享资源总量达100TB。通过联合参考咨询与文献传递网实施覆盖全国的免费服务。每天解答咨询超过5000例，传递文献10000多篇。

广东省文献资源共建共享协作网充分利用现代信息技术，面向省内团体成员和个人成员，免费提供文献信息检索、全文提供、参考咨询等信息资源服务。各成员馆可以平等、合理地利用本协作网内团体成员的馆藏信息资源为读者服务；也可以免费免证利用本协作网内任意一个团体成员的馆藏信息资源；读者可通过申请“网上通用阅览证”来免费使用广东省文献资源共建共享协作网各成员馆的资源和服务。

（2）深圳文献港

深圳文献港是深圳“图书馆之城”建设的重要组成部分，由深圳图书馆、深圳大学城图书馆（深圳市科技图书馆）、深圳大学图书馆创建，并联合深圳市各类型图书馆共同建设的数字文献中心，是深圳科技、教育、情报及参考咨询的网络资源平台。通过对9亿页的中文图书全文进行全文检索，包括310万种图书（占国内已出版的中文图书的95%以上），1.5亿条中外文期刊论文、学位论文、会议论文、专利、标准等题录信息，向深圳注册用户提供中文图书全文检索及免费原文传递服务。

深圳文献港主要为读者提供以下服务：①统一服务。通过逐步整合全市公共图书馆的服务系统和文献资源，在全市范围内为市民提供图书馆统一服务，包括统一读者证、统一服务规则、共享文献资源等。读者只要拥有一张“图书馆之城”的读者证，即可在全市范围内所有加入统一服务的任何一家公共图书馆享受阅览文献、借还文献、查阅数字资源等图书馆服务。②城市街区 24 小时自助图书馆。③通借通还服务。凡持深圳市公共图书馆网各图书馆的借书证可开通通借通还功能。每证可借其他协议馆图书 2 册，所借图书可归还到任一协议馆。④参考咨询服务。

（3）宁波市数字图书馆

2008 年 1 月 18 日，由宁波大学同区图书馆、在甬高校、宁波市图书馆、宁波市科技信息研究院及各大企业共同联盟参建宁波市数字图书馆。依托门户平台，建设了纺织服装、港口、物流、机电塑料模具库、新材料等特色数据库；整合了超星、读秀、清华同方、万方、维普、人大报刊复印资料、NSTL、CASHL 等 8 种中文文献资源（元数据 5300 余万条），85 种外文数据库（元数据 5800 余万条），收录中文图书 228 万余种，为目前全世界最完整的中文图书数据库，独家提供图书的目录章节检索及部分全文试读，全面实现了用户统一注册、统一登录、网上参考咨询、文献传递及全文链接等资源共享服务。截至 2009 年 6 月，网站点击率 12 万余人次，下载总量超过 40 万篇，文献传递、文献互助总量超过 4 万余篇，很好地发挥了宁波市数字图书馆信息服务的功能。[1]

目前宁波市数字图书馆主要成员馆有：

①宁波大学园区图书馆。该图书馆文献资源包括图书、期刊和报纸，图书近 14 万册，现刊近 3000 种，过刊装订本 8000 余册，报纸 130 种。到目前为止，图书馆藏书已经达到 12 万种，14 万余册。图书馆按照类别和典藏地的不同分为西文图书、中文科技类图书、中文社科类图书、中文文艺类图书、少儿图书、宁波地方文献、盲文图书、华宝斋古籍和旧书（鄞州区图书馆藏书）。值得一提的是图书馆收藏的华宝斋古籍线装图书 2600 册，价值 30 万元，图书装帧精美，古色古香，文化品位极高。

②宁波市图书馆。宁波市图书馆创建于 1928 年，馆舍面积近 12000 平方米，藏书 88 万余册。馆内设图书外借室、报刊阅览室、图书阅览室、古籍地方文献阅览室、少儿图书室、电子阅览室、艺术阅览室等服务窗口。现有持证读者 2 万余人，全年开放，无休息日。

---

[1] 朱亚玲，程华. 区域图书馆联盟资源共享机制探讨 [J]. 图书馆建设，2009（2）:16-18.

宁波市图书馆系综合性公共图书馆，藏书品种及收藏的地方报刊在浙东地区最为丰富和完整。馆藏古籍图书近10万册，中文图书初步形成以艺术、经济、医学等几大块为馆藏重点的藏书体系。1998年起，建立地方文献资料库，收藏有甬籍文人、院士等著名人士的著述，以及各类宁波地方报刊、地方志等。地方文献的收藏已成为馆藏的另一特色。

③宁波市科技信息研究院（宁波东方技术评估中心）。该研究院成立于1988年，是宁波市唯一的综合性科技信息服务机构，为科技、经济发展提供信息服务。从事科技、经济信息的采集、分析、研究、发布等相关社会公益事业。下设办公室、科技发展研究中心、科技查新检索中心、网络中心、科技评估中心、成果管理办公室等六部门。

④宁波大学图书馆。该图书馆为浙江省高校高等教育数字资源中心宁波分中心，现有藏书265万册（含各资料室），其中印刷型图书142万册，电子图书123万册，全文电子期刊2.1万种，CNKI、维普、Elsevier、Springer等全文数据库26个，EI、CSA、INSPEC等文摘数据库15个。同时该馆紧密配合学校重点学科发展，在工程力学、理论物理、无机化学、水产养殖学、国际贸易学、电路与系统等学科领域馆藏文献已形成特色，并逐步建成了覆盖全校各类学科专业，具有较完整的中外文文献资源的馆藏体系。图书馆还收藏有《申报》《大公报》全套，《民国丛书》《良友画报》等近现代资料；古籍收藏也较丰富，有影印文津阁《四库全书》《四库全书存目丛书》《续修四库全书》《四部丛刊》《天一阁藏明代方志选刊》等。

图书馆建立了先进的计算机网络系统，业务工作全部实现计算机管理，用于数字图书馆的专门存储设备容量达12TB。馆内设有600余台计算机终端与校园网、教科网和互联网连接，每座馆舍的大厅均设有供大家查询的公共检索机，读者可在校园内任何地方、任何时间进行信息查询。

除了上述成员馆，宁波市数字图书馆还有宁波工程学院、浙江大学宁波理工学院、浙江万里学院、宁波大红鹰学院、公安海警学院、宁波教育学院、宁波广播电视大学、宁波职业技术学院、浙江纺织服装职业技术学院、浙江工商职业技术学院、浙江医药高等专科学校、宁波城市职业技术学院、宁波天一职业技术学院、宁波诺丁汉大学等成员馆。

读者只需通过全市任何一个角落的IP地址免费登录，就可以每周7天、每天24小时全天候查找、利用宁波数字图书馆系统内的文献信息，并且可免费全文下载。但是，中心门户系统应设置单个用户一天内下载全文文献的数量（暂定为 30 篇）和单个用户一天内提交的文献传递请求数量（暂定为 10 篇），以保证用户对于数字资源的合理使用。

宁波市数字图书馆分别在宁波市行政服务中心办事大厅和宁波“81890”服务中心等地方设立数字图书馆服务点，为读者办理读者卡，提供图书借还、预约、推荐购书服务，以及宁波市数字图书馆文献检索和文献全文传递、代查代借、参考咨询等服务，服务点与大学园区图书馆实现文献通借通还。宁波市手机图书馆于 2011 年 8 月 18 日正式开通试用，读者利用图书馆更方便。

宁波市数字图书馆经费主要由宁波市政府下拨。

（4）上海地区图书馆联合体

由上海图书馆牵头，由 44 所大学图书馆、情报所文献馆和 28 个区县图书馆联合建设而成，2000 年 12 月上海市中心图书馆开始启动向街道乡镇延伸，形成了应用服务“一卡通”、技术平台网络化、书目数据整合化、业务管理规范化的文献资源共建共享服务系统。2003 年上海城市中心图书馆分馆在全市 19 个区县公共图书馆实现了全覆盖，建立市、区县、街道一体化资源共享“一卡通”读者服务新模式，建立空间布局合理，以公益服务为宗旨的大众化、一体化、网络化、规范化、便捷化、共享化的城市公共图书馆服务体系。

（5）长三角地区图书馆联合体

2005 年 11 月，由浙、沪、苏三地图书馆学会和浙江图书馆联合举办的“第二届长江三角洲城市图书馆发展论坛”在杭州举行。来自三省市的 100 多家图书馆打破自我封闭，联合签署了《长江三角洲城市图书馆合作章程》。不久的将来，长三角地区的读者依托网络，只要登录统一的网上参考咨询服务平台，就可享受辖区内各图书馆的参考咨询、资料查找、数据库等服务；通过通阅通借一卡通网络，实现长三角地区图书馆书目数据库的联合查询服务，最终建立长三角文化信息网络。[1]

长江三角洲城市图书馆合作内容主要有：①有步骤地实现文献信息资源的共建共享（包括文献提供、联合编目等）；②合作研究对本区域有共同意义的课题；③建立和健全知识导航（包括参考咨询）的区域网络；④实行适当的馆员交换和人才有限流动；⑤推动图书馆情报教育资源的共享和继续教育的合作；⑥对图书

[1] 涂中群，陈锦花．区域图书馆网：国内案例的剖析 [J]．全国新书目，2007(Z1):124-126.

馆业务和工作中的热点、难点、重点问题开展研讨；⑦有较强可行性的区域性图书馆专门业务的有关规范和制度；⑧建立适时适地经过论证的网络、数字资源和信息传输新技术的统一平台，建设具有区域特色的资源数据库；⑨共建共享讲座和会展的资源；⑩举办年度馆长论坛，推进本区域图书馆与国际或地区间的交流和合作。

经费的主要来源：①秘书处日常经费开支由挂靠单位三省市图书馆分别自筹。②合作项目的经费预算可根据下述出资方式选择：由项目小组根据项目成本的核算明确签约各馆的出资额度；由项目小组根据签约各馆项目得益的预测而明确出资的额度；向有关单位申报课题取得经费；取得赞助单位经费支持；一馆独资承担项目成本，各馆按产生效益的比例缴纳费用；因项目的实际情况而商定的其他经费筹集方式。③每年一次的馆长论坛和大型研讨会的经费由举办地负责筹集（可适当收取会务费），其他的有关会议基本上采取以会养会的方式。

3.2.2　系统内的图书馆联盟

区域性系统内的图书馆联盟是指将某个区域同一系统内的文献信息机构集中在一个统一的共建共享体系中，全面协调，将各自的信息资源统一整合，实现该区域内信息资源的共建共享。

（1）江苏省高等教育文献保障系统（JALIS）

江苏省高等教育文献保障系统是江苏省教育厅领导下的重点项目之一。江苏省高等教育文献保障系统的建设为江苏省各类高校的教学、科研提供高效率、全方位的文献资料的保障和服务，使全省高校图书馆系统初步形成结构优化、布局合理、配置精当的文献收藏系统，建成江苏省高校联合目录数据库和一批具有特色的专题文献数据库。其服务面将扩大到高校以外的范围，尽可能地为本省的经济发展提供必要的文献保障，推动江苏省的社会进步和产业现代化。

江苏省高等教育文献保障系统的管理中心设在南京大学，下设管理中心办公室作为常设的管理机构，接受江苏省高等教育文献保障系统领导小组和省图情工委的双重领导。管理中心办公室负责日常的管理、协调工作，贯彻 JALIS 领导小组的部署，由此形成以领导小组、管理中心为核心的江苏省高等教育文献保障系统工程管理层。

江苏省高等教育文献保障系统管理中心下设 8 个地区、学科中心和 4 个书刊采编中心，按照江苏省高校的地域布局和专业特色布局，依托各地区、学科的中心馆，各个学科 / 地区中心面向本地区和学科群的基层馆提供服务，各个中心按年度向上级的中心汇报工作，接受管理中心的统一部署，开展服务，从而形成“管理中心—学科 / 地区中心—基层图书馆”的三级服务网络体系。

JALIS 管理中心与中国高等教育文献保障系统（ CALIS ）进行协调，在江苏地区推进、实施 CALIS 的相关服务计划，规划江苏省内的文献资源建设，督导地区 / 学科中心的服务工作，处理日常的管理工作。地区、学科中心依托所在馆开展服务，形成针对本地区、学科群的辐射面，成为地区性的文献中心和文献服务中心，为本地区的教育发展、经济发展提供支持，各个中心设有专职人员负责文献传递、馆际互借服务。

（2）北京高校图书馆联合体

2002 年 12 月，由北京邮电大学图书馆牵头，北方交通大学图书馆、北京师范大学图书馆、中国人民大学图书馆、北京航空航天大学图书馆、北京科技大学图书馆、北京理工大学图书馆、北京大学医学图书馆、中国政法大学图书馆、中央财经大学图书馆、首都师范大学图书馆等 11 家高校图书馆共同组织发起成立了北京市北三环—学院路地区高校图书馆联合体。2006 年 3 月联合体更名为“北京高校图书馆联合体”。目前联合体成员馆已扩展为 39 家市属高校馆，辐射范围为整个北京市。

成员馆服务对象为个人用户，主要开展馆际借阅、文献传递服务。每个成员馆向读者提供免费馆际借阅证，每个证可借书 3 册，借阅期限为一个月（不续借），每人每次只能用一个证借书，阅览范围包括成员馆各阅览室以及网上文献资源的本地阅览，外借范围仅限于普通中文图书（不包括外文图书、特藏图书、工具书、库本书和期刊等）。北京 39 所高校的 50 多万名师生可以免费共享 39 所高校图书馆的千万册信息资源，从而给各成员馆读者带来更大的便利。39 个成员馆实行联合采购，进一步实现资源的优化配置。

北京高校图书馆联合体作为民间自筹组织，它们没有政府资助，完全靠自筹资金解决问题，是自筹资金实践共建共享的一个特色。

（3）广州石牌地区六校协作组

1994 年 6 月，在广东省高教厅和省高校图工委的组织下，广州市石牌地区 6 所高校图书馆（广东工业大学、广东职业技术师范学院、华南师范大学、华南农业大学、华南理工大学、暨南大学）召开会议就联合办馆问题进行了充分的讨论，开始探索区域合作模式。

广州石牌地区六校协作组的服务对象主要是六校教师的在校师生，借阅证分通用借阅证和通用阅览证两种。通用借阅证的发放对象是六校教师、博士研究生。通用阅览证的发放对象是六校在读硕士研究生和三四年级本科生。成员馆馆际互借的主要服务内容有为校内外读者复印本馆各种文献，为校内外读者从国内外的图书情报机构复印图书、期刊、论文专利、技术报告和学位论文等文献资料。对于馆际互借的服务针对文献的内容和所属，实行不同的资费标准。

（4）河北省高等学校数字图书馆

河北省高等学校数字图书馆是燕山大学图书馆按照河北省教育厅的指示于2001年11月开始建设，2002年3月投入使用。2002年6月成立了河北省高等学校数字图书馆联盟，联盟设有委员会，共有10个常务理事单位，燕山大学图书馆任理事长单位，河北大学图书馆和河北工业大学图书馆为副理事长单位。联盟设立省高数图管理中心，管理中心是保障省高数图正常运行的具体业务执行机构。管理中心受省教育厅领导，负责河北省高等学校数字图书馆基础设施建设，包括网络数字图书馆所必需的外围硬件设施、数字图书馆等项目建设，提供维持正常运转所需人员、资金，向注册用户及时提供高质量的数字资源，并负责河北省高等学校数字图书馆的日常管理工作。各高校以自愿方式向省高等学校数字图书馆管理中心申请注册，并报省教育厅备案。被授权高校可以利用教育科研网，通过河北省高等学校数字图书馆独立域名直接访问或通过各高校主页上的相关链接访问。

经过近几年的建设，省高数图数据中心已建设存储容量20TB的SAN架构存储网络，其中包括8TB的电子图书，4TB的电子期刊等资源，建设IBM高端服务器10余套以及高端通信设备，为各成员馆提供安全高效的服务。目前全省已有40余家高校使用省高数图资源，初步实现了全省高校电子资源的共建共享，为省内各高校节省了大量的经费，使数字图书馆的文献服务基本满足了省内高校教学和科研的需要。

（5）浙江省滨江高教园区网络图书馆

滨江高教园区网络图书馆由浙江省教育厅资助，在浙江省高校图书情报工作委员会指导下，于2003年11月20日正式开通。浙江滨江高教园区图书馆是滨江高教园区内浙江中医学院、浙江公安高等专科学校、浙江机电职业技术学院、浙江艺术职业学院、浙江医学高等专科学校和浙江商业职业技术学院6所高校共建的文献信息共享项目，它是浙江高校数字图书馆网络中第一个建成的分中心。网络图书馆拥有馆际互借、在线查询、馆务公示、联合采编等功能，实现了滨江高教园区文献信息资源的共建共享。浙江中医学院图书馆负责园区网络图书馆设施管理与技术维护。

（6）上海教育网络图书馆

2000年底上海市教委提出与资助的上海教育网络图书馆成立，其主要功能是在上海地区各级各类学校间实现图书文献资源与信息服务的共建、共知、共享。该项目是建设在上海教科网平台上的数字图书馆，依托网络化、数字化的统一服务平台，通过使用数据化手段整合利用教育信息资源，将传统的图书馆和因特网检索、传播工具有机地结合起来，为上海市各教育单位的教学、科研提供更完善、更有效的公共服务保障设施。项目运行以来，已初步建立上海市教育文献资源共建、共知、共享的基本框架。各校图书馆加盟上海教育网络图书馆共252馆次，受益学校152所；在管理中心建立了4个数据库的镜像（本地服务）服务器；引进数据库的使用量逐渐上升。

该项目主要面向公众提供网上参考咨询、联合目录、文献传递等服务，资金来源主要由上海市教委出资。

（7）天津市高校数字化图书馆

天津市高校数字化图书馆，以CALIS（中国高等教育文献保障体系）、CERNET（中国教育与科研网）和TERNET（天津教育与科研网）为依托，紧密衔接“天津信息港工程”，主要服务于天津市市高等教育，同时兼顾天津市经济建设和社会发展需要，并纳入全国、全球文献信息网络。主要由以下几个项目构成：

①数字化图书馆公共数据中心。该中心为天津市高校多学科综合电子文献收藏中心、查询中心和服务中心，负责公共电子文献的收藏、上网运行和日常维护；负责保障体系主页制作、发布和维护；负责天津市高校联合期刊目次数据库、联合书目数据库、联合电子资源目次数据库及学科导航数据库的网上运行和维护。[1]

②学科文献信息中心。学科文献信息中心包括文理学科文献信息中心、工程学科文献信息中心、医学科文献信息中心、教育学科文献信息中心、工商与管理

[1] 李凌杰．基于UNICORN系统的天津市高校联合数字图书馆［J］．江西图书馆学刊，2005(4):62-64.

学科文献信息中心及其他学科文献信息中心。文献信息中心的主要任务是搜集有关学科的文献资源，按统一标准完成资源的加工整理、建库和上网等工作，负责源文献的外借与阅览、文献和书目数据的复制与传递、学科专业文献导航、书目数据的委托查询及定题服务。

③具有馆藏特色的学科文献数据库。具有馆藏特色的学科文献数据库是各高校按照全市的统一规划，根据本校图书馆的特色资源和学科优势建立的学科专业文献数据库。该库的建设包括特色馆藏资源、部分重点学科和重点研究方向的文献资源采集、加工整理、建库、上网和专业导航等任务。

④建设图书馆自动化集成管理系统，实现各馆间互联互通。

⑤采编中心。采编中心包括中外文图书采编中心、中外文报刊采编中心和电子资源采编中心。采编中心负责建立稳定的采购渠道，提高订到率；负责提供各种文献的编目数据；负责编制天津市高校联合书目数据库、联合期刊目次数据库、联合电子资源目次数据库。

⑥馆际互借、互阅。实现馆际互借、互阅，凭证可以借书、阅览、咨询、复印。

⑦图书馆工作人员和读者培训基地。培训基地负责对图书馆工作人员进行自动化管理系统、网络信息技术、网上检索和为用户服务能力的培训；对读者进行文献检索、信息查询技术和方法等能力的培训。

⑧读者电子检索阅览室。

⑨国外资源镜像站点。

4. 区域图书馆协作网络模式

图书馆协作网络的前身是图书馆协作体，最早是美国图书馆提出的，是以馆际互借、联合目录等协作内容为主要纽带相互连接起来的。随着图书馆自动化的进程，出现了书目利用协作网，如MARC的开发和推广。随着技术的进一步发展，产生了现代图书馆协作网络，共同拥有物理性资源，提供联合目录、馆际互借、文献传递、万维网服务及存取数字信息资源的服务。美国图书馆共享协作联盟的历史可以追溯到100多年前，1902年，美国国会图书馆开始对其他馆实行馆际互借服务，并开始对大约400多家图书馆提供图书目录卡片。[1]

[1] 成晓东. 国外图书馆馆际互借服务及借鉴[J]. 现代情报，2010(1):134-136.

具有国际性质的图书馆协作网络包括国际图书馆协作网络（International Coalition of Library Conortia，简称ICOLC）和西方八国（加拿大、法国、德国、意大利、日本、英国、美国、俄罗斯）组成的G8数字图书馆协作网络。其目的是将各国国立图书馆在网上连接起来，在世界范围内共有数字化的书目情报及全文资料，充实情报资源及其利用方法，促进国内外情报基础的发展，进而在教育、科学等方面，通过国际合作活动，实现情报交流和面向市民的情报提供。[1]

图书馆协作网络以“资源共享、优势互补、互惠互利、自愿参加”为原则，通过联机联合编目、公共检索、协调采购、馆际互借和文献传递、合作开发数字化资源等功能，满足用户的需求，提高图书馆的工作效率和质量，提高文献传递的速度与广度，提高图书馆社会化程度，达到真正意义上的资源共享，节约大量的人力和物力。

目前，国内外有许多地区和图书馆系统已经或正在建立图书馆协作网络，很多都已取得相当不错的成绩。

4.1 国外区域图书馆协作网络模式

4.1.1 美国协作网络：OCLC模式

OCLC（Online Computer Library Center，联机计算机图书馆中心）始建于1968年，是一个非正式组织，由最初俄亥俄州54所大学图书馆组成的州内图书馆协作网，早期名字叫俄亥俄大学图书馆中心（Ohio College Library Center，简称OCLC），其目的是建立一个计算机系统供俄亥俄州各学术机构的图书馆共享资源和降低成本。随着服务范围的不断扩大和管理结构的更改，俄亥俄州以外的图书馆也逐渐加入进来成为其成员，因此，在1981年，俄亥俄大学图书馆中心的法定名称改为现名，其简称仍是OCLC，并沿用至今。

OCLC主要面向高等教育机构提供服务，旨在促进不同联盟之间就共同关心的利益和话题进行有效的讨论，并提出解决问题的方案。OCLC总部设在美国俄亥俄州的都柏林，是世界上最大的提供文献信息服务的机构之一，是世界上最大的图书馆网络，向全球181个国家和地区的超过82000所图书馆提供信息服务。它的主要服务项目有First Search（第一检索），包括World Cat书目数据库5400

[1] 康云萍. 试论数字图书馆特色数据库的建设 [J]. 现代情报，2004(8):73-74, 77.

万条记录，Article First 学术论文库和 ECO 期刊文章库的 8000 多种电子期刊目录，1000 多万篇全文文章。协作成员馆的读者不仅可以检索，而且可以通过它的联网进行馆际互借、文献传递等配套性的服务，直接获得书刊资料。OCLC 的成功，在于它的成熟的技术、协作精神、会员制度与非营利性质。

OCLC 监管机制由 OCLC 监管会员图书馆（Governing Member Library）、会员委员会（Members Council）和理事会（Board of Trustees）由下至上组成。OCLC 监管会员馆指那些承诺将其采购的所有西文书通过 OCLC 编目系统进行编目的图书馆。这些图书馆将自己的馆藏信息加入 OCLC 数据库，以促进全球性的资源共享。OCLC 会员馆通过选举会员委员会的代表来行使监管 OCLC 的权力。OCLC 会员委员会由 OCLC 会员图书馆选出的 60 位代表组成。60 位代表来自各种类型的监管会员图书馆，代表着自己图书馆所在区域的会员馆的利益，任期 3 年。OCLC 理事会的理事增至 15 位，其中，6 位选自于会员委员会，8 位由理事会本身选举产生，第 15 位理事是由前 14 位理事聘任的 OCLC 总裁及最高执行官。OCLC 理事会是监管 OCLC 的最高权力机构。[1]

将会员馆融入 OCLC 的监管机制，从根本上改变了用户和 OCLC 的关系：会员图书馆通过自己选出的会员委员会代表来监管 OCLC。OCLC 也从会员图书馆听取广泛的意见和建议，对图书馆市场的需求变得更加敏锐，从而改进和开发更多信息产品和服务项目，更好地为图书馆服务。这种因 OCLC 会员制度而产生的良性循环，使得 OCLC 得以不断发展进步。[2]

由于税务上的优惠待遇，OCLC 在市场开拓和发展上占尽优势。同时，由于非营利机构收入的盈余的限制，OCLC 也对图书馆信息市场的价格起到一种积极的调节作用。因此，OCLC 得以迅速发展，将所得的盈余全部投入对现存的产品与服务的改进，新产品和服务的开发和研究，也用于资助会员项目、设立奖学基金等。

4.1.2 美国协作网络：Minitex 模式

美国明尼苏达信息资源共享网（Minitex Library Information Network，简称

[1] 陈丽纳，熊静．图书馆联盟运作模式的发展趋势——公司制联盟和策略联盟［J］．情报资料工作，2008(1):82-86.

[2] 莫煊海，钟莹，刘泉等．图书馆资源共享的主要模式及其服务方式［J］．江西图书馆学刊，2010(4):75-78.

Minitex）为明尼苏达、南达科他和北达科他三州的200多家不同类型图书馆提供馆际借阅的服务机构。与其他类似的机构相比，它的最大特点是没有自己的藏书，没有自己的中央书目数据库。

Minitex于1981年正式成立，1981—1990年获得迅猛发展，在此期间，其从组织到服务范围、服务类型都发生了巨大的变化，变成了一个规模庞大、跨州的、多功能的资源共享网。Minitex共有三个领导机构，它们是明州高等教育委员会、明尼苏达大学图书馆和Minitex顾问委员会。

明州高等教育委员负责制订大政方针，拨款，审批特殊项目，向州议会和州长汇报Minitex的年度状况和来年的任务。Minitex主任直接向高等教育委员会汇报工作。受明州高等教育委员会的委托，明大图书馆负责Minitex的行政管理，Minitex主任在行政上直接受明大图书馆馆长的领导。Minitex的所有工作人员属于明大图书馆的人员编制。

Minitex有两个经费来源，政府拨款和服务性收入。州高等教育委员会对Minitex采取了一种基数加专项的拨款模式。每年拨给一定数量的基本运行经费，对于Minitex提出的新的服务计划，在经过审查通过后，拨给专项经费。这种拨款模式可以促使Minitex不断提出新的服务措施。Minitex的另一个经费来源是服务性收入。从历史上看，服务性收入起伏很大。一旦接到大项目，服务性收入很高；而平常年景收入就比较少。总的来说，Minitex运行的主要经费靠政府拨款，服务性收入只是辅助性收入。

4.1.3 弗吉尼亚高校图书馆虚拟图书馆协作网

弗吉尼亚的高等教育事业在全美排名第11位，全州共有各类高校100多所，全州高校学生总数为35万。自1994年起，弗吉尼亚开始建设“弗吉尼亚虚拟图书馆”（The Virtual Library of Virginia，简称VLVA），即实施“Biennium提案”，由州政府投入经费支持该项目建设，采用分期投入、逐步实施、不断完善的方法，实现“采用先进的信息技术手段，建立弗吉尼亚公益性的图书馆虚拟信息网络，实现平等、合作、高效的信息资源共享，为高等教育事业服务，同时将促进本州市民的终身教育，奠定弗吉尼亚在美国地区性信息网络中的领先地位”的宗旨。VIVA的成员为弗吉尼亚财政支持的39所公立高等院校、32所非营利私立院校图书馆和弗吉尼亚公共图书馆，共62个成员。VIVA的任务是通过集中成员的购买力，共同购置VIVA成员能共享的电子化信息资源；共同致力于形成一个不断强化的资源框架、业务技术和谈判地位；共享 VIVA 成员馆的各种信息资源和图书馆馆员的专业业务力量来加强所有 VIVA 成员的图书馆信息服务水平。VIVA 的组织十分精简，它没有设置行政性的管理机构，而是在州高等教育议会及下设的图书馆咨询委员会的领导下，设置几个业务委员会来进行日常管理和运行。

VIVA 通过网络向成员图书馆免费提供已购置或已取得查询许可的各种数据库、全文期刊及其他电子资源。据统计，VIVA 可共享的网上电子资源为 186 个数据库，9000 种全文期刊，1 万种全文著作、诗词和剧本及 30 万种其他全文电子资源。VIVA 还提供网上联合目录，可通查所有 VIVA 成员馆的现有资源，并通过馆际互借方式承诺在 48 小时内向读者免费提供某一资源，在 VIVA 网页上有各种搜索引擎和网络工具，方便读者查询各种网络信息资源。

VIVA 在支持弗吉尼亚州的高等教育事业方面起到了十分重要的作用，收到了明显的效果。首先，VIVA 通过集团购买的方式，节约了大量的经费开支；其次，促进了弗吉尼亚各高校图书馆现有的印刷型资源和缩微型资源的共享和利用，各图书馆传统介质资源的网上联合检索功能及馆际互借，使传统资源的利用率得到了提高；再次，通过网上图书馆的联合检索功能，促进全州图书馆馆藏的协调发展，避免了同一资源在不同馆的重复订购和不同媒体的重复订购，使资源的分布更加科学合理。

国外的大学图书馆在协作方面也有一些经典案例值得我们学习。比如三角研究图书馆网络（Triangle Research Libraries Network，简称 TRLN），这是美国历史上较为悠久的地区性大学图书馆馆藏发展协作项目。自 1934 年起，各高校之间为达到资源优化配置，校际合作的步伐不断加快。图书馆之间的协作成为了其最有成效和持久的项目。通过协作整合各成员馆的经费、人力及信息资源，以建立一个可以促进各个大学教学、研究和服务使命的、丰富的知识环境。采用三级管理的组织框架，实现对成员馆文献资源的统一规划和使用。另外还有研究中心计划（Center for Research Libraries，简称 CRL），这是从 1949 年开始以北美大学图书馆和独立的研究图书馆为主组成的一个协作网络联盟，起源于一个储存图书馆的创意，通过购买和保存教学科研过程中使用的报纸、期刊、文献、档案和其他传统或数字载体的资源，进行馆际交换和文献传递，以此来为成员服务。该计划的组织机构性质是非营利的自发性组织，图书馆通过入会的形式加入到这个行列来，享受会员的特权。目前为止，该系统共有 400 万份可供各成员馆共享的资源，吸纳了约200家图书馆。

4.1.4 日本协作网络：NACSIS模式

日本的信息资源共享走的是一条高度组织化、制度化和有序推进的发展道路，政府及图书馆协会的主导作用十分明显。日本的信息资源共享的发展大致经历了两个阶段：[1]

第一个阶段是第二次世界大战以后，日本建立了许多各种形式的图书馆协会组织和网络。这些协作组织的一个重要功能就是开展各种形式的图书馆协作活动，进行图书馆之间的信息资源共享。但由于协会数量繁多，力量分散，而日本国会图书馆在全国信息资源共享中发挥的组织和协调作用很有限。

第二阶段始于20世纪80年代中期。1986年，在原东京大学文献信息中心的基础上，建立了日本学术情报中心（NACSIS），日本开始进入一个以计算机网络为基础的全国性信息资源共享阶段。

因此，由于NACSIS的发展，日本已经形成一个以它为中心的、相对比较系统和完善的全国性信息资源共享网络。日本全国性的文献信息资源保障体系有一个中枢机构，这就是日本文部省学术情报中心（National Center for Science Information Systems，简称NACSIS）。

以NACSIS为核心，有全国国立、公立、私立大学等共同参加，以人文、社会、自然科学等各领域的学术信息为对象，通过计算机和数据通信网连接大学的大型计算机中心、综合信息处理中心、图书馆等，日本形成了一个收集、整理并迅速、准确地为研究者提供所需学术信息的全国性综合信息共享系统。

NACSIS起步于1983年，在东京大学成立文献情报中心，先期开始建立联合书目数据库，并提供馆藏目录信息服务，和日本东京工业大学图书馆连接形成网络。1986年，文献情报中心脱离东京大学，进行改组，日本文部省学术情报中心正式成立，成为日本国立、公立、私立大学研究者都可以利用的资源共享机构。经过二十几年的发展，NACSIS已经覆盖了日本从南到北所有的大学。

NACSIS是一个独立的机构，隶属于文部省，有固定的专业技术、管理和科研人员，有充足的经费来源。但NACSIS并没有自己的藏书体系，它是一个由政

[1] 方标军．试论江苏省图书馆信息资源共建共享［EB/OL］．［2012-05-16］http://www.jsgxgc.org.cn/- jscnt_wht/jscnt_llyj/200511/t20051108_7483.htm.

府建立起来的“书目利用共同体”。它的基本功能就是把现有的各个图书馆的各种二次信息，特别是各图书馆藏书等一次文献的书目集中起来，建立一个中心的联合目录数据库。

NACSIS 的信息资源共建共享活动主要包括学术信息网络、联合书目数据库服务、信息检索服务、电子图书馆服务（NACSIS-ELS）、国际交流、研究开发。

NACSIS 为了促进日本全国的大学、研究机构学术信息的交流，建设学术信息网络。学术信息网（SINET）是使各学校校园网相互连通，并连接各个研究者终端的学术研究专用信息通讯网，在全国设置了 29 个节点，连接了 800 多所大学和研究机构。

联合书目数据库服务包括目录系统和馆际互借系统。目录系统（NACSIS-CAT）是全国大学图书馆书刊馆藏联合目录数据库系统，可以提供日文图书联合目录、西文图书联合目录、日文期刊联合目录和西文期刊联合目录等 4 个数据库的服务。从 1998 年开始，NACSIS 通过互联网的 WWW 方式提供书目信息服务。馆际互借（NACSIS-ILL）则是充分利用目录系统中建立的联合目录数据库开展业务，迅速、准确地向研究者提供文献。

信息检索服务系统（NACSIS-IR）以将学术研究信息迅速、准确地提供给研究者为目的，积累人文、社会科学、自然科学诸领域的 50 多种数据库、9000 万条以上学术信息，提供网上检索服务。NACSIS 的数据库包括自建的数据库、从数据库公司引进的数据库和其他机关、研究者等建成的各种专题数据库。

电子图书馆服务是将学术杂志的论文直接电子化，能和书目信息同时检索的信息服务，可在因特网上利用，具有二次文献数据库的检索功能和文献页的显示功能，杂志的封面和论文页均可直接显示。

国际交流方面，NACSIS 与英国收藏日本语资料的主要研究图书馆合作，双方可相互检索彼此的书目信息。与英国图书馆文献提供中心的馆际互借系统连通，可向英国图书馆直接申请文献复印和网上借阅。NACSIS 还向海外提供信息检索服务，现在，美、英、法、德、澳和韩国的大学、图书馆都能利用这一服务。

学术信息机构的目的是连接全国大学的图书馆和其他信息机构，共享所藏的信息资源，并为这些机构的研究者之间交换学术信息提供网络服务。因此，其研究任务也包括信息处理、传递软件、硬件及应用方面的研究开发，并且开发研究都是与系统建设相关的，重视前瞻性和应用性。[1]

4.2 国内区域图书馆协作网络模式

4.2.1 上海市文献资源共建共享协作网

1999年5月，上海图书馆接通上海交通大学图书馆、中国科学院上海文献情报中心专线光缆，至2004年末，全市公共、高校、中科院的三大图书馆网络已构成统一的体系，为达到全市文献信息资源共建共享发展目标打好了基础。[2]

上海市文献资源共建共享协作网在互联网上开通主页，开设新书架、新闻、成员馆介绍、协作网通讯、书目查询和馆际互借等栏目，成员馆和用户能从网上迅速了解全市文献资源的最新信息；还成立了“开放研究室”，加强书目联合查询系统的开发，已完成基于Z39.50协议的广播式查询，实现了分布式的检索；此外，还成立了上海市文献联合编目中心，实现了网上联合编目，已积累书目数据190万条，实现了编目、查询和馆际互借等网络环境下的服务，服务对象从本市向全国拓展，并开始向图书出版发行单位延伸，书目数据直接用户253家，间接用户超出800家。

在内容协作方面，上海市34家研究型图书馆开展外文期刊采购协调，保证了上海地区外文期刊收集的完整性和系统性；同时，成员馆联合采购Neflibrary，已经采购81 900多种电子图书，可通过电子资源导航系统进入电子图书检索页面直接查询阅读。另外，还和20家境内外图书情报机构建立双边馆际互借合作关系，并通过OCLC馆际互借平台开展文献传递与馆际互借工作，实现文献资源的共享。

协作网还参与推进“上海市中心图书馆”建设，在不改变各馆行政隶属、人事和财政体制的前提下，以上海图书馆为总馆，加盟的区县图书馆、学校、研究图书馆作为分馆，联合建设，已有成员馆34家。

上海市文献资源共建共享协作网的主要业务和服务包括：建设全市性数字化咨询系统，开展全方位的专题服务与信息咨询，推行以电子商务为核心的图书文献服务。通过建设特大型城市中心图书馆服务体系，实现各馆之间的文献资源、

---

[1] 薛冬哥．日本高等教育文献信息保障体系——日本文部省学术情报中心[J]．大学图书馆学报，2000(6):74-79.

[2] 朱宁．地方区域性图书馆联盟服务体系的形式与构成——以湖北省区域图书馆合作服务体系为例[J]．现代情报，2009(7):118-121.

管理经验、技术成果等共享，提高全市图书馆的整体现代化服务水平；构筑地区文献资源多元文化知识服务平台，以虚拟集中方式实现数字化窗口服务。

4.2.2 长春市“协作图书馆”

以长春市图书馆为总馆，以县（市）区图书馆为分馆，以街道、社区、乡村等为基层服务网点的三级图书馆服务网络。总馆依托网络基础设施，搭建了总分馆资源共享的平台，实现了网上联合编目、“一卡通”通阅通借、网上参考咨询以及数字资源共享的服务。目前共建立分馆和基层服务网点62个（包括区县、农村、部队、社区、监狱等）。

市馆拿出一定的经费和设备支持“协作图书馆”的建设。中心馆根据各县区馆的需求，配置相应的经费为各分馆购置新书和调剂中心馆的期刊；为保证分馆的文献流量，在长春图书馆设立分馆流动辅助书库，定期为分馆配送图书；中心馆同时开放馆藏数字资源为分馆共享，建立网上联合参考咨询服务体系，实现文献信息远程传递服务。

协作图书馆采取的技术路线。一是在各馆局域网上通过ILAS Ⅱ实现网上流通和检索。首先，采取网上流通的方式实现协作馆之间的通借通还；其次，逐步采用VPN技术全面实现协作馆的自动化管理。二是采用共享工程国家中心和省级中心统一的技术服务平台和标准，实现文化信息资源的共建共享。

建立长春市图书馆采编中心。为确保书目数据的规范化、标准化，减少各馆人力、物力和财力的投入，降低成本，成立了全市公共图书馆采编中心，实行统一采购、统一编目。

实施“一卡通”借阅服务。读者通过使用统一的“读者证”可以在任何协作馆之间借还图书，一方面方便长春市读者就近使用各个图书馆的文献资源，另一方面通过图书馆间的网络合作，进一步加强公共图书馆之间的联合，逐步构建长春市公共图书馆网络共享平台。

4.2.3 全国中小学图书馆协作网

中小学图书馆协作网是图书馆中的一个重要组成部分，其主要任务是向读者提供大量信息丰富的书刊资料和最新的教学教改动态。做好中小学图书馆协作网工作，搞好信息开发与利用，提高群体馆藏书利用率，是图书馆为读者服务作用的进一步发挥。[1]

4.2.4 全国图书馆信息咨询协作网

全国图书馆信息咨询协作网是由中国国家图书馆信息咨询中心主办，以中国国家图书馆为依托，建立网员制咨询服务协作关系。

协作网的主要宗旨是通过网员间的优势互补，共同创造一个良好的信息服务环境，实现文献信息和参考咨询、人才资源共享以及全国图书馆界的合作。只要拥有一定规模的信息源，或具备信息咨询与服务能力，或需要长期获得定题文献信息服务的社会成员，都可以成为咨询网的网员。[2]

协作网设“网讯”编辑部，通过“网讯”（印刷与电子版）建立网员间的信息交流关系。网员可通过国际互联网、电话、传真、邮件等多种形式与本网联系。

协作网以网员资源为主，组建资源数据库，供网员使用。

4.2.5 西部地区市地州图书馆协作网

中国西部地区市地州图书馆协作网是20世纪90年代初由“川南片区公共图书馆协作网会”“西南地区市地州图书馆协作网”发展演变而来。从1990年泸州市图书馆发起并承办第一届以来，历经自贡、宜宾、遵义、乐山、玉溪、内江、曲靖、昆明、六盘水、南宁、泸州、贵阳、广安等公共图书馆先后承办，参加省区有四川、云南、贵州、广西、重庆、陕西及甘肃等省、自治区、直辖市。[3]

协作网以交流经验、传播信息、加强合作、资源共享、增进友谊、共同进步为宗旨。以加强中国西部地区市地州图书馆之间的联系与合作，增进各图书馆之间的交流与友谊，推进文化信息资源的共建与共享，积极为构建和谐社会和社会主义新农村建设服务，共同促进中国西部地区市地州图书馆之间学术研究的开展和事业的繁荣与发展，为西部地区三个文明建设服务，为西部大开发战略的推进做出积极的贡献为目的。

中国西部地区市地州图书馆协作网是西部图书馆之间进行学术交流、开展业务协作的一种联络方式，暂不设理事会等常务机构，西部地区市、地、州图书馆

[1] 佟庆德. 加强横向联系传播知识信息——谈中小学图书馆协作网的作用 [J]. 图书馆建设，1992(S2):99-100.

[2] 于丽华. 网络合作式虚拟参考咨询服务探讨 [J]. 中华医学图书情报杂志，2005(4):31-33.

[3] 南宁市图书馆. 中国西部地区市地州图书馆协作意向书 [EB/OL]. [2012-05-17] http://www.nnlib.com/ -viewarticle.aspx?id=689&cid=27.

以自愿、积极的原则参加协作网的活动。协作网每年召开一次年会暨学术交流会，在每年的年会期间同时召开协作网工作会议，推选出次年的年会承办单位，该单位为当年的轮值馆，负责当年协作网的相关工作。[1]

协作网活动原则上采取以会养会的形式开展活动，不以营利为目的，也不增加主办馆的经费负担。每次活动按实际需要收取基本会议经费，经费开支情况，在工作会议上由主办方向会议通报。

协作网致力于推动图书馆体制改革、机制创新，行业立法、政府投入，管理理念、队伍建设，课题检索、咨询服务，信息利用、资源共享，基础建设、数字图书馆建设以及构建公共文化服务体系等方面的交流与合作。

中国西部地区市地州图书馆协作网原则上按照省区和市地州图书馆双轮换的形式，既实行省区轮换，又实行市地州图书馆轮换，轮流承办；即将承办的成员馆在协作网工作会议上提出申办请求，通过会议批准后取得承办资格，成为轮值馆。

4.2.6 全国性高校馆际互借系统

CALIS 采用"全国中心—地区中心—各高校馆"三级联合保障模式，即由设在北京大学的 CALIS 项目管理中心联合各参建单位，建设了文理、工程、农学、医学 4 个全国文献信息中心以及华东北、华东南、华中、华南、西北、西南、东北 7 个地区中心和一个东北地区国防信息中心，同时发展了 152 个高校成员馆。[2]它以系统化、数字化的学术信息资源为基础，以先进的数字图书馆技术为手段，建立包括文献获取环境、参考咨询环境、教学辅助环境、科研环境、培训环境和个性化服务环境在内的六大数字服务环境，为高等院校教学、科研和重点学科建设提供高效率、全方位的文献信息保障与服务，成为了中国经济和社会发展的重要基础设施。[3]

---

[1] 南宁市图书馆．中国西部地区市地州图书馆协作意向书［EB/OL］．［2012-05-17］http://www.nnlib.com/ -viewarticle.aspx?id=689&cid=27.

[2] 薛克香．从 CALIS 和 OCLC 项目看图书馆信息资源共享发展趋势［J］．现代情报，2011(2):41-43.

[3] 中国高等教育文献保障系统．CALIS 介绍［EB/OL］．［2012-05-23］http://project.calis.edu.cn/calisnew- /calis_index.asp?fid=1&class=1.

5. 国内外典型案例比较及其启示

相比于国外而言，我国区域图书馆资源共建共享体系数量上明显不足，覆盖范围不够，偏远落后地区还严重缺乏这类建设组织。另外，共建共享动力不足；资源建设参差不齐；缺乏权威机构机制。国内区域图书馆资源共建共享无论是从建设规模、资金筹集渠道、组织管理机构、技术支撑、服务提供还是影响力的大小来看，都比以美国为代表的西方国家的区域图书馆资源共建共享落后不少。[1] 美国每个州都有图书馆联盟，数量很多，并且发展水平也高，提供诸如联合目录共享、馆际互借、统一检索、共享技术和专业人才、持续的技术培训、广泛的远程教育、合作式参考咨询等众多服务。颇具代表性的就有本调研介绍的OhioLINK（俄亥俄图书馆与信息网）、WRLC（华盛顿研究图书馆联盟）、VIVA（弗吉尼亚高校图书馆虚拟图书馆协作网）等共享组织。[2]

但是，这些组织都是基于收费的基础上运行的，只有加入了该组织的会员单位才能在费用上享受一定的优惠，而随着普通居民文化生活水平的提高，为减少信息不对称带来的诸多问题，社会对各类信息的需求量日益增大。然而核心信息数据的收费问题和海量信息的无序化又在很大程度上阻碍了信息需求的扩大。一方面是居民文化需求的增长，另一方面是信息获取的困难，政府政策和资金的支撑是解决这一问题的关键。[3]

因此，无论是国内，还是国外，在区域图书馆资源共建共享上都不可避免地存在这样或那样的问题。但是从总体上看来，国外区域图书馆资源共建共享确实有很多值得我国借鉴的地方，我们应秉着“吸其精华，弃其糟粕”的态度，认真对待国外区域图书馆资源共建共享给我国带来的启示。

5.1 国内外典型案例比较分析

5.1.1 总分馆制区别

我国的总分馆模式与欧美等发达国家的总分馆模式还存在着一些差距，下面

[1] 岳延春. 论我国区域图书馆联盟发展的模式 [J]. 图书馆学刊，2010(2):80.

[2] 司姣姣. 国内外区域性高校图书馆数字化资源共建共享现状分析 [J]. 河南理工大学学报：社会科学版，2010(3):380-385.

[3] 郎卫红. 区域性信息资源的共建共享研究——以丽水市网络图书馆为研究模型 [J]. 今日科技，2010(2): 37-39.

从建设主体、规划布局、资源管理、经费保障四个方面进行分析。

第一，建设主体方面。总分馆一般是由一个建设主体设置的一个独立建制的公共图书馆系统，它们通常被称为一个图书馆。而我国总分馆体系中总馆和分馆分别由不同的建设主体独立建设或者多级政府共同作为建设主体，建立的分馆在财产权和行政隶属上属于本级政府，因此保持相对独立，它们通常不被认为是一个图书馆，而是实现某种意义上的合作。[1]

第二，规划布局。总分馆模式是在行政区域范围内实现服务网点科学规划和合理布局，一般由一定层级的地方政府作为建设主体，在行政区域范围内进行总体部署，按照人口规模和服务半径的一定标准进行合理布点，区域覆盖不到的范围通过流动图书馆进行补充服务。我国的总分馆一般还是按照行政区划的级别进行分馆建设，一般按照市级、区县级、乡镇街道、行政村和社区的层级进行分馆建设。在总分馆建设中并未考虑人口规模和服务半径，只是将按照行政区划设置的图书馆联系起来，实现某些资源的共享。

第三，资源管理。总馆应该享有分馆的所有资源，包括设施设备、文献资源和人力资源。但我国的总分馆体系中，总馆只享有部分或全部文献资源的产权，其场地设备产权和工作人员的行政隶属一般隶属于各级政府，因此，总馆不能完全或真正意义上的对人、财、物进行管理和调配，也就不能在实际上保证统一的服务标准。

第四，经费保障。一般来说各国都规定了总分馆的建设主体是地方政府，该政府具有较高的层级，如美国的地方政府是县和市，公共图书馆建设体制与财政体制基本一致，图书馆建设经费主要来自辖区内居民的税收，同时接受上级政府的资金补助，并以法律形式加以确定。如美国图书馆经费由地方、州和联邦三级政府承担，澳大利亚图书馆经费由州和地方两级政府承担。而我国总分馆建设中，分馆经费主要由各基层政府承担，在目前的分税制财政体制下，基层政府财政普遍困难，很难保证分馆所需的各种经费。

5.1.2 区域图书馆联盟区别

国内外区域图书馆联盟无论是在管理体制、组织制度、经费来源，还是在共享内容、共享形式和成果等方面都有所不同。

[1] 张娟，倪晓建. 我国公共图书馆总分馆体系建设模式分析[J]. 图书与情报，2011（6）:17-20.

第一，在图书馆联盟管理体制方面。国外分为政府模式和民间模式两种。政府模式是指图书馆联盟的发起靠政府部门的政策驱动，经费得到政府部门的大力支持，并由政府部门参与和管理。如美国俄亥俄州图书馆与信息网络（OhioLINK）。民间模式是指图书馆联盟的成立因各成员馆的共同目标而驱动，联盟的运行和管理依靠各成员馆协商、签定的协议。如美国华盛顿研究图书馆联盟。而我国图书馆联盟虽然发展较为迅速，但还没有形成一套行之有效的管理体制。我国图书馆主要分为3种类型：大学图书馆、科研机构图书馆和公共图书馆。他们分别隶属不同的管理部门，条块分割现象导致在资源共享上缺乏统一和集中，这种体制严重影响着我国图书馆联盟信息资源共享的进程。[1]

第二，在图书馆联盟组织制度方面。会员制是美国等发达国家图书馆联盟普遍采用的一种组织制度。会员制是指各会员馆通过行使自己的权责，共同监管图书馆联盟的经营政策、发展方向等重大事项。美国、加拿大等国家还实行理事会制或董事会制。理事会是图书馆联盟的最高权力机构。其成员是各联盟馆的主要负责人，主要负责为联盟确立目标、制订政策和战略计划、经费筹措与分配、协调对内与对外关系、自我评价等工作。理事会通常下设一个管理委员会负责联盟的具体事务。如加拿大研究知识网络（CRKN）。此外，德国、芬兰、丹麦、挪威和瑞典等国家实行中心图书馆制度。而我国图书馆联盟由于条块分割较为严重，很多联盟的共享工作难以真正开展，没有形成一套严密的组织管理制度，因此联盟无法从根本上规范各个成员馆，这也导致了各成员馆不能像设想那样实现优势互补、互通有无。由于缺乏有效的组织制度，严重影响了我国图书馆联盟的进程和发展。

第三，在经费来源和使用情况方面。美国、英国、德国、加拿大等国家的图书馆联盟经费的来源主要有政府部门资助、会费、各成员馆的经费、社会团体的资助、联盟服务性收入、社会捐赠等方式。美国图书馆联盟实行的是以一种筹集方式为主导，其他几种方式为补充的多元化的经费筹措模式，从而保证了图书馆联盟的有效运转和持续发展；英国实行的是以政府部门资助为主导、其他方式为补充的经费筹集方式；德国图书馆联盟的经费则根据合同和规定主要由各个成员馆分担。而我国图书馆联盟的经费严重缺乏，其来源主要是各成员馆交纳的少量会费以及一些社会捐赠。各成员馆由于分属不同的管理部门，因此，各成员馆的

[1] 陈哲．国内外图书馆联盟信息资源共享模式比较研究［J］．现代情报，2012(1):60-62.

经费很少真正用在联盟的总体建设上，联盟由于经费严重不足，因此无法开展一些实质性的工作。[1]

第四，在共享内容、共享形式及共享成果方面。联合编目、联机公共目录查询、馆际互借和文献传递是美国、英国、德国、加拿大等国家普遍实现的共享内容。美、德、英等国家还实现了从合作馆藏、集团采购、合作参考咨询等文献资源、人力资源共享到信息系统软件、硬件资源共享等技术资源共享等所有与图书馆相关的专业领域的全面共享。近年来，我国图书馆联盟虽然发展较快，但是在资源共享方面大多数联盟只是实现了馆际互借和文献传递、参考咨询等服务。由于缺乏政府的宏观调控和管理，没有形成行之有效的管理体制和组织制度，使得我国图书馆联盟在合作馆藏、集团采购、技术资源共享等方面还没有实现共享，这严重影响了我国图书馆联盟共享的质量。

5.1.3 区域图书馆协作网络区别

我国图书馆协作网络建设已经取得了一定的成就，图书馆自动化工作在一些城市中已经得到了普及，图书馆协作网络建设正在开展，有些项目已经为现代图书馆协作网络的建设提供了基本的技术保障，起到了带头作用。但是，我国的图书馆协作网络在建设的过程中也存在一些问题，这在国外区域图书馆协作网络建设成功的光辉相比之下更加突出，这些问题制约了图书馆网络化的进程。

第一，图书馆协作网络建设缺乏统一的指挥。我国图书馆在行政归属上隶属于不同的行政管理部门，如文化部主管的公共图书馆系统，教育部主管的高校图书情报系统，中科院主管的科学情报系统等。因此，图书馆协作网络建设的开展也在多个部门的指挥之下进行。这种过于刚性的条块分割缺少有力的宏观调控，各系统图书馆之间缺乏全局观念和合作精神，导致了图书馆协作网络建设难以实现跨系统共享，资源浪费严重。[2]

第二，图书馆协作网络建设存在严重的两极分化现象。我国图书馆的发展本来就由于受经济条件的限制，存在着两极分化的现象，在当今图书馆协作网络建设的过程中，这种现象越来越严重。现代信息技术的应用、先进设备的配置，需要大量的经费和高素质的人才，对于基础较好、经费充足的图书馆来说，业务工作开展得越来越好，自动化、现代化程度越来越高，网络建设才有可靠的保障，

[1] 燕今伟．图书馆联盟的构建模式和发展机制研究 [J]．中国图书馆学报，2005(4):24-29.
[2] 李晓萍．网络时代跨系统的图书馆馆际合作研究 [J]．图书馆建设，2009(9):21-23.

而对于一般的基层图书馆，网络建设无异于一句空话。

第三，图书馆协作网络建设缺乏有力的物质保证。由于经费有限，投入不足，我国当前图书馆协作网络的建设在硬件和软件上的发展都受到了限制。在硬件上，较之发达国家，我国因特网主干网和支干网的宽带均过于狭窄，信息拥塞，传输速度慢的问题十分突出，影响了信息资源的充分利用。在软件上，我国的电子信息资源建设远远滞后，自建的数据库数量少、规模小，[1] 因特网上的信息资源以英文为主，这对大多数母语是非英语的用户获取和利用信息资源构成了严重的障碍，而且网上信息资源过分依赖国外，受制于人，处于极其被动的地位。

第四，图书馆协作网络建设中缺乏相应的标准。图书馆之间要形成网络合作，实现共用资源，必须在统一的技术标准、工作程序、信息交互模式下才能进行。当前我国大多数图书馆协作网络意识淡薄，对网络协议缺乏了解，软硬件配置不规范，数据库建设缺乏统一的规范和标准，为网络化发展设置了障碍。[2]

第五，图书馆协作网络建设缺乏高素质专业技术人才和复合型人才。网络化建设需要大量的计算机人才和信息资源开发人才。而这类人才在人才市场上普遍供不应求，再加上图书馆的自身吸引力又比较弱，因此，人才的缺乏是图书馆协作网络化建设的瓶颈之一。同时，图书馆的现有工作人员知识老化，网络知识普遍缺乏，如何加强人力资源的培训和开发，是图书馆协作网络建设中的重要问题。

第六，图书馆协作网络的建设将会面临大量的知识产权纠纷和信息安全问题，网络信息的自由传递往往会产生信息的安全问题，如信息系统安全、网络安全、数据库安全、智能犯罪、计算机病毒蔓延、个人隐私和保密、商用信息安全、国家机密保护等。同时，信息的自由传递也会带来知识产权纠纷，而我国当前对这些问题还缺乏强有力的政策和法规控制。

5.2 给我国带来的启示

5.2.1 法律法规是基础，保证充足资金实现宏观调控

区域图书馆资源共享的前提是共知，共知的最有效保障是标准统一、规范统一，因此，开展区域性图书馆资源共建共享，必须制订和完善一系列资源建设与管理制度，如数据库建设的标准、规范，对数据的采集、标引、加工、录入都要

[1] 马海群，周丽霞．影响数字信息资源建设的关键因素及对策分析［J］．档案学通讯，2007(4):53-56.
[2] 黄世芳．我国图书馆联盟建设途径研究［J］．知识经济，2013(3):23-24.

严格按照国家标准进行。

为了加强区域图书馆资源共建共享，许多国家早就制订了必要的法规，如美国政府1962年制订的公共法案，前苏联1966年通过916号命令等。1965年6月我国国务院批准了《全国图书协调方案》，但条例不够完善，必须要有强有力的法律出台，由一个全国性的权威机构统一负责全国性区域图书馆资源共建共享，采用切实可行的保障体系来协调公共、高校、科研图书馆的资源建设。

国外大学图书馆联盟的成功发展离不开政府的大力支持。各国政府在财政上大力支持图书馆事业，对图书馆联盟的发展给予经费支持和各种专项基金，同时也采取政策优惠来保证图书馆联盟的发展。比如，Ohio LINK 的经费来源主要是州政府的财政拨款。

5.2.2 共享理念是前提，把握理念核心营造共享氛围

在图书馆建设费用昂贵、信息量飞快增长、图书与期刊价格飞涨、电子资源价格又惊人的情况下，要想更好地满足读者日益增长的需要，资源共享可能是一条更为必要、更为合理、更为经济的途径。可以毫不夸张地说，由资源共享理念推动发展的图书馆联盟机制是对世界图书馆界的最大贡献。[1]

美国 OhioLINK 最重要的成功经验在于整个俄亥俄州图书馆界拥有合作的强烈共识和愿望。合作的所有学校图书馆几乎都面临着教育经费的削减、学校机构的改革、新的课程设置、新的学术沟通方式、远距离教学、多样化校园生活方式等外部因素的挑战，更面临着图书馆经费萎缩、信息载体多样化且日益昂贵、图书馆系统购置、维护、升级换代的高投入、读者需求不断拓展、深化等内部压力的加大。同时，美国俄亥俄州创立的 OCLC 带来的显而易见的效益，使各图书馆充分认识到，图书馆的进一步合作才是根本出路。[2]

美国 OhioLINK、美国协作网 OCLC 等区域图书馆资源共建共享模式的成功发展正是得益于共享理念的深入人心，区域图书馆资源共建共享在共享理念为人们所理解和接受的前提下，才能真正在实现资源共建共享的道路上畅通无阻。而营造良好的共享氛围，共享理念的传播和深入人心还需要我国图书馆界，甚至是我国资源共享界的长期共同努力。

---

[1] 周明华，谢春枝．美国大学图书馆联盟研究［J］．中国图书馆学报，2003(5):77-83.

[2] 姚倩．网络环境下的图书馆合作之路——美国 Ohiolink 运作模式及其启示［J］．图书馆界，2000(4):50-53.

5.2.3　资源建设是根本，建设特色资源满足自主创新

区域图书馆资源共建共享的一大任务是避免资源重复建设而造成浪费，因此为根治这一业界普遍的弊端，笔者认为，对于高价书刊，诸如外文原版书刊、进口网络数据库等应加强地区或者全国范围的协调和合作采购，每年定期召开采购协调会议，力求在全国范围内增加外文书刊品种，减少复本数量，真正提高读者与用户的文献资源保障率。现阶段应着重指导各大、中型图书馆按照原有馆藏、学科专业、文献类型、出版国别及文献语种方面的优势，实行保持特色、分工收藏、专款专用，从而为建立分布合理、保障有效的全国文献资源共建共享体系打下坚实的基础。

特色化是图书馆的一大亮点，这不仅是为满足地域性区别的需要，也是为适应区域性用户的选择，特色化馆藏的共建共享是大势所趋。因此，需要加强对各馆自建特色数据库的管理与指导，可由权威机构出面，将全国有相关特色馆藏文献资源的图书馆联合起来，集中全国图书馆的技术优势、资源优势，合作开发二次文献数据库、专题数据库、全文数据库和多媒体数据库等数字资源。

5.2.4　共享渠道是关键，利用网络技术提高服务效率

充分利用网络，开展全国范围内的资源共享服务，保证广大用户能充分利用公共信息，使各图书馆文献信息资源保障由“自我保障”向“联合保障”转变。

国内大学图书馆文献信息资源共建共享必须以校园网为依托，建设具有文献资源管理和协调机制、馆际资源存取和传递功能的文献资源共享系统。首先应建立起一个可以实现资源共建和共享的网络化信息平台，具有能够有效实施联合采购、联机编目、网上“通借通还”和读者检索等多项功能；其次是建立完备的文献信息检索系统，全面实行计算机管理；再次是建立多层次文献传递网络，在网络环境下实现各馆馆藏情况查询、外借请求、原文传递等，扩大馆藏利用率，提高文献共享效率和文献保障率。此外，各馆数据库的学科导航服务意义重大，各高校都拥有紧密结合本校重点学科的建设而自建的数据库，建立学科导航将有效地引导师生去发现自己所需要的信息，高效地利用数字图书馆所提供的信息资源，提高数字资源的利用率。[1]

---

[1]　杨光．图书馆提高数字化资源利用率的对策：以抚顺市图书馆为例 [J]．河南图书馆学刊，2013 (12):16-18.

5.2.5 共享形式是砝码，发挥各馆优势保障服务内容丰富多样

我国图书馆联盟在分工协作方面缺少联系和沟通，这就导致在馆藏布局、数字资源采购、特色数据库建设等方面各自为政、重复建设，还有很多图书馆对其数字馆藏作了 IP 限制，造成其他成员馆无法访问等现象。这使得我国很多地区性图书馆联盟共享工作大打折扣。我国图书馆联盟要取得长足发展，各成员馆必须突破自身的限制、体制的限制，真正从大局的角度、联盟发展的角度出发，发展各自的馆藏，做到既各有特色，又互通有无，从而实现联盟从资源到服务的真正共享。[1]

因此，对于我国区域图书馆资源共建共享来说，跨越地域限制，进行多层次的合作，发挥区域内各馆的自身所长，使不同图书馆的馆藏资源能够得到更加充分的利用，保障服务内容的丰富多样化，以便能够满足更多读者的信息需求，这是至关重要的，也是大势所趋。

5.2.6 管理运作是核心，健全管理运作模式维护共建共享秩序

科学的管理架构和合理的运作方式是国外区域图书馆资源共建共享健全发展的核心和保障。管理和运作模式健全才能维护区域图书馆资源共建共享的良好秩序。

美国图书馆总分馆的代表——洛杉矶公共图书馆的管理运作模式就值得我国借鉴。其由图书馆管理委员会负责管理，图书馆管理委员会经过市宪章的认定，委员由市长亲自征选并获得市议会同意后委任，委员会由 5 人组成，任期 5 年。而国外区域图书馆联盟基本采用半市场、半行政的管理模式，兼具联盟总部统管协调的长处和降低运作成本的双重优势。如 OhioLINK 的管理架构是由管理委员会主导全局，OhioLINK 模式被美国高等教育理事会和州政府理事会评为创新和增效的先锋，也被世界同行视为图书馆合作、集中投资和有效服务的模范。此外，美国的协作网 OCLC 在 40 多年的发展中，建立并逐步完善了一整套会员机制，会员组成是以图书馆（或博物馆，或档案馆）为单位，任何国家和地区具有一定规模的图书馆都可以申请成为 OCLC 的会员。其以最合理的方式来体现其会员制度，通过这种机制，OCLC 会员馆得以行使自己的职责和权力，从宏观上监管

[1] 田中雨. 试析文献资源共享存在的问题与对策 [J]. 图书馆学刊，2003(1):51-52.

OCLC 章程的规定、经营的策略以及发展的方向。[1]

我国的区域图书馆资源共建共享的管理运作一方面要借鉴国外模式，另一方面也要综合我国国情，从实际出发，不断进行完善和健全。

5.2.7 规范标准是重点，制订相关标准促进共建共享

规范化、标准化建设是图书馆联盟实现资源共享的必要前提。保证图书馆之间的网络合作有序进行，就必须建立起统一的技术标准、工作程序、信息交换模式，而我国的图书馆协作网络建设在这一方面仍很不足。[2] 虽然作为协作网络的代表，我国 CALIS 在数字资源建设与服务等方面建设了一系列规范和标准，有效地保障了更大范围的国际国内协作的规范化与标准化。但是，其相比于国外资源共建共享方面的规范和标准还有差距，并没有专门的标准部门，标准的涉及面也不如国外的广。比如，OCLC 设立了专门的研究部，推行标准化建设，除提供依据 USMARC 标准数据格式和 AACR2 标准著录规则加工的书目数据外，还联机提供规范文档，以实现规范控制及数据库质量的有效控制，并较早采用 Z39.50 协议。其馆际互借管理软件完全符合 ISO ILL10160/10161 的国际标准。

相关的标准，比如技术标准、管理标准、服务标准等的制订无疑对区域图书馆资源共建共享有很大的促进作用。国内的规范及标准的制订可以最大限度地参照国外的规范及标准，与国外同步，与国际接轨，才能让我国的区域图书馆资源共建共享走向世界。

5.2.8 人才储备是重心，注意网络安全规避产权风险

随着图书馆自动化技术的发展与成熟，现代化的图书馆所需要的人才不仅要懂得编目等理论知识，而且也要有相当程度的计算机网络知识，现代图书馆对这种复合型人才的需求只会越来越强烈。另外，图书馆协作网络资源共享的途径即文献资源数字化、信息链接、网络信息传输均会带来一定的知识产权纠纷，而我国相应的法律、法规在这方面仍然存在真空。再则，网络信息的自由传递容易产生诸如数据库安全、计算机病毒传播、国家机密安全等信息安全问题。这些不仅仅是区域图书馆协作网络建设中需要重视的，也是其他图书馆实现资源共建共享的其他模式，即总分馆制与区域图书馆联盟都需要解决的难题。

---

[1] 关继舜. OCLC 与国内图书馆协作发展现状及启示 [J]. 晋图学刊，2011(2):29-32, 69.

[2] 红梅. 浅谈图书馆协作网络的建设 [J]. 黑河学刊，2012(6):153-154.

因此，现代图书馆网络建设对从业人员的素质提出了更高的要求，只有全面提升馆员的整体素质，才能全面提高图书馆的服务层次和服务水平。图书馆必须加强馆员的招聘和培训工作；普及计算机的基本操作和一般网络知识，对不同的业务人员开展不同专业的培训内容，特别是网络资源的采购、保管与开发、网络信息检索、网络传输技术等专业性强的知识；与此同时，扩大信息技术人员的比例，为其提供图书馆学相关专业的培训。

国外区域图书馆资源共建共享模式中有很多成功的服务内容和经验，值得我们学习和借鉴，国内图书馆必须结合自身的特点，依靠自身的技术创新和服务探索、借鉴其成功经验，才能在现代信息技术所创造的图书馆新的信息服务环境中获得更大的发展。与此同时，需要注意的是，我国有自己的国情，在借鉴国外资源共建共享经验的同时，应注意结合实际情况。

PART TWO

第二篇 长沙地区图书馆信息资源共建共享现状调研

1. 引言

图书馆是公共文化服务体系的重要支柱，文献信息资源共建共享是提升公共文化服务水平的基本保障。全面构建长沙地区公共文化服务体系，就必须切实推进图书馆文献信息资源共建共享。真实把握长沙地区图书馆发展情况与建设现状，是全面落实长沙地区图书馆文献信息资源共建共享的前提条件与重要基础。为此，我们通过对长沙地区图书馆发展现状进行系统调研，深入分析并总结长沙地区图书馆事业发展的可取之处及其存在的问题，并根据调研结果提出相应对策，以期为推进长沙地区图书馆事业健康、快速发展提供科学依据。

1.1 调研目的

2011 年文化部、财政部出台公共图书馆、文化馆（站）免费开放工作的意见，之后形成了公共图书馆法初稿和征集意见稿，两稿从法律、政策、财政等方面对图书馆事业的发展做了明确的规定。湖南提出文化强省的目标：要求建设公共文化服务体系，推进公共文化服务体系建设，创新公共文化服务运行机制。图书馆作为公共文化服务体系中至关重要的一个部门，加快图书馆的普及和图书馆事业的发展成为当今文化工作中的重中之重。2011 年长沙市作为湖南省唯一的首批国家公共文化服务体系示范区创建城市，要按照国家公共文化服务体系示范区创建标准，科学制订规划，按进度完成创建示范区的各项任务，全面推动公共文化服务体系建设。近年来，长沙图书馆通过文化共享工程，加强与地区基层图书馆的联系，加大财政投入力度，推进基层服务网点建设，不断完善服务网络，加强资源建设，创新服务方式，启动制度设计，确保公共图书馆事业可持续发展。本次以长沙地区图书馆为蓝本进行调查，目的在于摸清近几年长沙市图书馆的发展现状与变化，了解长沙地区基层图书馆发展所取得的成绩和障碍，取长补短，以便更好地协调长沙地区图书馆事业的发展，对图书馆日后的建设起到一定的导向作用。

1.2 调研背景

改革开放以来，我国的图书馆事业有了较快的发展，在“十一五”期间，中国图书馆事业围绕服务法规和标准研究进入学术研究与立法实践相促进的新阶段，中国公共图书馆迎来“黄金发展期”。[1] 国家“十二五”规划要求建立健全基本公共文化服务体系，完善图书馆基本服务能力和服务水平。创建国家公共文化服务体系示范区（项目）为图书馆在“十二五”时期的发展赢得了良好的环境和条件。长沙市早在2000年就建立了社区图书馆建设指导委员会，该委员会由市委、市政府委托市委宣传部牵头，由文化、教育、科技、财政、建委、规划、新闻出版、民政、工会、共青团、妇联、图书馆等有关单位的领导组成指导委员会。指导委员会的主要职责是：制订长沙市社区图书馆发展规划；加强对社区图书馆发展的宏观调控；就社区图书馆建设中的有关问题进行协调。各区、县（市）成立相应机构，指导社区图书馆的建设。[2] 2009年文化信息资源共享工程建设在长沙进展迅速，长沙市和各区县（市）支中心、基层服务点广泛开展活动，与农村党员干部现代远程教育联合对全市1550名村级点管理员进行技能培训，拓宽思路、大胆创新，立足于“建”，着力于“用”，本着“走出阵地推资源，主动出击送服务”的理念，深入调查研究群众需求，有针对性地为新生代农民工开展活动，提供服务，收到良好的社会效益，受到群众广泛赞誉和好评。[3] 到2011年长沙市建成了1425个文化共享工程村级服务点，实现“村村通”。

1.3 调研范围

根据2012年9月份的统计数据，长沙现有辖区为：六区（芙蓉区、天心区、岳麓区、开福区、雨花区、望城区）、两县（长沙县、宁乡县）、一市（浏阳市），共辖82个街道，95个镇，14个乡，总面积为1.18万平方米，总人口约704万。长沙区域图书馆资源共建共享不仅包括信息资源，还包括图书馆的人力资源、财力资源、物质资源和制度资源等。通过建立组织领导机制、资源配置机制、服务保障机制、工作管理机制、评价监督机制、利益协调补偿机制等来保障建立一个综合性的资源协作管理体系。近年通过实施“书香星城211工程”，长沙市在全省率先实施总分馆制，长沙市图书馆在区县（市）、街道（乡镇）、社区（村）、学校、企业建立分馆30多家，总分馆之间实现图书通借通还，数字资源实现“一

[1] 王雪超，张强．“十一五”时期中国公共图书馆服务法规、标准研究进展［J］．农业图书情报学刊，2012 (8):9-12.

[2] 刘新权．关于发展长沙市社区图书馆的几点意见［J］．图书馆，2000 (3):59-60.

[3] 钟春华．长沙市公共图书馆在为特殊群体和弱势群体服务中的探索和实践［J］．图书馆，2010 (4):130-131.

卡通”。[1] 本次调研主要针对长沙地区的公共图书馆以及基层图书馆（社区图书室、农家书屋、文化站），同时将长沙市属高校图书馆、资料室，政府情报信息机构、企业单位情报信息机构和社会捐助及民间自建的各类图书馆都纳入共享体系中，扩大区域文化信息资源共建共享的范围。

1.4 调研方法

本次调查分为两大块：一块为长沙地区市（县）、区级公共图书馆，按行政辖区范围可划分为三大块，即六区、两县、一市；一块为长沙市内其他的信息情报机构，如企业图书馆、高校图书馆、中小学图书馆以及基层图书室。由于受到各种客观条件的限制，本次采取抽样调查、重点调查、典型调查的方式，部分地区则选取有代表性的、能够反映本区域总体情况的图书馆；具体调研中采用了文献调查法、实地调查法、访谈调查法、网络调查法。对调查结果的数据收集整理和分析，根据所得的结果撰写调研报告，针对存在的问题提出相应的对策。

2. 长沙地区公共图书馆建设进展

2.1 长沙市图书馆

长沙市图书馆成立于 1960 年，馆址定王台是我国第一所公共图书馆（湖南图书馆）诞生地。1912 年至 1913 年，毛泽东在此自学半年，博览群书，立下改造中国与世界的宏愿。长沙图书馆现有藏书 58 万册，其中报刊 4 万册，视听文献 4.5 万件，古籍 6000 余册，独具湖湘特色的地方文献和湘籍名家著作 13000 余册。2011 年 8 月面向社会免费开放。主要开展书刊借阅、电子阅览、参考咨询、文献检索、数字资讯、讲座培训、社会教育等读者服务工作，为全市中心图书馆（总馆）和全国文化信息资源共享工程市支中心，负责全市基层图书馆（室）、农家书屋和共享工程基层点的业务辅导和培训。[2]

长沙市图书馆作为全市中心图书馆和全国文化信息资源共享工程市支中心，承担着对全市 9 个县（市）区图书馆和所有乡镇、街道、社区、学校、厂矿基层图书馆（室）的辅导职责，负责全市 9 个县（市）区支中心和乡镇、街道、社区

[1] 长沙市图书馆简介.［2012-9-28］http://www. changshalib. cn/about. asp?id=1.

[2] 同上。

基层服务点的管理和培训。为方便广大群众更好地利用图书馆，多年来，市图书馆（市支中心）组织全市各县（市）区图书馆（支中心）和基层馆（服务点）开展送书下乡、送书进社区活动，组织开展“文明家庭亲子读书乐”“文化共享长征行”“庆元宵 百部戏曲展映周”“你的 BOOK 我买单”读者自主购书、“全民诵经典，书香满星城”“猜灯谜到图书馆”等阅读推广活动和文化信息资源利用活动，橘洲讲坛、“星城科学讲堂”成为地方全民阅读和科普文化品牌。2011 年，在全市启动总分馆制，至 2013 年年底，已建分馆 58 家，服务点 22 个，设立街区自助图书馆 2 台。为充分发挥公共图书馆丰富的资源优势，长沙市图书馆利用流动图书车开展“八进”活动（进机关、进社区、进学校、进企业、进村组、进军营、进广场、进工地），深受欢迎。

2.2 芙蓉区图书馆

芙蓉区总面积 42.8 平方千米，辖 13 个街道，包括 66 个社区、13 个村，常住人口 60 多万。芙蓉区是长沙市的中心城区，历史悠久、文化厚重。自秦汉以来，为长沙历代郡、府、县、市的行政治所所在。境内遗址故宅众多，名街老店云集，文化资源丰富。先后出土马王堆汉墓和走马楼吴简，省、市图书馆汇聚于此。芙蓉区图书馆于 2005 年 8 月建成，馆舍面积 2000 平方米，现有藏书 8 万多册，2009 年在全国第四次公共图书馆评估定级中被评为一级图书馆。该区每个街道和乡皆建有藏书 2000 册以上的图书室。区图书馆在认真开展各项工作的同时，积极探索，勇于创新，创新服务特色，“候鸟俱乐部”“图书漂流”“读书沙龙”等活动为居民创造了良好的学习氛围，保障了全区居民特别是外来务工人员阅读学习的基本文化权益。区图书馆于 2012 年 5 月加入长沙图书馆总分馆体系。根据长沙图书馆总分馆制构建模式，区图书馆既是市图书馆的分馆，同时也是街道、社区图书馆的中心馆，还是全市农家书屋的管理中心。为了提高全区图书馆的服务能力，该馆经常举办管理员培训班，组织街道、社区图书馆管理员和文化专干进行图书业务培训，规范基层馆管理，提高其专业服务能力和服务水平。

2.3 岳麓区图书馆

岳麓区总面积 558.6 平方千米，现辖 15 个街道办事处、2 个镇，包括 89 个社区、84 个村，常住人口 60 万。岳麓区既是传统的文化大区、科教强区，也是正在建设的都市新区、湖南省两型社会建设先导区的核心区。岳麓区图书馆于2005年8月建成，馆舍面积3000平方米，馆藏18.8万册，电子图书5万多册，2009年在全国第四次公共图书馆评估定级中被评为一级图书馆。图书馆下辖10个分馆、66个社区图书室、88家农家书屋、152个公共电子阅览室、18个文化信息资源共享工程基层点和144个服务室。随着公共文化服务体系建设和全民阅读的深入推广，公共图书馆发展越来越受到党委、政府的重视，在民生保障方面所占比重不断增强。区委、区政府印发《长沙市岳麓区创建国家公共文化服务体系示范区实施方案》《关于加快建设文化强区的意见》《关于加强宣传思想文化工作的意见》等纲领性文件，公共图书馆事业发展的目标、任务、措施日益明晰，总分馆、文化信息资源共享工程、公共电子阅览室、农家书屋等文化惠民工程由区文体新局指导，区图书馆直接实施。区文体新局制订下发了基层图书馆（室）、公共电子阅览室、文化信息资源共享工程基层点等阵地管理机制，运行保障由各级财政负担。

2.4 天心区图书馆

天心区总面积102平方千米，现辖12个街道，包括66个社区（村），常住人口50万。天心区位于长沙市区南部，是长株潭两型社会建设的前沿阵地，因著名古建筑天心阁在境内而得名。该区历史文化遗迹众多，渊源悠长，拥有始建于西汉文帝年间的长沙王太傅贾谊故居，一代伟人毛泽东求学的湖南第一师范等。天心区图书馆于2005年8月建成，馆舍面积2120平方米，现有藏书18万余册，2009年在全国第四次公共图书馆评估定级中被评为一级图书馆。2009年年底，该区建成10个乡镇、街道基层点，6个村基层服务点，乡镇、街道基层服务点覆盖率100%。[1] 在搞好图书馆阵地服务的同时，天心区图书馆积极参与组织开展“文化共享，惠泽三湘”系列服务活动，将服务农民、服务基层作为服务重点，将书刊影视展览送到农村、边远社区，免费举办失地农民的电脑操作技能培训班，延伸图书馆服务，2010年被中宣部、文化部、广电总局、新闻出版总署评为“全国服务农民服务基层先进集体”。

[1] 长沙市天心区图书馆. 全国文化信息资源共享工程天心区支中心概况 [EB/OL]. [2012-10-29] http://www: tianxinlib.com/gxgc/ShowArticle.asp?ArticleID=1472.

2.5 开福区图书馆

开福区总面积188平方千米，现辖18个街（镇），包括123社区，30个村，常住人口43.3万。开福区地处长沙市区北隅，区内名胜古迹、革命纪念地较多，如毛泽东、何叔衡等早期从事革命活动的望麓园、八路军驻湘通讯处、船山学社等旧址。开福区图书馆于2005年8月建成，馆舍面积2000余平方米，现有藏书8万册，2013年在全国第五次公共图书馆评估定级中被评为一级图书馆。该馆重视发挥文化信息资源优势，电子阅览室常年开放，每周二、三、四进行视频播放，在读者中产生了良好的反响。2012年农家书屋实现全覆盖，初步形成以区图书馆为中心馆，分馆、农家书屋辐射各周边社区、村的图书馆服务网络。为进一步普及、推广全国文化信息资源共享工程和数字图书馆资源，区图书馆坚持每年举办文化信息资源共享工程培训班，全区所有街（镇）、社区（村）基层服务点的文体专干及管理员全部参加培训。各基层点立足现有设备，免费为群众提供网络信息服务，充分利用文化信息资源，发挥基层点作用。[1]

2.6 雨花区图书馆

雨花区总面积115.2平方千米，现辖8个街道、1乡1镇，98个社区、37个社区筹委，常住人口50万。雨花区地处湖南经济新的“增长极”—长株潭“两型社会”示范区的中心地带，是湖南推进“长株潭一体化”的核心之区。雨花区图书馆建于2005年8月，馆舍面积2000余平方米，现有藏书16万册，2009年在全国第四次公共图书馆评估定级中被评为一级图书馆。该馆现有馆外基层服务点9个，图书漂流岛130个，农家书屋35家。为提高图书资源利用率，该馆不断创新服务手段和服务方式，于2011年开通了“书香雨花”微博和“越漂越美丽”QQ群，为全区人民提供数字化、网络化、便捷化的信息服务。该馆注重打造活动品牌，常年组织开展“书香雨花读书节”“关爱孩子　免费阅读日”“读书乐”晒书会、“微博晒书情”、图书漂流、私人藏书阁、图书爱心使者俱乐部等活动，仅2011年就组织了全区性的大型图书漂流活动四期，参与社区130多个，参与读者8万多人次。雨花区与辖区学校合作上也卓有成效，不仅联合当地小学开展

[1] 开福区图书馆．2011年文化信息资源共享工程开福区支中心培训班开班[EB/OL]．[2012-10-29] http://www.cklib.com/readnews.asp?newsid=128.

集体阅读活动，还加强与辖区高校的资源整合，创建义工机制，优化图书馆服务。

2.7 望城区图书馆

望城区总面积969平方千米，现辖10个街道、10个镇、1个乡，包括126个村，30个社区，居民总人口53.68万人。2011年望城县改名为望城区，成为长沙市第六区。望城区图书馆建于1984年，馆舍面积3200平方米，现有藏书10万册，2013年在全国第五次公共图书馆评估定级中被评为一级图书馆。围绕全市创建全国公共文化服务体系示范区和建设文化强县工作目标，近年，望城区图书馆狠抓图书馆建设服务，做好基层图书馆（室）、农家书屋和文化共享工程基层点的建设扶植和技术指导。2009年已建成并对外开放的农家书屋有8家，其中公办公助的4家，民办公助的3家；2010年建成30家。[1] 46个村已建成规范化的村级图书室，2012年，全县126个行政村实现农家书屋全覆盖。在抓好阵地服务的同时，望城区图书馆加强延伸服务，以点带面，重点对星城镇中华岭村、师友图书馆、靖港镇应农图书馆、白箬铺镇光明村、见翔科普图书馆和全县部分农家书屋进行了业务技术指导。先后开展向师友图书馆、见翔科普图书馆、海燕农家书屋、格塘村文化创意街图书室等的送书活动。加强与县远教中心的协作，使文化共享工程基层服务点和农家书屋得到健康发展。在基层图书室建设方式上，政府主导、个人自建、村委会筹建、社会热心人士兼职管理等各具特色，在湖南省县（市）的村级图书室建设上具有典型性。

2.8 长沙县图书馆

长沙县总面积1997平方千米，现辖18个镇，5个街道，包括228个村，41个居委会，常住人口97.9万。长沙县位处长株潭“两型社会”综合配套改革试验区的核心地带，是中央确定的“全国18个改革开放典型地区之一”。长沙县图书馆于1964年成立，现有藏书10万余册，2013年，在全国第五次公共图书馆评估定级中被评为一级图书馆。近年，该馆抓住创建国家公共文化服务体系示范区的契机，大力推进图书馆事业发展。启动13000平方米的新馆建设，重点构建以县图书馆为中心，以各乡镇（街道）文化站图书馆（室）为分馆，村和社区农

[1] “十二五”末湖南所有行政村将有农家书屋[EB/OL].[2012-9-28] http://hn.rednet.cn/c/2009/05/ 10/1758313.htm.

家书屋以及小区书屋为服务点的三级图书馆服务网络。2010年对52家农家书屋配送农村养殖、种植、安全知识和文学类书籍等新书5万多册，赠送书架、办公桌、报刊架、制度牌、借书登记本等价值50多万元。2011年配送农家书屋建设物资80家，并组织22个文化站长进行农家书屋建设情况经验交流，进一步探索长效管理机制。目前，长沙县农家书屋建设实现全覆盖，已建成291家，总藏书量近50万册。为发挥农家书屋的作用，该馆制订了《长沙县农家书屋评星定级及摘牌淘汰试行办法》，每年通过评选一星级、二星级、三星级农家书屋以及合格书屋、民主评选优秀文化站站长、优秀管理员和优秀读者等机制，有效调动了基层图书馆管理员的积极性，提升了基层图书馆的利用率。

2.9 宁乡县图书馆

宁乡县总面积2906平方千米，现辖4个街道办事处、21个镇、8个乡,1个国家级经济开发区（湖南宁乡经济开发区）、一个省级经济开发区（金洲新区），包括382个村，51个社区，人口135万。宁乡县治邑于三国，建县于北宋。宁乡人杰地灵，英才辈出。从三国蜀相蒋琬、宋代状元易祓、大理学家张栻，到共和国主席刘少奇、中共创始人之一何叔衡、人民司法奠基人谢觉哉，到原中国科学院院长周光召，一大批名人俊杰生于斯长于斯；四羊方尊、人面纹方鼎等2000余件青铜国宝震惊世界，被誉为“南中国青铜文化中心”。宁乡县图书馆建于1959年，现馆舍面积3000余平方米，藏书18万册，1998年在全国第二次公共图书馆评估定级中被评为一级图书馆。2008年宁乡县成为“全国文化信息资源共享工程”示范县，2009年成为全国100个图书馆“多功能阅览室”示范县。为了充分整合和利用资源，宁乡县将农家书屋工程作为公共文化服务体系建设的基础性工程，2004年宁乡县首家“三农书屋”在大屯营乡建成，[1] 并于2008年全面启动“农家书屋”工程。2011年建成110家农家书屋，到2012年，农家书屋覆盖全县382个行政村。

2.10 浏阳市图书馆

浏阳市总面积约5008平方千米，现辖4个街道、28个镇和6个乡，包括

[1] 宁乡35个乡镇建“三农书屋”.［2012-10-29］http://news.sina.com.cn/s/2004-07-05/08222990864s.shtml.

318个行政村和83个社区，常住人口129万。浏阳市历史悠久，古迹甚多；人杰地灵，名流辈出，为全国早期革命根据地之一，有“将军之乡”之美誉。浏阳市图书馆建于1929年11月，馆舍面积3000多平方米，现有藏书20.8万册，2004年在全国第三次公共图书馆评估定级中被评为一级图书馆。该馆负责市辖百余所农家书屋和基层图书室的建设管理与业务指导。2008年，浏阳市图书馆启动“农家书屋”建设。2011年对80家农家书屋配送了图书189860册，配送设备400套；2012年建成81家农家书屋，并对已建的农家书屋进行了全面的走访督查和业务辅导，到2013年年底实现农家书屋全覆盖。[1]在浏阳市委组织部、市委宣传部的支持下，浏阳市图书馆多年来坚持开展“书香浏阳”读书活动，各乡镇街道充分利用图书馆、文化站、农家书屋、职工书屋等场所，号召社区居民、农民朋友多读书，读好书。

3. 长沙市公共图书馆共建共享现状

3.1 长沙市公共图书馆共建共享进展

长沙所辖六区两县一市全部建有公共图书馆，10馆藏书180多万册；2011年10馆新增图书总计103645册。58个街道、111个乡镇、1425个村（社区）全部设有图书室，建成农家书屋1300多家，2012年实现全覆盖，共享工程网络体系实现“村村通”。随着对图书馆事业的关注，在省文化厅、省分中心的大力指导和支持下，长沙市共享工程建设得到了大力推进。长沙市图书馆支中心和基层点场地进一步规范，设备进一步完善，网络进一步健全，管理进一步加强，服务能力和服务水平明显提高。根据国家和省关于共享工程支中心和基层点建设的要求，长沙市政府制订并下发了《长沙市文化信息资源共享工程实施方案》，市共享办编发了《文化信息资源共享工程基层点评估定级标准》。2008年，长沙市支中心制订了关于文化信息资源共享工程的考核标准。2009年，长沙的区支中心、街道乡镇基层点、村基层点也加大了建设力度，村服务点达1425个，社区服务点达363个。2011年至2012年，根据国家中心公共电子阅览室建设标准，市财政下拨专款，按照国家建设标准，对社区、街道、乡镇的电子阅览室设备以及文

[1] 2013年将全市建成400农家书屋.［2012-9-28］http://www.lylib.org/news/show.asp?id=74.

化共享工程基层服务点的配置进行了完善和升级。

3.2 长沙市公共图书馆资源共建共享形式

目前国内外区域图书馆资源共建共享的形式主要有3种：总分馆模式、图书馆联盟模式、图书馆服务协作模式。总分馆模式具有经费统一管理、业务统筹安排的优点，根据长沙市公共图书馆的发展现状，比较适宜采取总分馆模式管理；而长沙市图书馆总分馆体系可以作为一个整体与长沙区域内其他信息机构分别独立开展资源联合采购、馆际互借、参考咨询服务、联合编目、文献传递和人员培训等方面的图书馆服务协作模式。长沙地区是以长沙市图书馆为总中心馆，各区、县（市）图书馆为中心馆，街道（乡镇）、社区（村）图书馆为分馆（服务点），以24小时街区自助图书馆、民办图书馆、图书流动车为补充，吸收企业、学校等其他信息机构加入的地区图书馆网群。至2013年年底共有68个图书馆纳入了总分馆范围，已建馆58个，在建馆10个。其中包括已建直属分馆3个，区县级分馆9个，在农村和社区开辟馆外流通服务点23个。其中长沙市图书馆新馆计划2014年年底建成，建筑面积3.13万平方米，规划藏量140万册，拥有2000余个阅览座位，长沙县新馆主体即将竣工，宁乡县新馆正在筹备开放。建设规划集中在长沙城区，除了公共图书馆（支中心）外，还有多个特殊分馆：企办图书馆和24小时街区自助图书馆。24小时街区自助图书馆真正实现了免费自助借还书、免费申办读者证、免费图书查询及浏览、免费预约和自助存扣款。2012年5月，长沙图书馆颐而康分馆作为湖南首个企办图书馆对外开放。该馆由长沙市图书馆与湖南颐而康保健连锁股份公司合力共建，有图书近10000册，包括颐而康公司15年来收集的古今中外有关按摩、保健、养生等方面的特色书籍。其旨在实现资源共享，提升个人素质，更好地保障和满足人民群众的基本文化需求，为促进城乡和区域之间文化的共同发展，建设学习型社会服务。长沙图书馆总分馆分布具体如表2-1所示：

表 2-1 长沙图书馆总分馆县以下分馆一览表[1]

序号	所属区县（市）	分馆名称	地址
1	芙蓉区	颐而康	双杨路 2 号
2		锦林	马坡岭街道锦林社区
3		定王台	定王台街道
4		西湖	五里牌街道西湖社区
5		省安全厅	晚报大道湖南省安全厅武警营区
6	岳麓区	八方	望岳街道八方社区服务中心
8		岳龙	月华街 15 号望月湖社区中心
8		咸嘉湖	咸嘉新村社区嘉华苑 2 栋 1 楼
9		阳明山庄	梅溪湖街道阳明山庄社区
10		银星	银盆岭街道银星社区
11		莲花	莲花镇文化站
12		橘子洲	橘子洲社区
13		银盆岭	岳华路银蓉家园 B9 栋
14		琵琶塘	琵琶塘社区
15		长沙特殊教育学校	长沙特殊教育学校
16		含浦小学	含浦镇含浦小学
17	天心区	白沙井	城南路街道红龙庙巷 11 号
18		一力	一力社区
19		金汇	金汇社区
20	开福区	东风二村	东风路街道东风二村 6 栋附 1 号
21		科大景园	德雅路 1116 号二期会所二楼
22		江湾	湘江世纪城关公广场附近
23		七中	长沙市第七中学
24		科大佳园	科大佳园社区活动中心
25		福城	芙蓉北路街道福城社区 22 片 9 栋 2 门

[1] 长沙市图书馆．长沙市图书馆总分馆分布图 [EBIOL]．[2013-12-31] http://www.changshalib.cn/zfg/dt/．

（续表）

序号	所属区县（市）	分馆名称	地　　址
26	雨花区	丰园	雨洞井街道丰园社区居委会二楼
28		融城苑	井湾子街道融城苑社区
28		金环	高桥街道锦湘国际锦绣苑 6 栋东
29		黎郡	东山街道黎郡社区服务中心
30		永定	圭塘街道永定社区
31		红星美凯龙	雨花区红星家具市场内
32		中南院	雨花区中南院社区
33	望城区	师友	星城镇马家河村同心花园 8 栋
34		乌山	乌山镇文化站
35		金龙国际	金龙国际图书室
36	长沙县	星城国际	星城国际社区图书室
37		江背	江背镇政府综合文化站
38		湘绣	开元西路湘绣城 C6 栋 10 号
39		青田　（民办）	北山镇青田村
40		田汉	果园镇田汉村田磊私宅
41		金茂路	星沙街道金茂路社区
42		长龙	长龙街道文体活动中心
43		星沙	星沙街道文体活动中心
44		安沙	安沙镇文体活动中心
45		福临	福临镇文体活动中心
46		青山铺	青山铺文化站
48		北山	北山镇文化站
48		开慧分馆	开慧镇文化站
49		金井分馆	金井镇综合文化服务中心
50	浏阳市	行政中心	浏阳市行政中心
51		永安	永安镇文化站
52		太平桥	太平桥镇景泰路 98 号
53		城西	浏阳市城西社区
54		大瑶	大瑶镇文化中心

（续表）

序号	所属区县（市）	分馆名称	地　　址
50	浏阳市	行政中心	浏阳市行政中心
51		永安	永安镇文化站
52		太平桥	太平桥镇景泰路 98 号
53		城西	浏阳市城西社区
54		大瑶	大瑶镇文化中心
55	宁乡县	行政中心	宁乡县行政中心内
56		沈家巷（民办）	沈家巷华金市村沈家巷组 18 号
58		天石	道林镇天石村文化活动室
58		城北中学	城北中学内
59		夏铎铺	夏铎铺文化站
60		双凫铺	双凫铺文化站
61		南芬塘	南田坪乡南芬塘村
62		玉潭	玉潭街道
63	市直属	杜鹏	市青少年宫入口旁杜鹏楼
64		24 小时自助图书馆	河西步步高广场
65		地铁自助图书馆	芙蓉广场站
66		地铁自助图书馆	五一广场站
68		城开	雨花区城市开发建设公司
68		拓维	长沙市桐梓坡西路 298 号

4. 长沙市公共图书馆资源共建共享情况分析

4.1 资源建设分析

资源建设是图书馆开展业务工作的基础，图书馆资源建设包括纸质图书、报纸、期刊、视听资料。随着图书馆数字化、网络化的趋势，图书馆的数字资源建设也成为图书馆资源建设发展的重要指标。区域图书馆资源共建共享，不仅对于推动和加强地方公共文化服务体系建设具有重要战略意义和现实意义，也可以减少资源重复建设和遗漏，提高资源建设质量和利用效率，最大限度地满足读者需求。根据对长沙六区、两县、一市图书馆的调研，对其资源建设现状进行分析。

由图 2–1 可知，岳麓区、浏阳市、宁乡县、天心区和雨花区图书馆资源建设情况比较好，其资源均占资源总量 10% 以上。根据国家公共文化服务体系示范区创建要求，市、县（市）区两级公共图书馆藏书总量要求人均 0.6 册以上，人均年增新书 0.03 册以上。根据图 2–1 和图 2–2 可知 2010 年年底各区县（市）的人均藏书量和年增新书量分别为：芙蓉区，0.58、0.007；岳麓区，0.18、0.012；天心区，0.45、0.012；开福区，0.19、0.009；雨花区，0.32、0.012；望城区，0.19、0.015；长沙县，0.13、0.007；宁乡县，0.14、0.005；浏阳市，0.16、0.005。计算发现，我市目前人均藏书量仅仅为 0.26 册，人均年增新书量为 0.008 册，这些资源建设达不到标准的一半，过低的新书藏量直接影响人均到馆次数。由此可见，市、县、区的资源建设仍是图书馆建设工作的重中之重。

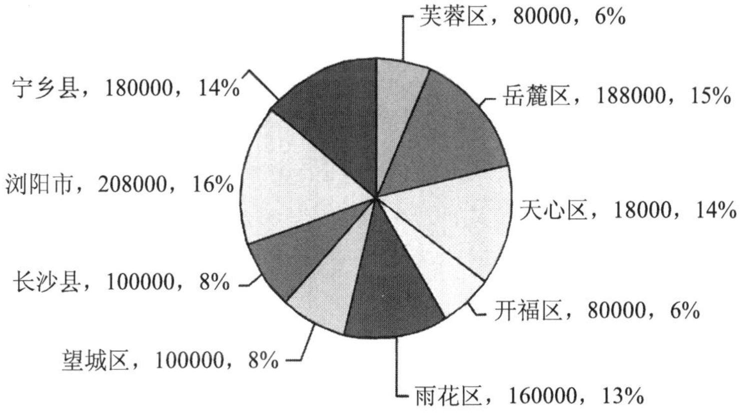

图 2-1　长沙市公共图书馆资源建设情况（2010 年）

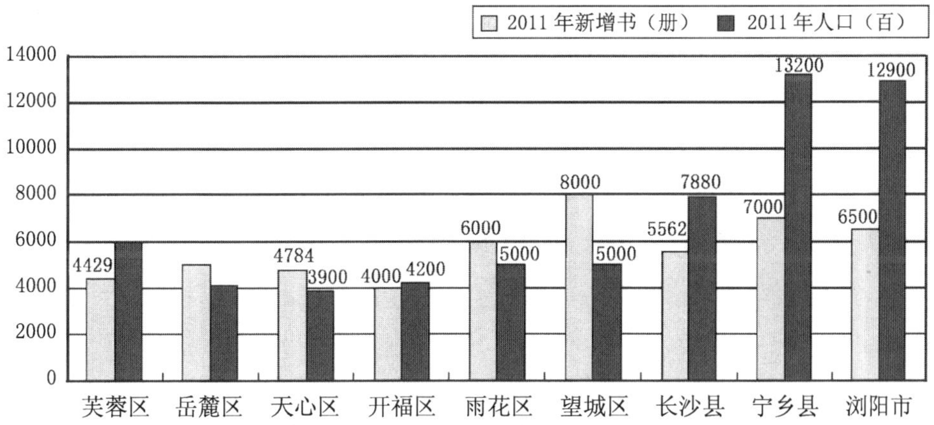

图 2-2　2011 年新增图书和人口图

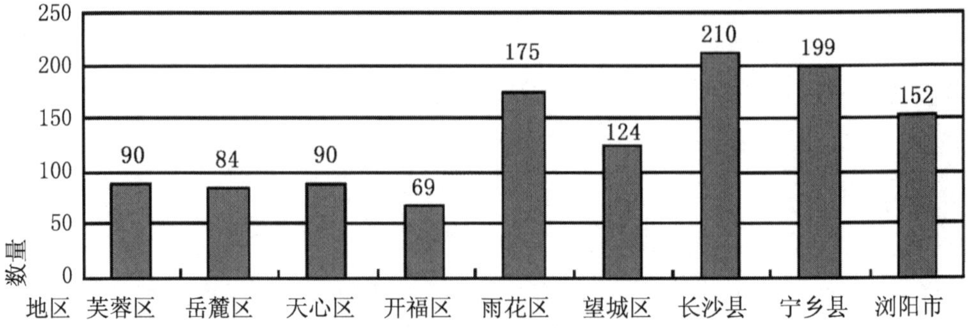

图 2-3　长沙各地基层图书室建设情况

4.2　基层图书室建设分析

随着国家对农村文化建设投入的不断加大，农村文化事业出现了良好的发展势头，村级图书室的建设也如雨后春笋，为社会主义新农村文化建设提供了强劲动力。2008 年新闻总署召开农家书屋工程建设领导小组会议，标志着农家书屋工程全面推开。近年来，长沙市从经费、资源建设和人员培训上加大了对各地基层图书室的建设力度。长沙市图书馆作为全市中心图书馆和全国文化信息资源共享工程市支中心，承担着对全市 9 个县（市）区图书馆和所有乡镇、街道、社区、农家书屋等基层图书馆（室）的辅导职责。根据图 2–3 可看出长沙各地基层图书室基本情况，2011 年长沙县农家书屋建设卓有成效，已建成 210 家，在建 40 余家，其开展“农家书屋星级评比”的运行考核机制在全国得到推广。农家书屋工程是为民办实事工程，宁乡县 2008 年全面启动“农家书屋”工程，到 2012 年“农家书屋”覆盖全县所有行政村，并不断趋于完善。雨花区图书漂流岛多达 130 个，并对全区的基层图书室进行了照片、通讯录等资料备案，以便统一管理。浏阳市图书馆在巩固和提高馆内服务水平的同时，主动出击、重心下移，加强对乡、镇、村基层文化站点和农家书屋的支持力度，通过包干联点的方式建立农家书屋和共享工程基层点。在农家书屋资源建设方面也逐步向多媒体、网络化和数字化过渡，通过网站对全市所有农家书屋建设情况都进行了跟踪统计，并及时公布。2008 年，浏阳市建立首批农家书屋 38 个，2009 年和 2010 年分别建设 38 个、86 个，2013 年农家书屋覆盖全市 318 个村，80 多个社区。望城区 10 多年来坚持扶持基层图书馆（室），鼓励社会力量兴办公共图书馆，得到了各级领导的高度肯定，起到了很好的示范作用。望城区师友图书馆是湖南省内第一家正式注册成立的民办图书馆，[1] 2009年，温家宝总理向师友图书馆捐赠亲笔签名的书，受到了媒体的高度关注，也是对农家书屋建设的高度肯定。芙蓉区、岳麓区、天心区和开福区的图书室已实现乡镇和街道全覆盖，并致力于打造示范性的图书馆（室）。

4.3 服务人次统计分析

以总馆为依托，建立各具特色的分馆资源，形成一个总分馆文献资源互动网络的系统是实现资源共享的最佳途径。近年来，长沙市各地图书馆逐步纳入长沙市总分馆体系中，通过文化信息资源共享工程实施和总分馆制推广，获得设备的扶持和图书的补充更新，更好地发挥市图书馆对区、县及各基层图书馆（室）的辐射作用。同时，各地图书馆重视和加强对图书馆的宣传工作，不仅提高了馆藏图书利用率，还发展了一些潜在读者，更好地体现了图书馆的价值和作用。长沙各地图书馆服务统计中，宁乡县、芙蓉区、开福区、雨花区、望城区图书馆每月资源外借册次和服务人次均超过了7000次。2011年，宁乡县图书馆流通人次近14万。开福区图书馆根据读者特色，每年开展各类读书活动40余次，并建立了一个为外来务工人员服务的流动性公益阅读场所。通过精心组织各类阅读推广活动，2011年服务人次达12万多，书刊外借册次10万。雨花区图书馆每年组织开展“书香雨花”系列读书活动，时间持续3个月，涵括11项丰富多彩的子活动，吸引广大读者入馆看书。此外，该馆与各中小学积极建立联系，引导读者读书，扩大了区图书馆对校园读者的影响力，2011年服务人次13万，书刊外借册次8万。岳麓区强化“读者至上”的服务宗旨，推行“微笑式”“亲人式”服务，全馆工作作风、服务水平不断改进，读者满意度进一步提高，树立了文明服务窗口的新形象。天心区图书馆采取以“政府倡导、专家指导、社会参与、媒体支持”的方式，通过各类媒体加大了对馆内外的活动宣传，服务影响不断扩大。望城区图书馆以点带面，以“和谐望城、文化强县”为平台，着力改善服务环境，打造服务品牌。长沙县积极开展图书馆服务宣传周活动，从周边大中专院校招募志愿者担任管理员，实现无节假日全天开放。浏阳市图书馆通过“万卷书香飘浏河”大型书展、机关读书月、数字化阅读新体验、“文化信息助春耕”等系列活动，吸引

[1] 望城县师友图书馆［EB/OL］.［2012-11-1］. 本馆概况 http://www.sytsg.org.cn/gywm.asp.

广大读者入馆。

4.4 经费开支统计分析

2011年文化部和财政部提出全国所有公共图书馆实现无障碍、零门槛进入，所提供的基本服务项目全部免费。公共图书馆免费服务是其公益性理念的回归，体现了平等服务、知识自由、信息公平的现代图书馆理念。然而，在人们欢欣鼓舞的同时又不免担忧公共图书馆的经费问题，经费不足几乎是我国所有公共图书馆发展的制约因素。在免费服务的背景下，只有建立完善的经费保障机制，公共图书馆的免费服务才能落到实处，保持常态。根据地方专项经费投入统计，长沙市对各图书馆的投入力度不断加强，2002—2005年，长沙区县图书馆财政总投入为1 450 000元，2005年为1350 000元，2008年增到1 982 000元，2008年成倍增加至4 885 000元，2009年达到9 268 000元，2010年图书馆的财政补助总收入为10 989 000元。从这些历年数据横向对比可知，长沙对图书馆事业的投入在逐年增长，增幅较大。但对各区、县（市）图书馆做纵向对比，如图2–4所示，长沙各地的财政补助中，仅有长沙县、宁乡县和浏阳市的图书馆财政补助达到了80万元以上，其他各地对图书馆的财政投入比例都比较少。2010年长沙市财政收入50 600 000 000元，而对长沙各地图书馆财政补助总收入为10 989 000元，这意味着对图书馆文化事业的财政补助只占到长沙总财政比例的0.02%，而美国其公共图书馆系统约占到美国全年财政收入的4%，[1]这些差距使得长沙市与其他发达地区文化事业的发展形成鸿沟。公共图书馆经费支出主要包括购书经费、人员工资和设备设施运营三大部分，其中购书费应该是经费支出的主体。但根据图2-4数据可知，2010年长沙各地图书馆用于图书购置总费用为2 140 000元，人均购书费约0.342元，而当年全国人均购书经费为0.829，这个数据远远低于全国人均购书经费。浏阳市2010年财政补助费用1 236 000元，但图书购置费仅为152 560元，购书经费只占到财政补助的12.34%。同样，长沙县、宁乡县两地的购书经费在财政补助的比例也只有10%，这些投入远不能保障图书馆文献资源合理有效地建设。由此说明，图书馆的发展不仅与经济发展水平密切相关，也与当地政府对公共文化事业的重视程度密不可分。

[1] 张娟．我国公共图书馆免费服务的经费保障机制[J]．图书馆建设，2011 (9):1–4.

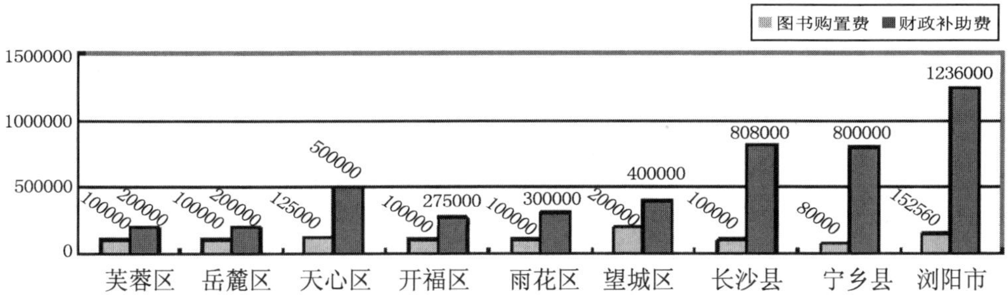

图 2-4 购书费与财政补助

5. 长沙市其他类型图书信息机构建设现状

长沙地区图书馆共建共享是在长沙范围内，各类型信息机构协调合作，采用一定的形式，根据统一的规范，建立一个集信息资源收集、组织、存储、传递、开发和利用为一体的信息资源保障体系。长沙区县（市）图书馆是区域图书馆文献资源共建共享的主力；学校图书馆长期坚持以教学和科研服务为己任，图书馆所藏图书学科门类齐全，学术性强。随着信息技术的发展，长沙市高校图书馆所藏的电子图书、期刊、各类数据库等电子信息资源日益丰富，高校图书馆资源共建共享应成为区域公共文化事业发展的重要部分。随着企事业单位对企业文化和职员精神文明建设的重视，企事业单位和政府的信息情报机构资源也日渐丰富。长沙市图书馆与拓维信息系统股份有限公司合作共建的长沙图书馆拓维分馆，将企业图书馆纳入长沙市图书馆中，这是完善公共文化服务体系、推进图书惠民的重要举措。此外，社会捐助和民间自建的各类图书馆也应该成为共建共享的对象，政府可从资金、设备、培训等方面给予一定程度的资助，尝试转型为基层图书馆的一部分。2011 年，长沙成功申报全国公共文化服务体系示范区创建城市，进一步健全长沙公共图书馆服务网络，促进了公共文化服务的均等与便捷。笔者选取了几种有代表性的信息机构类型——长沙市市属高校图书馆、浏阳市中小学图书室、长沙企业图书室、望城自办图书馆，分析其向社会开放成为长沙市图书馆共建共享体系一份子的可行性。

5.1 长沙市市属高校图书馆建设现状

长沙市共有市属高校 12 所，其中 8 所高校拥有独立的图书馆（如表 2-2 所示），另有一所（湖南都市职业学院）图书馆在筹建中。

表 2-2　2011 年长沙市属高校高职院校图书馆建设情况

院校名称	建筑面积（平方米）	藏书（万册）	特色馆藏	数字图书馆资源	工作人员（人）	院校教职工（人）	学生数
长沙学院	11598	110	长沙文化特色馆藏库	电子图书 81 万种、8 个数据库	48	869	13698
长沙商贸旅游职业技术学院	22258	40	湘菜产业数据库、经济类、旅游类	电子图书 60 余万册、21 个数据库	28	430	6500
长沙广播电视大学	2125	16	数字资源为主、远程教学		9		8000
长沙南方职业学院	950 新馆 12000	48	工科制造业	电文文献 28 万册		400	12000
湖南外国语职业学院	6880	32	外语类、经济类	8 个数据库	9	380	8000
湖南电子科技职业学院	4000	30	汽车类、电子类	9 个电子资源，校外用户可申请 ip 地址登录	8	500	10000
湖南都市职业学院	3438	25	建筑工程、交通类		13	523	8000
长沙卫生职业学院	6000	25	医药卫生类	电子图书 23 万册，数据库 3 个	8	288	4500

目前已建市属高校图书馆总建筑面积 57245 平方米，藏书量 300 万册。由于长沙市属高校图书馆主要的建设和运作经费来源于政府的财政拨款，这在法理上奠定了长沙市属高校图书馆的公益性，社会公众有权获取图书馆资源。但由于高校主要面向群体是本校师生，使得资源利用受到限制，在寒暑假期间资源闲置问题也很明显。近年来，国内高校图书馆开始尝试开展大众阅读，北京大学、南开大学、复旦大学、深圳大学等高校图书馆都向社会打开了服务大门。特别是 2005 年，中国大学图书馆馆长论坛发表的《图书馆合作与信息资源共享武汉宣言》提倡高校图书馆向社会开放，推动了高校图书馆逐渐提供社会化服务。[1] 目

[1] 闫智勇，马晓丽．高校图书馆社会化服务的途径与策略 [J]．高校图书馆工作，2012 (2):85-87.

前，长沙高校还没有面向社会全面开放的图书馆，对社会公众基本“关闭”；但也有部分图书馆率先向社会公众提供阅览服务。长沙市属高校图书馆馆藏资源依据学校专业建设，特色鲜明，数字资源建设推进也取得较大成绩，长沙学院图书馆自主开发的长沙地方特色文化资源管理系统，目前已经构建了 13 个特色数据库。超星电子图书、CNKI、万方数据库、读秀数据库等常用数据库均已引入。为了方便馆内外读者使用，湖南电子科技职业学院提供了校外用户 IP 地址申请服务，长沙广播电视大学提供馆外用户入口，并整合了国家、福建、深圳、江苏和南京电大历年试题、各地电大的图书馆、国外图书馆的中外文期刊和国内重要的报纸，建立了数据库，既节约了资源建设费用，也满足了读者的需求。

长沙市属高校图书馆在实现资源共享中，有三大优势：第一，文献资源优势。这些具有馆藏特色的文献信息资源体系是市内公共图书馆、信息机构都难以相比的。第二，人才队伍优势。在长期的专业服务中，高校图书馆工作人员不仅具有较好的专业技能，也培养了较强的文献信息资源收集、整合、加工和开发处理的能力。第三，信息技术优势。高校图书馆电子阅览室、多媒体阅览室不仅能满足本校教学科研需要，也为高校图书馆面向社会服务提供了良好的技术环境。但由于高校图书馆一直承担为高校师生服务的使命，在面向社会读者开放中，首先需要转变服务观念，淡化本校读者和社会读者的界限；其次，高校图书馆在向社会开放的过程中必然使得内部资源紧张，管理成本增加，财政如何给予补助是高校、政府、社会都需要考虑的问题；此外，高校图书馆有偿服务和无偿服务的界限和使用电子资源涉及的版权问题也是需要慎重思考的问题。

5.2 浏阳市中小学图书馆建设现状

中小学图书馆是中小学校的书刊资料信息中心，公共图书馆是文化传承、社会教育的重要机构，两者虽然是不同类型的图书馆，但目的都是为了服务读者。中小学图书馆和公共图书馆合作共建共享，可以避免基层图书室文献信息资源的重复建设，实现优势互补，扩大读者群，提高文献资源利用率。浏阳市教育局对中小学图书馆资源建设十分重视，2002 年教育局根据省图工委的有关规定，发布关于加强中小学图书馆（室）建设的通知，制订了中小学图书馆（室）建设评分细则。2005 年针对市直属学校和乡镇、街道中心学校的图书馆（室）进行了督查评估，以后逐年对其他学校图书馆（室）进行检查评估。根据 2012 年浏阳图书教育网的统计数据，[1]浏阳市中小学校目前已建图书馆68所。但从中也发现，中小学图书馆的建设发展并不平衡，如位于市区的重点中学田家炳中学图书馆藏书数达 40000 多册，而浏阳龙伏希望学校藏书数仅 3834 册，不及田家炳中学藏书量的 1/10。

将浏阳市中小学图书馆（室）建设情况与基层图书馆建设情况进行对比，如图 2-5 所示，全市 68 所图书馆藏书总量为 1 486 069 册，中小学读者数 48 668 个；浏阳市基层图书馆为 125 个，图书总量为 395 200 册，书刊外借 438 860 人次，年均新增图书购置费 304000 元。在学习型社会建设中，公共图书馆却因数量、地域限制，能够享受其服务的人群还非常有限。虽然国家在大力建设农家书屋，但大部分地区农家书屋的管理不到位，资源更新不及时，服务非专业化，宣传推广缺乏，资源利用率低。中小学图书馆有着数量和地理位置上的优越性，通过和公共图书馆合作，进行资源整合，将其设为社区、乡村分馆或流通点，应成为发展基层图书馆的一个选择。在国外（如澳大利亚），图书馆网中的中小学校不断增加，建立了很多“学校—图书馆”联合体，每个州和地区有一个中心馆支持中小学的工作并提供馆际互借。[2] 国内，四川巴中市图书馆与当地三所学校合作，学校提供场地设备、专职人员，市馆提供书刊资料，进行业务辅导，指导阅读，协助开展主题读书活动，三个分馆图书定期轮换递增，确保新书上架率，通过学校分馆兼具社区馆的功能，既满足了学校师生的需求，也丰富了当地群众的阅读需求。

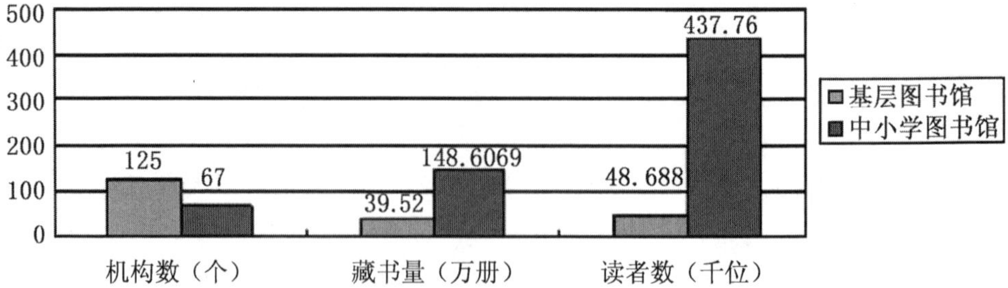

图 2-5 浏阳市基层图书馆与中小学图书馆

[1] 浏阳教育图书馆［EB/OL］.［2012-11-3］http://tsg.lyedu.com.cn/datainfo.php.

[2] 傅曦．试论公共图书馆与中小学图书馆之合作［J］．图书馆论坛，2009 (1):23-25.

5.3 长沙企事业单位图书馆建设现状

目前，不论是国有企业还是民营企业，都十分重视文化建设工作，公共图书馆应加强与企业图书室的合作，深化业务指导，推动企业图书馆向社会大众开放。企业可以利用公共图书馆这一平台进行企业文化的推广和宣传，并从中得到企业发展所需信息，形成自己的企业文化；图书馆则可以通过与企业合作提升社会效益，树立服务品牌，将资源利用效益最大化。随着企业文化建设加强，企业图书室将成为公共图书馆延伸服务的重要阵地。2012 年湖南省首个对外开放的企办图书馆——颐而康分馆于 5 月对外开放，该馆由长沙市图书馆与湖南颐而康保健连锁股份公司合力共建，旨在实现资源共享，提升个人素质，更好地保障和满足人民群众的基本文化需求。作为长沙图书馆总分馆体系成员馆，颐而康分馆的读者能享受到长沙图书馆总分馆“一卡通”服务，凭分馆读者证在全市总分馆均能享受图书借还服务。另外，根据分馆读者需要，总中心馆长沙图书馆将定期为分馆更新馆藏资源，充分保障分馆周边读者阅读需求。2012 年 8 月，拓维信息股份有限公司作为长沙市图书馆的又一个分馆正式开放，这是长沙市公共图书馆与高新企业合作的良好开端，也是长沙文化产业和文化事业资源共享的有益探索。通过总分馆之间的图书通借通还和数字资源共建共享，长沙市图书馆逐步为社区、企业、居民打造一个便捷高效的地区图书馆网群。

在企业改制过程中，各地可以对大型厂矿企业工会图书室进行相应转型。可将一家工会图书室独立发展成总分馆体系中的企业分馆，也可将相邻的数家工会图书室联合建成较大的分馆。以长沙市雨花区为例，辖区内长沙卷烟厂、中南勘察设计院的图书室皆有一定的规模，藏书比较丰富，适合居民群众的需要；阅览场地宽敞，服务便利，有条件向企业之外的广大居民群众开放，发展成为社区图书馆。[1]

目前，长沙地区公共图书馆与企业图书馆合作形式还比较少，需要企业和公共图书馆不断拓展思路，改变合作模式，创新服务方式。公共图书馆针对企业用户的需求，主动走出去、引进来，有针对性地为企业提供技术产品信息和经济信息；而企业图书室在利用公共图书馆提供的服务和资源的同时，需要拓宽服务领域和范围，兼顾企业职工和当地社区居民的服务需求。

[1] 刘新权. 关于发展长沙市社区图书馆的几点意见 [J]. 图书馆，2000 (3):59-60.

5.4 望城区自办图书馆建设现状

随着国家对农村经济的投入，农村居民生活条件得到了很大改善，一些农民的思想意识也发生了很大的变化。除了国家对农村文化事业的支持，一些农民积极筹备图书、资金，开设属于村民自己的书屋。2008年在全国范围内实施的“农家书屋”工程，主要解决农民群众“买书难、借书难、看书难”的问题，并通过5至10年的建设，在农村建立起“供书、读书、管书、用书”的长效机制，为农民自办图书馆（室）的蓬勃发展提供了重要的政策保证。

望城区师友图书馆就是为了给村民有更多机会看书而建立的，村民李芳将自家收藏的2000多册藏书和购买的10000余册图书投入租住的房间里办起了图书馆。通过几年坚持不懈的发展，现在师友图书馆已经成为长沙市的一个分馆，也是湖南省第一家正式注册成立的民办图书馆。该馆现有藏书近3万余册，还得到温家宝总理及社会各界捐书近6000册。市、区馆从图书、资金、设备、技术上都给予了资助。此外，望城的见翔科普图书室最初也是村民文见翔以自购图书和找人捐书的方法建起来的，他的坚持得到了省、市、区图书馆和区文体局、科技局的支持扶植。望城靖港的胡应龙1984年就以家庭图书室的形式为附近村民提供图书借阅服务，1992年创办应龙书社，得到了市县文化部门和省市县图书馆、少儿图书馆的大力支持，并最先成为长沙农民万册图书馆。2008年，望城被列入全国“文化信息资源共享工程”试点县，应龙图书馆也成为首批基层示范服务点。在长沙，类似的自办书屋还有很多，长沙县的“李中笑图书屋”更是坚持30年为附近农民免费开放。

农民自办图书馆（室）是农民自办文化事业，更贴近农村生活实际，更易普及科学知识，为提高农民综合素质、推动农村文化事业发展发挥了直接有效的作用。但民办图书馆（室）在图书选购、经费来源、组织管理、开展活动和发展方向上还缺乏系统性和专业性。因此，长沙市区县（市）图书馆应加强对农村图书馆建设与发展的重视，把农民自办图书馆（室）作为分馆或流通点，积极争取政府部门的重视，给予资金或政策方面的优惠条件，推动农村文化事业的全面发展。

6. 长沙地区图书馆共建共享必要性和可行性分析

区域图书馆资源共建共享是指地理位置相近，处于同一行政区域内的图书馆，包括公共图书馆、高等院校图书馆、街道社区图书馆、企事业单位图书馆及各类科研情报机构的图书馆，为了促进地区图书馆事业发展，加强地区间图书馆之间的联系合作，本着“资源共享，互惠互利，共同发展，服务读者”的原则，实现系统内文献资源、数据加工、资金设备、人员培训等多方面的共建共享，二者的关系是相辅相成的。共建是前提，共享是目的；只有共享的需求，才有共建的共识；只有共建的基础，才能有共享的成果。

6.1 有利于改变长沙地区图书馆条块分割、各自为政的现象

长沙区域图书馆联合可以打破不同系统图书馆之间的壁垒，各成员馆扬长避短、优势互补，相互配合，在无形中扩大了单个馆的信息资源藏量。区域共建共享利用聚集优势将同一区域所有类型图书馆资源全面集合，通过整合配置和整体化建设，打破时间和空间局限，形成规模效应。长沙各图书馆由于所属体系不同，在藏书内容和种类方面必然有一定的差异。区域图书馆资源共建共享可充分利用特色馆藏和资源优势，互通有无，取长补短，建立起有效的共建体系。目前，长沙地区的高校图书馆、企业图书馆都没有全面向读者开放，而公共图书馆的服务范围也受地域限制。通过共建共享系统，企业图书馆可以为附近读者提供书刊资源，高校图书馆可以为读者提供较全面且专业的参考咨询、科技查新或专业资源，公共图书馆为这些图书馆提供基础资源设备、资金等。不同馆都发挥自己的优势为区域图书馆事业的整体建设添砖加瓦，打破传统的地域限制，加强不同类型图书馆在数字资源建设、整体服务和资金设备、人员培训等方面的联系合作，促进知识资源的重新整合和优化配置，提升长沙图书馆事业的整体服务水平。

6.2 有利于降低图书馆运作成本，提高图书馆服务质量

经费来源一直是制约图书馆发展的最大问题，以最少的资金获得最大的资源、服务最广的用户是图书馆追求的目标。图书馆共建共享通过实施分工协作、统一规划、统一采购、集中编目等一系列措施，可以最大限度地减少重复建设，降低采购成本和加工成本。[1] 区域图书馆利用地理优势，可实现区域内图书馆信息资源、人力资源、管理资源方面的联合；通过共享网络建设、共享资源体系建设和共享服务建设，发挥合作优势，增加单个图书馆的服务能力，变一馆所藏为

[1] 杨经铭．关于建设文献资源共建共享机制的思考——以广东省公共、高校、科研三大系统图书馆为例 [J]．图书馆工作与研究，2011 (2):73-76.

网络共用，将一馆服务延伸到各个馆，实现区域内用户在任何一个电子设备终端上可免费访问到该馆的资源、体验中心馆提供的服务，有效减少重复建设。在人力资源上，通过人才的共同培训、合作交流、流动共享，区域内图书馆之间业务人员可以临时借用流动，技术力量强的图书馆帮助技术力量弱的图书馆、信息服务水平、用户教育培训服务优良的图书馆带动暂时服务滞后的图书馆，提高区域图书馆服务质量。而区域图书馆对管理资源的共建共享可以使共享体系内其他图书馆在管理理念和管理经验上融合交流，互相借鉴，共同提升区域内成员馆的管理水平。

6.3 交叉的馆藏和数字化资源是实施共建共享的基础

2011 年，长沙市 10 个市区县级公共图书馆实体馆馆藏资源总量为 186 万多册；长沙市市属 12 所高校图书馆资源达 300 万册，并自建、购买了丰富的数字资源。2012 年长沙市图书馆对长沙地区基层图书馆的馆藏资源数量和数字化设备明确了要求，长沙各馆根据本馆实际，收集了各具特色的文献信息资源和网络信息资源，这些丰富的资源成为实施资源共建共享的物质基础，也是各图书馆在资源上发挥各自优势、取长补短、实现共同发展的有效措施。[1] 但区域内各类型图书馆的资源分布具有分散性，而读者则要求资源具有系统性和完整性，特别是从事专题研究的读者，更希望通过馆际间资源共建共享、互通有无，实现文献保障体系的全面、系统和完整。信息化时代的来临，建设数字资源也成为图书馆资源建设的另一重任。数字资源不同于实体文献，它既可以由图书馆专业人员借助网络进行传播、复制和共享，但如需购买专业数据库则费用昂贵；同时，图书馆自建的特色数据库或整合的网络资源也需要先进的技术、资金、人力和设备的支撑。通过加入共建共享系统，不但可减少资源采购经费投入，同时可有效提高资源利用率，达到“一馆建库，多馆使用”的目的。

6.4 系列文化惠民工程为共建共享提供切实保障

2002 年长沙市启动文化信息资源共享工程，该项目作为政府提供公益性服务的重大文化项目，得到了市领导的高度重视，该工程主要以数字资源建设为核心，以农村服务网点建设为重点，以共建共享为基本途径，旨在建成资源丰富、

[1] 李翠平. 区域图书馆资源共建共享的思考 [J]. 高校图书馆工作，2006 (1):57-59.

技术先进、服务便捷、覆盖城乡的数字文化服务体系。[1] 2007 年，长沙市成立了以分管副市长为组长，文化、财政等 12 个部门和县（市）区负责人为成员的长沙市文化信息资源共享工程领导小组，“实施文化共享工程”列入了市“十一五”文化发展纲要，召开了全市共享工程建设工作会议，并下发了《关于进一步加强文化信息资源共享工程建设的意见》和《实施方案》，长沙、望城、浏阳、宁乡四县（市）成为全国文化信息资源共享工程示范县。2008 年，市内 5 个区支中心、58 个街道基层服务点完成建设。2011 年，根据国务院关于“三馆一站”免费开放的通知精神，长沙市下发了关于全市公共图书馆、文化馆（站）免费开放的文件，明确市、县区政府按照中央财政补助标准配套图书馆、文化馆相应服务项目经费。长沙图书馆资源共建共享，从资金、设备和资源上有了强有力的保障。

6.5 图书馆共同的开放性、服务性是共建共享的内在动力

联合国教科文组织早在 1982 年就对图书馆的开放性、服务性作了明确规定。不论是公共图书馆、高校图书馆、专业图书馆，还是科研情报机构的图书馆，都是向读者开放、为读者服务的，只是各馆开放和服务的范围有一定的差别。2004 年由湖南省图书馆提倡的新图书馆运动，更是被认为是“重续图书馆精神的历史链条”“现代图书馆精神正以更加厚重的方式回归中国图书馆界”。在全社会关注文化事业、支持文化建设的大环境下，让图书馆满怀激情投身到新文化建设的浪潮中，以更具人性化的服务理念与实践创新迎接公共图书馆免费开放、主动服务的新时代。2011 年长沙市下发公共图书馆免费开放的文件后，面对免费开放带来的大量读者群，各馆始终都坚持“免费更优质”的服务原则，图书馆工作得到了社会更广泛的肯定，读者满意度大幅提高。同时，各馆努力争取支持，倡导“以人为本”的服务理念，逐步向社会成员提供“平等、免费、无障碍”的服务，这一共同点成为实施共建共享的内在动力。

7. 长沙地区图书馆共建共享的障碍分析

7.1 缺乏强有力的领导机构和健全的法规政策

区域图书馆共建共享是一项需要统筹管理的社会化系统工程，规模庞大，参

[1] 李怡梅，王自洋. 发挥共享工程网络优势，加快信息资源建设步伐 [J]. 图书馆，2011 (1):131-133.

与者多，需要各个领域和团体间的合理规划和倾力合作。目前长沙地区图书馆共建共享宏观管理与协调的机构和组织不健全，各类图书馆分属于不同的系统，有着不同的管理部门，管理上的差别带来认识上的差距，管理体制的缺陷使图书馆建设各自为政，没有明确的共享战略和统一规划。如高校图书馆虽然有的已对外开放，但现有的管理体制明显难以对社会读者进行管理；而中小学图书馆和农家书屋合作共建，对此虽然持鼓励态度，但往往由于基本条件不足，难以达到服务大众的目的。如果没有一定的法规制度约束，就会由于一些图书馆的不理解、不配合而使整个资源共建共享工作受到影响，一些已经开展此项工作的图书馆也可能由于领导人的更替而使工作产生波动。区域图书馆资源共享在某些方面让图书馆受益，必然在某些方面也需图书馆做出一些利益让步。但由于缺乏健全的领导机构和法规，有的部门领导和业务人员对资源开放和共享上存有疑虑，导致重复建设严重；一些部门在开放资源的时候就没有共享的打算，所以一旦进行资源整合、共享的时候就面临着很多问题，特别是没有理顺数据的生产者、提供者和使用者之间的关系，在权益分配、知识产权保护等方面没有相应的保障机制，致使可共享的信息资源内容严重匮乏。

7.2 思想观念转变困难，认识不到位

共建共享的建设主体是区域内所有的图书馆，所以各个馆对共建共享的认识、态度和积极性是长沙地区图书馆共建共享的内在动力。一些基层图书馆总是认为有上一级的图书馆在做共建的工作，所以不想投入太多的精力去做信息资源的开发，甚至部分图书馆即使资源开发出来了，也不善于主动向用户推广这些资源，使共享工作开展遇到一定的阻碍。其次，有的馆即使做了一些实质性的工作，但害怕一旦资源共享就失去了本馆特色资源的独有性，只想一味地共享资源，而不愿共建资源。由于每个馆在共建共享之前的基础不一，有的图书馆可能已经小有成就，而有的馆基础比较差，这使得馆际协作中存在一个落差，不愿意更多地共享这些成果，以致产生新的重复建设，花费更多的人力、物力、财力。此外，还有部分图书馆的领导缺乏“资源共建、成果共享”的观念，安于现状，不愿意参与到共建共享的工作中来。特别是在部分街道或基层图书室中，虽然配备了设备和资源，但图书馆在后续管理上不到位，很少将工作重心关注到特色资源的收集和开发利用上来。总之，这些消极思想观念的存在，在很大程度上影响了馆际间的协作和资源共建共享进程。

7.3 资源建设与服务体系创建要求相距甚远

2011 年国家设置了东、中、西部地区公共文化服务体系示范区创建标准，对图书馆建设中设定市、县两级图书馆达到部颁三级以上标准，公共图书馆人均占有藏书 0.6 册以上；市、县两级图书馆平均每册藏书年流通率 0.8 次以上；人均年增新书在 0.03 册次以上；人均到馆次数 0.3 次以上。60% 行政村建立农家书屋，藏书 2000 册以上。80% 的乡镇（街道）、社区建有标准配置的公共电子阅览室。根据统计数据所得，2010 年长沙人均藏书量仅 0.26 册，人均年增新书量 0.008 册，过低的新增藏量使得人均到馆次数仅 0.13 人次。这些数据可明显看出长沙图书馆资源建设现状与公共文化服务体系示范区创建标准要求相距甚远。此外，各地图书馆都不同程度受到“重藏轻用”思想的影响，没有做到真正从利民的角度来建设和管理图书馆资源。反观美国、加拿大公共图书馆则是强调“重用轻藏”，图书在馆际之间免费流动，不但提高了图书利用率还减少了购书经费的投入。类似长沙基层图书室空心化、空壳化的现象在各地都不同程度地存在，特别是经济欠发达的区县，一些基层流动点资源久不更新，购书经费只能被动地依靠“救济”所得；有的图书室甚至名存实亡，阅览室内的书架上大多是陈旧、破损的书籍，很难正常对外开放；数字资源建设更加无从谈起。资源是共建共享开展的基础，资源建设落后成为制约共建共享最大的一个难题。

7.4 经费短缺，技术设备不齐全

图书馆经费短缺是图书馆事业发展面临的最大困难，尤其在基层或较落后地区图书馆尤为普遍和突出，经费投入是地区图书馆共建共享的重要保障。[1] 我国现行的财政管理体制是分税制，在基层政府财政收入普遍不足、支出有限的情况下，只能优先发展急需的公共产品和服务供给，如教育、医疗等。根据调查数据可知，自 2006 年始，长沙各地图书馆财政总投入即以成倍的数量增长，但通过横向对比可知，2010 年长沙市财政收入 506 亿元，而对长沙各地图书馆财政补助总收入为 1098.9 万元，这意味着对图书馆事业的财政补助只占到长沙总财政比例的 0.02%，而美国公共图书馆系统的财政补助占到美国全年财政收入约 4%。其次，经费支出结构也不合理，长沙地区图书馆购书经费在公共图书馆的经费支

[1] 张娟. 我国公共图书馆免费服务的经费保障机制 [J]. 图书馆建设，2011 (9):1-4

出中占比仅为15%，而美国购买资源经费约占到总经费的25%。经费投入直接影响各馆技术设备的配备，这在基层图书室表现得尤为明显。由于没有固定资金保障，专业技术力量不足，信息化技术应用、设施购置都成为共建共享的薄弱环节。2011年以来，长沙市图书馆进行全市总分馆书目数据整合，不少分馆由于缺乏技术力量，导致很多编目数据处理不符合要求，个别馆甚至还未实现书目数据数字化，不同图书馆使用的自动化系统也五花八门。资金和技术环节脱轨，区域图书馆共建共享将成为无源之水、无本之木。

7.5 专业队伍建设薄弱、业务服务水平低

人才队伍是开展共建共享活动的主体，但长沙地区图书馆人员队伍素质参差不齐，缺乏既有专业知识又有工作热情的专业人员。由于缺乏一支专业策划和执行队伍，各馆的新型业务还处于发展阶段，业务服务品牌效应不足，业务服务可持续发展力度不强。目前长沙地区图书馆从事资源服务的专业工作人员有限，人才队伍存在三多三少的现象：非专业人员多、低学历人员多、高年龄人员多；专业人员少、高学历人员少、年轻馆员少。现有的专业人员中还存在知识结构老化、计算机应用水平不高、利用现代化信息技术能力较弱的问题，这些问题严重阻碍着共建共享工作的开展；有的图书馆工作人员安于现状，社会在变、图书馆在变，但馆员原有的知识和服务意识却没变，甚至在开展共建共享过程中因怕麻烦而拒绝参与的也不乏其例。同时，由于基层图书馆条件艰难，部分有实力的管理员跳槽或改行的情况比较普遍。现在长沙地区基层图书馆（室）的负责人大多由村民或者干部管理，很多身兼数职，难以有足够的精力投入到共建共享工作中来。很多基层图书馆成了一个空壳和摆设，文化信息资源共享工程设备闲置，业务活动效果差强人意；有些基层图书馆虽然愿意参与到共建共享工作中，但由于缺乏专业基础和相关的业务知识，对各项业务的开展知之甚少，工作开展困难重重。

7.6 资源共享与知识产权保护矛盾加剧

数字化是资源共建共享的必然趋势，在web环境下信息资源共享日趋广泛，由此产生的知识产权风险也更加显著。书生公司、方正、同方等都有过版权纠纷，2010年北京优朋普乐将肇庆市图书馆告上法庭，成为国内首例地市级公共图书馆侵犯版权案例，也引发广大地市级公共图书馆在资源建设中积极关注版权问

题。[1] 我国法律对著作权保护有明确要求。而对于使用者豁免规则却不清晰，图书馆在使用受版权保护信息时的“合理使用范围”要求控制传播范围，如控制在校园网内传播、只提供浏览服务不能提供下载及打印服务等。但图书馆的目的就是为更多大众提供信息服务，这些复杂的规定既违背了图书馆的初衷，也增加了图书馆在资源共享中的操作难度，稍有不慎，图书馆就有侵权的危险；目前的法律保护重点是对著作权人的保护，对图书馆网络信息资源共享保护的相关法律却缺乏。随着网络信息技术的发展，数字化成为图书馆资源共建共享的前提和基础，图书馆如果通过复制他馆的各类文献以增加馆藏就会构成侵权。在馆藏文献数字化和数据库的建设上，同样存在合理使用的范围。随着人们对数据资源使用的增多，有些“度”已经成为制约图书馆信息资源共享的因素。此外，图书馆提供的下载网络资源和网络搜索及链接中，也需要慎重对待知识产权的问题。[2] 知识产权与资源共建共享是对立统一的，在为图书馆提供法律保护的同时，也受到知识产权的制约。

[1] 杜冰川. 公共图书馆网络著作权风险规避与权益保护——从肇庆数字文化网著作权纠纷案谈起 [J]. 图书馆学刊，2012 (7):17-20.

[2] 曹玉平. 图书馆在信息资源共享中规避知识产权风险的策略研究 [J]. 情报科学，2010 (9):1319-1324.

PART THREE

第三篇 长沙区域图书馆资源共建共享模式构建研究

文献信息资源共享是图书情报人的世纪梦想，也是图书情报事业和图书情报工作达到最高境界的标志。在信息资源共享中，区域信息资源共享的实践和研究引人注目。国外许多著名的资源共享系统都是地区性的，或者从地区共享系统发展成为全国乃至全球性的共享系统（如 OCLC、Ohio LINK、Minitex、RLIN、MEDLINE 等）。徐引篪在《图书情报的未来——2010 年发展预测》一书中指出：在美国，计算机网络服务已达到相当高的水平的情况下，读者利用文献的 95% 以上还是从本地区获得，利用全国性网络系统获得的只占小部分。我国地域辽阔，不同地区的经济发展、文化基础、科技水平、网络条件等都存在着巨大的差异，并由此造成不同地区信息化程度、信息资源分布和需求水平之间的巨大差异。正因为这样，以提高区域信息化程度、满足地区信息需求为主要目标的资源共享体系和模式，应该是我国信息资源共享的基础和主要模式之一，目前也引起了业界的广泛实践与理论探讨。

由于经济和文化发展因素，共建共享更是长沙地区图书馆快速可持续发展的最优方式。长沙区域信息资源的共享，将充分利用和发挥信息资源的优势，最大限度满足用户的信息需求，为长沙地区经济、科技发展提供保障；同时所积累的经验可为省内、甚至国内其他地区实践提供借鉴；可以促进湖南省“四化两型”社会和“数字湖南”的发展，为图书情报行业自身发展提供机遇；也是加快构建覆盖全社会的公共文化服务体系，推动社会主义文化大发展大繁荣的重要内容。

从逻辑意义上讲，概念是反映对象特有属性的思维形态或思维过程，内涵和外延是概念的两个逻辑特征，任何概念都有内涵和外延。在以下研究中有必要先界定概念：第一，图书馆资源共享应该是对所有图书馆要素的共享（包括人、财物、信息资源）；第二，图书馆资源共享是以资源共建为基础的，而共建的目的就是共享，实际上无论是否谈及“共建”，资源共享的概念都是自然包含“共建”内涵的。[1] 第三，广义上，区域图书馆资源共享，主要以图书馆为角度，包括图书馆与其他一切单位和个人的共建共享活动。

1. 区域图书馆资源共建共享模式研究现状

区域图书馆资源共享有利于改变条块分割的现状、降低办馆成本、更好地满足读者需要、推动区域经济发展，具有重要的实践价值和理论意义。目前已引起

[1] 金胜勇. 目标导向型图书馆信息资源共建共享理论体系研究 [D]. 南开：南开大学，2011:19-180.

了业界积极的实践探索和理论探讨。模式是事物的一般标准样式，在科学研究中运用模式概念，是以简单而具体的类比与模拟等方式表现和描述复杂事物实体的方法。以图像、文字或数学模型为基本工具的模式方法因其简洁、直观和所具的构造、解释、启发、预测等功能有其独到的用处。[1]研究图书馆资源共享，常常用模式来对相关实践进行总结提炼和归类。

本节主要对我国区域图书馆资源共享模式论文进行计量分析，统计分析了相关论文的年代、期刊、作者分布和高影响力论文。通过高频关键词的共现分析，把区域图书馆资源共享模式研究主题进行系统阐述。同时分析研究中存在的问题和未来的发展趋势。

1.1 研究方法与数据来源

选用中国知网作为研究的数据来源，通过对主题的文献调查、专家调研，以及实际的检索结果分析，最后将检索式定为：（主题 = 区域图书馆共享模式）（模糊匹配）或者（主题 = 区域图书馆联盟）（精确匹配）或者（主题 = 图书馆联合服务）（精确匹配）或者（主题 = 总分馆）（精确匹配）。检索时间段设定为所有年；具体检索日期为 2012-8-16；共检索到 491 篇文献。

①相关期刊论文 416 篇，因为期刊论文是研究成果最主要的载体，所以在后面再详细分析。②相关硕士论文 28 篇，除 2 篇不相关外，其他论文涉及区域图书馆资源共享模式研究的各个方面，因为本研究的检索策略为搜索主题（包括标题、摘要和关键词），而学位论文的摘要较长，所以存在一定的误检。③相关报纸发文 18 篇，图书馆越来越意识到宣传推广的作用，所以关于区域图书馆共享模式的实践也积极进行报道，例如 2008 年 4 月，“构建公共图书馆服务体系嘉兴高层论坛”的主题是——构建公共图书馆服务体系，总分馆建设问题引发业界与媒体的普遍关注。《人民日报》《光明日报》《中国文化报》、人民网、文化传播网，以及《嘉兴日报》、中国上海网等均予以报道。④相关年鉴文献 11 篇，年鉴是以全面、系统、准确地记述上年度事物运动、发展状况为主要内容的资料性工具书。8 篇出自《中国图书馆年鉴》，其他的分散在地方年鉴上。⑤其他的论文分布在中国重要会议论文全文数据库（8 篇）、国家科技成果数据库（6 篇）、中国博士学位论文全文数据库（3 篇）、中国学术期刊全文数据库（3 篇）、国家标准全文

[1] 陈建龙. 信息服务模式研究 [J]. 北京大学学报 (哲学社会科学版)，2003 (3):124-132.

数据库（1 篇）。其中博士论文 2011 年吉林大学郑伟的《联邦式图书馆资源管理模型研究》提出主校区图书馆联合院系资料室、分校图书馆组建联邦式图书馆，实施联邦式图书馆资源管理，降低校内跨组织协作壁垒，提高资源利用率支持学校的教学科研工作。下面主要分析相关期刊论文。

1.2 研究论文时空分布

1.2.1 论文的年代分布

衡量某领域发展的重要指标就是学术论文数量的变化，对其文献增长作历史的统计，对评价该领域所处的阶段、预测发展趋势具有重要意义。图 3–1 为所有年份的相关期刊论文按年度分布情况。在 20 世纪 90 年代，相关论文非常少，数量只有少数几篇，可以说论文的数量反映出那段时间区域图书馆共享模式的学术研究处于起步阶段。进入 21 世纪，相关期刊具有逐年增加的态势，处于稳步发展阶段；2006 年以后，相关研究飞速增加，期刊论文快速增长，区域图书馆发展与我国的经济政治建设紧密相关，近年来全国文化信息资源共享工程和各级政府公共文化服务体系的建设，社会各界的重视促进了相关研究的开展。因为数据库收录的滞后，2012 年仅是部分数据，有理由相信在近几年，区域图书馆共享模式研究仍将是业界的热点。

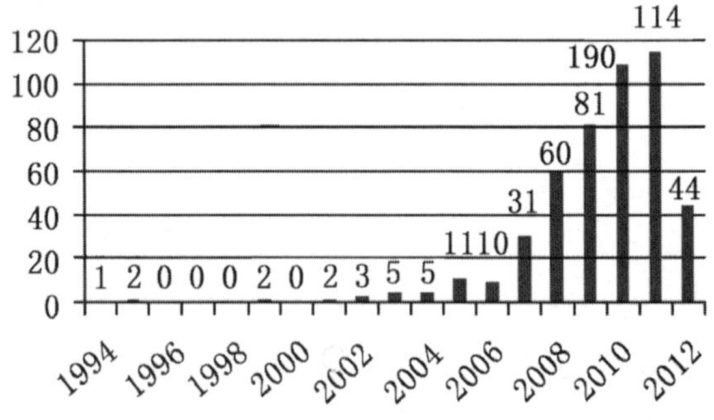

图 3–1　区域图书馆共享模式研究文献的年份分布

1.2.2 论文的期刊分布

研究相关论文的期刊分布是掌握领域的空间分布的有效方法。相关载文量超过 10 篇的期刊有 13 种，大都是图书馆学期刊，只有 3 种为图书情报领域两栖期刊。而通过对相关416篇论文进行学科统计，发现涉及的14个学科中，前5位为（其中括号内为论文数量）：图书情报与数字图书馆（485）、计算机软件及计算机应用（33）、行政法及地方法制（3）、投资（3）、经济体制改革（3）。表3-1为载文量最多的前15种刊物，其中《公共图书馆》为内部刊物；有9种核心期刊，在这些刊物上刊载了专业学术性强且内容质量较高的论文，其中业界顶级刊物《中国图书馆学报》也载有较多的相关论文；《图书馆建设》相关载文最多。但是载文量最高的前5种刊物只有2种核心期刊，一定程度上说明区域图书馆资源共享模式研究论文的整体水平和层次需要提高。

表3-1 相关论文载文量最多的15种期刊

刊名	载文量	刊名	载文量	刊名	载文量
图书馆建设	36	图书馆论坛	18	公共图书馆	13
图书馆学研究	23	农业图书情报学刊	18	中国图书馆学报	11
图书馆学刊	20	图书与情报	18	图书馆工作与研究	11
科技情报开发与经济	19	图书馆理论与实践	14	图书馆	11
图书情报工作	18	新世纪图书馆	14	情报理论与实践	9

1.2.3 论文的作者和机构分布

416篇论文涉及的单位中，发文量超过5篇的有15个机构，大部分来自公共图书馆。这也说明区域图书馆资源共享研究的力量集中在公共图书馆行业内。发文量前10的机构为：东莞图书馆（18）、乐山师范学院（12）、苏州市图书馆（10）、广东省深圳市福田区图书馆（8）、哈尔滨市图书馆（8）、长春图书馆（8）、徐州师范大学（8）、北京大学（8）、黑龙江省图书馆（8）、广东省茂名市图书馆（6）。东莞图书馆发文最多，它在国内对区域资源共享进行了系列实践探索和推广，并且对其总分馆模式进行了理论总结。

416篇论文作者分布广且分散，持续且深入地研究区域资源共享模式的作者较少，其中前40位作者发文量仅110篇（没排除合作的情况）。表3-2为发文量最多的前10位作者，许军林、邱冠华、李明生、李明子等人是此领域的核心作者，对区域资源共享模式研究的贡献突出；其中许军林为乐山师范学院图书馆副研究馆员，主要关注于区域图书馆联盟的相关研究，发表了系列论文，特别是提出了“异质性是区域图书馆联盟的主要特点”的观点。邱冠华为苏州图书馆馆长，独创“苏州模式”总分馆制。这些核心作者也都来自基层或高校图书馆，并没有来自专业领域实力雄厚的教学单位，这也是由区域资源共享研究的实践性决定的。

表 3-2　相关论文发文量最多的 10 位作者

作　者	作者单位	发文量	作　者	作者单位	发文量
许军林	乐山师范学院	8	刘　磊	东莞图书馆	4
邱冠华	苏州市图书馆	6	倪晓建	首都图书馆	4
李明生	广东省茂名市图书馆	6	林　蓝	广东省深圳市福田区图书馆	4
李明子	南京林业大学	5	曹志梅	徐州师范大学	4
朱俊波	乐山师范学院	4	孙　坦	中国科学院国家科学图书馆	3

1.3　高影响力论文分析

文献被引用是业界专家对其的一种共同肯定，也是其影响力评价的一个重要且客观的指标。被引量是学术影响力的总体反映，我们深入分析被引量最大的 20 篇论文。这些论文中有部分论文并不是专门研究农村图书馆的，而是部分内容涉及此领域，例如于良芝的《走进普遍均等服务时代：近年来我国公共图书馆服务体系构建研究》被引最多，高达 68 次，该论文认为“我国政府和图书馆界在基层图书馆建设、总分馆建设、区域性服务网络建设等方面开展了一系列创新活动，该三方面也因此构成新时期我国公共图书馆服务体系建设的主要内容”。其他大部分论文都宏观探讨区域图书馆资源共享模式的构建、法律和机制问题，以及国外的相关模式研究等。发表高影响力论文的刊物都是核心期刊，《中国图书馆学报》是该学科的顶尖期刊，《图书馆建设》也一直关注区域图书馆资源共享模式的研究，两者分别有 5 篇高被引论文。

下载量反映了论文在网络载体中的影响和被应用的能力，各论文下载量远远大于被引量，从某种意义上说，下载频次可以更直接地显示论文被读者使用的情况，避免一些人为因素和不良引用动机的影响。统计下载量最多的 20 篇论文，其中有 9 篇论文也包括在被引量最高的 20 篇论文中，即近一半的论文既是高被引也是高下载论文，这在一定程度上说明被引与下载使用之间的相关性，这9篇论文可以说是区域图书馆资源共享模式研究的最经典、最具代表性的论文（如表3-3所示），而且其发表时间集中在2008—2009这三年内。但是在高下载量与高被引量存在差异的论文中，高下载论文的出版时间明显更晚（高下载论文中有5篇是近两年发表的），这与引用需要一定时滞相关，但是是否近期的高下载量预示着未来的高引文量，这是一个需要深入研究的问题。其中肖希明于2011年12月发表的论文《公共图书馆服务体系中文献资源建设探讨》认为“公共图书馆服务体系大体有三种类型：以建设和强化基层图书馆为导向的服务体系，基于总分馆体系的服务体系，基于区域性服务网络的服务体系；不同的公共图书馆服务体系有不同的文献资源建设模式”。该文下载量高达369次，但目前被引量为0。

表3-3　被引和下载都较高的区域图书馆资源共享模式研究论文

篇　　名	作　者	刊　　名	出版年	被引频次	下载频次
走进普遍均等服务时代：近年来我国公共图书馆服务体系构建研究	于良芝 邱冠华 许晓霞	中国图书馆学报	2008	68	1029
区域图书馆联合体及其构建	曹志梅	中国图书馆学报	2008	39	388
我国高校区域性图书馆联盟建设模式研究	范亚芳 王传卫	图书馆	2008	28	518
公共图书馆总分馆建设的法律保障：法定建设主体及相关问题	于良芝 陆秀萍 刘　亚	图书情报工作	2008	28	449
我国区域性图书馆联盟运行机制研究	范亚芳 郭太敏	图书馆工作与研究	2009	26	540
关于加强图书馆公共文化服务体系结构与布局的若干思考	王世伟	图书馆	2008	25	482
论国外区域性图书馆联盟	陈　华	情报杂志	2008	24	498
我国公共图书馆服务体系建设：治理模式研究	梁　欣	中国图书馆学报	2009	20	439
区域图书馆联盟资源共享机制探讨	朱亚玲 程　华	图书馆建设	2009	18	410

1.4 研究论文主题分布

一篇论文的关键词是其核心内容的浓缩和提炼，关键词的分布频次与特征能显示某领域总体内容特征、研究内容之间的内在联系、学术研究的发展脉络与发展方向、学术研究的重点与热点等。[1] 共词分析法的思想来源于文献计量学的引文耦合与共被引概念，即当两个能够表达某一学科领域研究主题或研究方向的主题词或关键词在同一篇文献中出现时，表明两个词具有一定的内在关系，且出现次数越多，表明其关系越密切、距离越近。利用这种关系可以发现领域的研究结构与范式。我们选择在期刊上发表的416篇相关论文，共有826个关键词，其中5次以上的高频词有49个，对这些高频词构建共现矩阵，然后再通过Pajek进行可视化，得到图3-2。

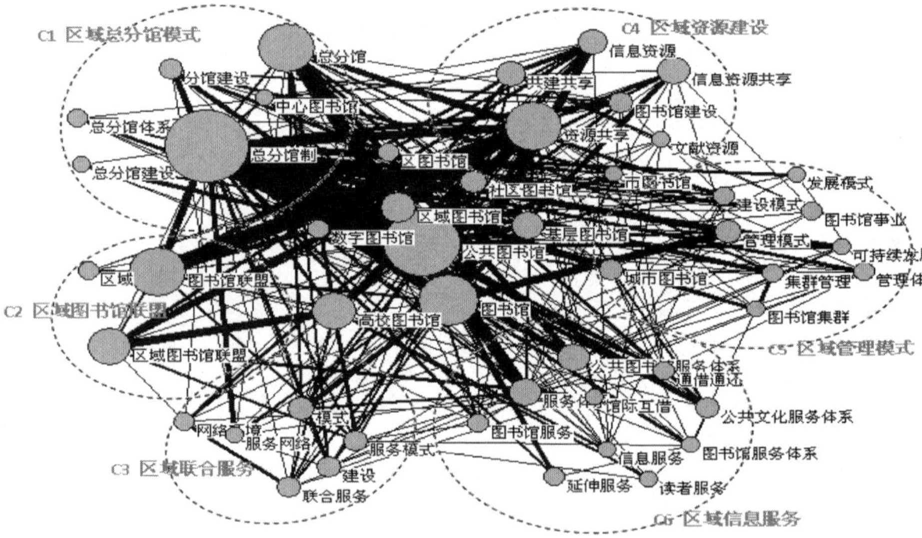

图3-2　区域图书馆共享模式研究论文关键词共现图谱

图3–2中圆点大小代表关键词频率，连线粗细表示两词共词次数。根据关键词之间的联系展示，相关研究大体可分为六大部分内容。图的中央是区域图书馆资源共享的主体——各类型图书馆，主要包括区域中的各种公共图书馆。图左边

[1] 马费成，张勤. 国内外知识管理研究热点——基于词频的统计分析[J]. 情报学报，2006 (2): 163-171.

是三大类型区域图书馆资源共享模式：区域总分馆、图书馆联盟和联合服务网络模式。右边是区域图书馆资源共享模式的三大要素：资源、服务和管理。下面对相关论文（重点关注高影响力论文）从以下六大方面系统总结。

1.4.1 区域图书馆总分馆模式

总分馆模式是世界通行的一种比较流行的区域图书馆共建共享模式。国内对这方面的实践与研究也较多。余子牛分析了美国、香港、广东等国内外图书馆管理的总馆 / 分馆模式及其特点，并以深圳南山图书馆推行总分馆制为例，对建设有中国特色的图书馆总 / 分馆模式进行了多方面探索。[1] 于良芝认为总分馆建设是近年来我国公共图书馆领域的重要趋势；由于总分馆建设可能最终触及甚至突破我国长期以来实施的“一级政府建一座图书馆，谁建设谁管理”的图书馆建设体制，它给图书馆法提出前所未遇的难题；回顾我国公共图书馆从“各自为政”到“总分馆式联合”的过程，分析这一转变对公共图书馆立法提出的挑战。[2] 肖焕忠则系统详细阐述了国内外公共图书馆体系的结构、特点以及我国公共图书馆界目前正在建设中的几种总分馆模式，并对其优劣势进行了分析比较。[3]

嘉兴近年来探索的城乡一体化公共图书馆服务体系建设，已形成“政府主导、统筹规划、多级投入、集中管理、资源共享、服务创新”的总分馆建设嘉兴模式，章明丽就嘉兴总分馆体系的建设模式、管理模式以及在中国目前实现紧密型总分馆的核心问题等进行阐述，并分析其实现方式。[4] 李东来介绍了东莞图书馆注重公共服务理念、实现图书馆集群网络管理技术突破、推进图书馆总分馆制、发挥群体服务优势的做法和成效。[5] 张广钦特别提到基层图书馆是整个图书馆网络体系的基石，在整个图书馆网络体系中发挥着重要作用；总分馆制是发展公共图书馆服务网络主体形式，应当成为我国构建基层图书馆服务网络体系的指导思想。[6]

---

[1] 余子牛．图书馆总馆 / 分馆制的研究与实践 [J]．图书馆，2007 (1):59-63．

[2] 于良芝，陆秀萍，刘亚．公共图书馆总分馆建设的法律保障：法定建设主体及相关问题 [J]．图书情报工作，2008 (7):6-11．

[3] 肖焕忠．总分馆制发展模式比较研究 [J]．图书情报知识，2007 (3):41-43．

[4] 章明丽．图书馆总分馆建设的嘉兴模式 [J]．图书馆杂志，2009，28 (10):43-51．

[5] 李东来．整合资源 传播知识 建立城市图书馆公共服务体系 [J]．图书馆论坛，2005，25 (6):302-304．

[6] 张广钦，张丽．关于面向公众的基层图书馆服务网络建设 [J]．中国图书馆学报，2008 (2):33-37．

1.4.2 区域图书馆联盟模式

图书馆联盟（library consortia）是图书馆联合的最新形式，为了实现资源共享，利益互惠的目的而组织起来的，受共同认可的协议和合同制约的图书馆联合体。范亚芳研究了对区域图书馆联盟建设的运行机制：管理机制、调控机制、标准机制、评价机制与创新机制以及各运行机制对区域图书馆联盟建设的影响。[1]陈华分析了国外区域图书馆联盟的种类（同类型图书馆的集中式联盟、同类型图书馆的分布式联盟、跨系统的复合式联盟）、特点以及功能，以及国外区域性图书馆联盟建立及发展的决定因素。[2]朱亚玲认为区域图书馆联盟的发展模式与发展现状表明，联盟建设中存在区域图书馆联盟发展失衡，缺乏政府统一规划与指导，技术手段单一，服务能力有待提高，资源建设标准不一，资源整合及共享难度加大等问题；应从构建组织保障体系、标准保障体系、政策保障体系 3 个层面促进可持续发展的联盟资源共享机制。[3]

陈会谦对区域图书馆联盟的概念、类型进行论述的基础上，着重对区域图书馆联盟具有的功能、效应以及区域图书馆联盟的发展趋势、经验进行了系统的分析。[4]杨帅分析了我国最大的区域图书馆联盟——长三角图书馆联盟成立的背景，成立近两年来所开展的工作，指出了该联盟发展过程中出现的问题，并以此提出了区域图书馆联盟发展的改进措施。[5]赵闯分析了图书馆联盟的发展及建设现状，调查了省市级图书馆联盟及区域性图书馆联盟的资源与服务共享方式，指出其中存在的问题，并提出构建图书馆联盟资源与服务共享的模式。[6]

1.4.3 区域图书馆联合服务模式

李红岩在分析公共图书馆服务网络模式基础上，以郑州市图书馆特色服务模式为例，结合当前公共图书馆的发展趋势，指出服务体系更新，构建“全民图书馆”服务网络，以人为本，做好阵地服务，走出馆门，创建分馆，扩大服务范围，

---

[1] 范亚芳，郭太敏．我国区域性图书馆联盟运行机制研究［J］．图书馆工作与研究，2009, 157 (3):8-11.
[2] 陈华．论国外区域性图书馆联盟［J］．情报杂志，2007 (4):126-128.
[3] 朱亚玲，程华．区域图书馆联盟资源共享机制探讨［J］．图书馆建设，2009 (12):16-18.
[4] 陈会谦．区域图书馆联盟发展趋势及经验分析［J］．情报理论与实践，2010 (4):75-79.
[5] 杨帅．论我国区域图书馆联盟的建设与发展——以长江三角洲图书馆联盟为例［J］．新世纪图书馆，2009, (1):47-49.
[6] 赵闯．基于联盟的区域图书馆资源与服务共享模式研究［J］．图书馆学研究，2011 (2):84-86.

构建图书馆服务网络将成为今后一个时期我国图书馆事业发展的重要任务。[1]叶雅云以厦门市公共图书馆联合服务环境下开展“一卡通用，通借通还”的服务模式，从管理机制、技术平台、数据整合、物流体系的完善等方面，探讨公共图书馆联合服务环境下开展“一卡通用，通借通还”服务的必备条件，针对公共图书馆联合服务环境下“一卡通用，通借通还”的服务效果及存在的问题，提出了建议性的思考。[2]张箭通过对清镇市内图书馆（室）的现状分析，在建设村级图书室、农家书屋的基础上，对资源进行整合，进行统一管理，提出在清镇市建立“一网、一心、三合一”的县级图书馆服务网络体系。[3]

曹志梅围绕区域图书馆联合体是共处同一区域内图书馆的信息资源共享新模式，分析探讨区域图书馆联合体的构建模式，提出了“区域—区域”型、“分类—区域”型、“综合交叉”型、“矩阵耦合”型、“核心馆为中心”型等构建模式。[4]唐嫦燕分析了广州大学城图书馆联合服务模式的构建背景，梳理了联合服务模式的构建思路，提出了广州大学城图书馆联合服务实施的对策建议。[5]蔡箐探讨了当前国内公共图书馆网络的性质、功能、模式特点，并对其实施过程中存在的缺陷进行分析，提出克服种种缺陷使其能够健康、持续发展的根本途径在于依靠相关法律的制订和保障。[6]杨炳辉提出确立乡镇图书馆与“农家书香”工程相一致的服务思想和服务理念，抓住乡镇图书馆促进“农家书香”工程发展的有利条件，整合利用乡镇图书馆资源要素，寓“农家书香”工程于构建农村公共文化服务体系之中，拓展乡镇图书馆服务网络。[7]

1.4.4 区域图书馆共享的资源建设

文献信息资源是区域图书馆共享的基础。宋力生探讨把地方性图书馆和储藏

[1] 李红岩．公共图书馆服务网络模式的实现探究——以郑州市图书馆服务模式为例 [J]．图书馆建设，2008, (3):15-18.

[2] 公共图书馆联合服务环境下的“一卡通用，通借通还”服务——以厦门市公共图书馆联合服务体为例 [J]．中国报业，2011(24): 91-92.

[3] 张箭．整合资源，统一管理，构建一体化县级图书馆服务网络——对清镇市图书馆（室）建设的思考 [J]．贵图学刊，2008 (2):61-63.

[4] 志梅．区域图书馆联合体的构建模式研究——以江苏省为例 [J]．情报理论与实践，2008 (1):90-91, 108.

[5] 唐嫦燕，袁琳．广州大学城图书馆联合服务模式的构建研究 [J]．图书馆学研究，2008 (2):20-23.

[6] 蔡箐．公共图书馆服务网络及其法律保障问题 [J]．图书馆杂志，2008 (2):6-9.

[7] 杨炳辉．实施“农家书香“工程 推进新农村文化建设——拓展乡镇图书馆服务网络的思考 [J]．新世纪图书馆，2009 (1):42-44.

库、区域性储藏库按照一定的系统或线索（如地理区域线索）组成一个网络，为数字时代印刷型文献的保存和利用提供一个理想模式。[1]李咏梅认为电子资源与纸本资源的协调发展，应遵守目标性、互补性、满足需求、重点保障和成本效益的基本原则，不断调整馆藏发展政策，使馆藏评价制度化，有机整合电子资源与纸本资源，构建与出版商合作的新模式，建立区域联合馆藏，走共建共享之路。[2]肖希明认为公共图书馆服务体系建设改变了文献资源建设的模式，形成了多元化的经费投入机制，创新了文献资源产权解决方式，促进了文献资源的流通和利用。公共图书馆服务体系大体有三种类型：以建设和强化基层图书馆为导向的服务体系，基于总分馆体系的服务体系，基于区域性服务网络的服务体系。不同的公共图书馆服务体系有不同的文献资源建设模式，而不同的建设模式各有利弊。公共图书馆服务体系中文献资源建设需要政策和法律来保障、规范和调节。[3]

周维彬探讨区域数字图书馆的建设模式，内容涵盖基本思路及原则、管理组织架构、资源整合模式、资源构成、服务模式等；分析区域数字图书馆的特殊性，通过与区域图书馆联盟的对比分析，得出区域数字图书馆是对区域文献资源及服务体系的系统性、整体性重构，是实体图书馆联盟模式的突破和发展。[4]

1.4.5 区域图书馆共享的管理

为保证区域图书馆资源共享科学的组织构成及运作，需要进行合理的协调与管理。冯玲认为图书馆集群管理是城市图书馆发展的必然选择，以东莞图书馆实施总分馆制建立集群管理模式作为案例，介绍图书馆集群管理的具体做法和初步效果，探讨集群管理的发展路径和实现方式。[5]徐兴余通过对图书馆集群的理论基础、概念分析、实践借鉴、结构模式、目标趋势等方面的研究分析，认为图书馆集群将成为区域性图书馆建设和发展的最终表现形式。梁欣在系统研究图书馆治理结构的基础上，导出我国公共图书馆服务体系建设的治理模式应为“政府领导、多元参与建设、理事会管理、社会协同”的公共治理模式；应从管理体制、

[1] 宋力生．网络环境下图书储藏模式的转变［J］．大学图书馆学报，2006 (5):63-67.

[2] 李咏梅，袁学良．论电子资源与纸本资源的协调发展［J］．中国图书馆学报，2009 (4):51-57.

[3] 肖希明，张新兴．公共图书馆服务体系中文献资源建设探讨［J］．中国图书馆学报，2011 (6):4-10.

[4] 周维彬，董成娣，李丰．区域数字图书馆的构建策略研究［J］．图书馆学研究，2010 (3):23-26.

[5] 冯玲．城市图书馆集群管理的路径选择与实现方式——以东莞图书馆总分馆为例［J］．图书馆建设，2007 (3):3-7.

人员、经费、设置要求、建设标准等九个方面构建总分馆建设的治理模式。[1]

唐虹认为城市与高等院校合作共建社区图书馆联盟是一种新型办馆模式；城市公共图书馆要与高校图书馆在有关部门的统一领导与协调下组成保障功能齐备、服务网点布局合理、网络功能强大的社区图书馆联盟；这种联盟采用总分馆制——联盟协同管理模式，其组织结构包括管理机制、管理机构和网络结构。[2] 李卓卓在分析区域信息资源共享评估定位的基础上，构建包括共享情境评估、共享基础评估、共享机制评估和共享绩效评估的区域信息资源共享评估框架，通过评估确立区域信息资源共享需求的导向，并支持共享战略目标的实现。[3]

1.4.6 区域图书馆共享的服务

服务是图书馆存在的根本，也是区域图书馆资源共享的最终目的。张晓源认为涉及通借通还的图书馆管理模式现有 3 种：总馆—分馆管理模式、分散—共建管理模式和分散—整合管理模式。3 种管理模式在组织架构、管理链、资产管理、馆藏与服务等方面各有长短；由通借通还的普及引起城市图书馆管理体制改革。[4] 李家清认为馆际互借是实现图书馆文献信息资源共享的最基本、最直接的手段，也是文献资源共建共享的主要目的。馆际互借有 5 种模式：网络型、集中型、区域层次型、网络层次型、虚拟中心。我国馆际互借模式：建立各地区跨行业、跨系统的集中型书目利用共同体和馆际互借中心，在权威机构的统一领导、协调下，建成我国新一代图书馆协作网。[5] 孙慧明从分析纽约、伦敦、东京三大城市公共图书馆服务体系建设在管理模式、资源配置、地域分布等方面的情况，总结国外城市公共图书馆服务体系建设的特点。新时期我国城市公共图书馆服务体系建设应该借鉴国外的有益经验，在推行总分馆制、合理规划公共图书馆服务网点、完善城市图书馆资源配置及管理方式、增强公共图书馆分馆设置和服务效果等方面继续努力。[6]

胡新平简要介绍了云计算技术相关概念，指出了区域云数字图书馆的内涵与

---

[1] 梁欣．我国公共图书馆服务体系建设：治理模式研究［J］．中国图书馆学报，2009，185 (35):17-24.

[2] 唐虹．社区图书馆联盟管理模式与组织结构研究——以校地共建社区图书馆联盟为视角［J］．图书馆建设，2009 (10):65-67.

[3] 李卓卓，张衍，石明芳．面向多模式区域信息资源共享的评估架构研究［J］．图书情报工作，2011，55 (17):17-21.

[4] 张晓源．城市图书馆通借通还项目管理与体制创新研究［J］．中国图书馆学报，2003 (6):19-22.

[5] 李家清．网络环境下的馆际互借模式研究［J］．中国图书馆学报，2003 (6):23-25.

[6] 孙慧明，倪晓建．国外城市公共图书馆服务体系建设及其启示［J］．图书馆建设，2011 (3):81-85.

应用模式，重点阐述了一种基于云计算技术、面向服务和层次化的区域云图书馆体系结构，该体系结构总体上遵循区域云图书馆服务规范，确保系统安全和服务连续开展，具体包含用户层、接入层、应用门户层、应用层、支撑工具层、基础技术层、云资源层等；并对区域云数字图书馆的关键技术作了分析探讨。[1] 罗时进通过资源集成和服务整合，契合产业集群化发展进程，针对企业群聚、产业集聚、产业融合和产业创新 4 个发展阶段，分别提供基于使用权限与共享协议的文献获取服务、基于共享协议与门户系统的信息推送服务、基于门户系统和学科馆员的知识集成与共享服务。[2]

2. 长沙区域图书馆资源共建共享模式的构建

模式是事物的一般标准样式，在科学研究和实践运作中运用模式概念，是以简单而具体的类比与模拟等方式表现和描述复杂事物实体的方法。一方面模式是对现实事物的抽象，便于抓住本质和重点，从而有利于理论研究和解决实际问题；另一方面，模式标志了物件之间隐藏的规律关系，只要是一再重复出现的事物，就可能存在某种模式，从不断重复出现的事件中发现和抽象出的规律，是解决问题形成经验的高度归纳总结，因此模式具有统一性、标准性和普适性，可以指导各种实际问题。同样对于区域图书馆资源共享模式，也是通过对现实情况的分析，总结、提炼并抽象出具有规律性和普遍性的内容来。

2.1 湖南省内区域图书馆资源共享现状

湖南省作为一个中部省份，在中部崛起中具有重要位置。虽然其经济发展在全国处于中游水平，但是其独特的湖湘文化，浓厚的文化底蕴，图书馆事业的发展在全国具有一定的代表性。其中始建于 1904 年的湖南图书馆，是中国第一家以“图书馆”命名的省级公共图书馆。相应地，以“敢为人先”为文化精髓的湖南人，对图书情报服务未来的发展趋势——信息资源共享也进行了系列探索。除了中国高等教育文献保障系统、国家科技图书文献科技中心、中国高校人文社会科学文献中心（CASHL）等这些全国性共享项目在省内的延伸外，省内的情况

[1] 胡新平，沈洪妹，张志美. 区域云数字图书馆构建研究 [J]. 情报理论与实践，2011 (2):77-80, 84.
[2] 罗时进. 产业集群化进程中的区域资源保障体系研究——以苏州地区为例 [J]. 图书情报工作，2011 (17):14-16.

主要如下：

2.1.1 湖南省文献信息资源共建共享协作网

为推进湖南省文献资源共建共享工作，满足社会对文献信息日益增长的需要，湖南图书馆、湖南大学图书馆、湖南省科技信息研究所作为全省公共图书馆、高校图书馆和科学专业图书馆中的有代表性的大型文献收藏单位，联合成立了湖南省文献资源共建共享协作网。3 家单位率先在一些领域达成共建共享协议，于 2004 年 8 月签署了《文献资源共建共享合作协议》。经过一年多的发展，中南大学图书馆、湖南师范大学图书馆、国防科技大学图书馆和长沙理工大学图书馆先后加入了协作网组织，目前协作网的成员单位已经发展到了包括长沙市图书馆在内的 11 家。[1]

为组织、领导和协调协作网开展工作，成立了湖南省文献资源共建共享协作网工作委员会，并设立工作委员会办公室，负责管理协作网日常工作。在一年多的发展中，协作网相继出台《湖南省文献资源共建共享协作网章程》《湖南省文献资源共建共享协作网工作细则》等文件；协作网工作委员会召开会议，形成会议纪要；协作网工作委员会办公室组织了各成员单位参考咨询员进行业务学习与培训；对文献信息资源尤其是数字资源的共建、共享与服务等多方面的合作都定下目标并做出了积极探索，为其进一步的发展奠定了良好的基础。[2]

目前协作网通过数字资源共享模式和数字资源的服务模式来进行信息资源的共建共享。其中“联合在线咨询”服务比较典型。2006 年 1 月，在协作网工作委员会的第三次会议上，8 家成员单位的主要领导在落实协作网馆际资源的服务规则与协作规则、制订具体的工作制度与监督制度、提升各单位参考咨询工作的整体水平等方面达成共识，决定“联合在线咨询”要形成各成员单位轮流值班的服务模式。由合作单位轮流值班，咨询馆员共同回复网上咨询，为广大用户提供信息资源参考咨询的公益服务。对于用户的咨询请求，要求在 24 小时内进行回复，通过广泛地利用传统文献资源、电子数据库和网络资源，免费为用户提供文献检索、全文推送等各类信息服务。[3] 在 2011 年，联合在线咨询共回复用户咨询

[1] 合作协议 [EB/OL]. [2012-10-23]http://www.library.hn.cn/tsglm/xzw/xzw_hzxy/

[2] 喻志娟. 湖南省文献信息资源共建共享协作网的现状与思考 [J]. 情报探索，2010 (2):59-61.

[3] 陈瑛. 湖南省文献信息资源共建共享协作网的建设与发展——湖南图书馆数字资源的共享与服务模式新探 [J]. 高校图书馆工作，2007, (5):49-52.

10498 条，比 2010 年增长 25%；传递文献 63338 篇，比 2010 年下降 8%，其中传递附件 15858 篇，比 2010 年增长 256%。

2.1.2 全国文化信息资源共享工程湖南分中心

全国文化信息资源共享工程（以下简称“文化共享工程”）是新形势下构建公共文化服务体系、惠及千家万户的一项重要文化基础工程，是政府提供公益性服务的重大文化项目，是实现广大人民群众基本文化权益的重要途径，对于打破落后地区信息闭塞的状况，缩小“数字鸿沟”，提高广大人民的科学文化素质，推进社会主义文化大发展大繁荣和建设和谐社会，具有重要作用。文化共享工程应用现代科学技术，将中华优秀文化信息资源进行数字化加工整合，通过工程网络体系，以互联网、卫星、移动存储、镜像、光盘、有线电视 / 数字电视网等方式，实现优秀文化信息资源在全国范围内的共建共享。[1]

湖南省文化信息资源共享工程省级分中心设在湖南图书馆内，隶属省文化厅，在湖南省文化信息资源共享工程领导小组的领导下开展工作。省级分中心是“文化共享工程”的资源建设整合中心、数据交换中心、资源管理中心和对外服务中心。分中心的主要职责是：负责工程实施的技术路线；组织起草有关项目管理办法与验收办法；研究推广有关标准规范；具体组织全省性的数字资源建设；培训、指导各基层支中心、基层网点的业务建设；承担“文化共享工程”系统的日常运转工作。[2] 省内有各级文化共享工程支中心和基层网点，如市、县级支中心，以及各乡镇、村基层点等。

2.1.3 湖南省高校数字图书馆

湖南省高校数字图书馆是 2004 年由省教育厅立项，湖南师范大学承建的全省高校数字图书情报资源共享项目。经过近 8 年的持续建设，已建设成为全省高校教学科研工作的重要公共服务平台，有力地保障和支撑了湖南高等教育的持续快速发展，在建设教育强省和服务文化强省方面日益发挥出重大作用与综合效益。2011 年，湖南省高校数字图书馆已全方位覆盖 38 所普通本专科院校和部分

[1] 全国文化信息资源共享工程介绍.［2012-10-23］http://www.library.hn.cn/gxgc/gcjj/200910/t20091018_1152.htm.

[2] 湖南省文化信息资源共享工程省级分中心概况.［2012-10-20］http://www.library.hn.cn/gxgc/gxgc_bsgk/-200911/t20091118_3830.htm.

高职院校，数字资源和平台种类达到22种，所有成员高校的师生通过校园网内任何一台联网终端，都可以无障碍地免费享受资源服务，资源年检索量和年下载量分别达到1200万次和4000万次。仅按32所本科院校计算，2011年共节约图书情报资源购置经费就超过2200万元，节约经费比例达到86%。[1]

2.1.4 湖南省图书馆文献采编中心

湖南省图书馆文献采编中心成立于2003年。其宗旨是：本着“统筹规划、合作建设、平等互利、优势互补”的发展原则，有效地促进本省开展联合编目工作，加强与国内外图书馆的业务合作，以文献书目数据的规范化、标准化、网络化来带动本省图书馆事业向更高水平发展。

中心由湖南图书馆发起，联合省内公共图书馆系统的图书馆组成，属非营利性公益机构。采编中心——成员馆的组织机构，实现文献采编中心的科学管理与持续发展。经过7年的工作实践，至2010年，文献采编中心成员馆的队伍已发展到15家，它们是：长沙市图书馆、常德鼎城区图书馆、株洲市图书馆、临澧县图书馆、南县图书馆、桃江县图书馆、冷水江市图书馆、炎陵县图书馆、常德市图书馆、双峰县图书馆、资兴市图书馆、涟源市图书馆、临湘市图书馆、怀化洪江区图书馆、武冈市图书馆。各成员馆派人参加中心举办的编目员培训与网上联机编目研究活动，定期召开工作会议，协调编目中心工作，对中心的管理、中心数据质量进行监督与建议，在采编中心工作中发挥着越来越重要的作用。

该中心自成立以来，十分重视湖南省中文书目数据资源的共建共享工作，成员馆将本馆的书目数据全部装入湖南地区图书馆联合编目协作网系统，向系统提供馆藏，随时上传新的书目数据馆藏，并建立湖南地区图书馆网上文献联合目录数据库，为实现本地区书目数据资源的共建共享奠定基础。中心严格实时控制数据质量，为用户提供高质量的数据以及周到的服务。[2]

2.1.5 湘鄂赣公共图书馆联盟

湖南省内图书馆也积极参与跨省的区域性图书馆共建共享项目。如2012年8月28日，湖南、江西、湖北文化发展战略合作框架协议暨三省公共图书馆联

---

[1] 湖南省高校数字图书馆建设成效显著[EB/OL].[2012-10-23] http://www.im2m.com.cn/Item.aspx?id= 49061&-specialId=13.

[2] 简介[EB/OL].[2012-10-23] http://www.library.hn.cn/tsglm/cbzx/

盟协议签约仪式在武汉举行，湘鄂赣三省的公共图书馆将结成战略联盟，并将整合资源实现资源共享。此次签约仪式上，湘鄂赣三省文化厅共同签署了《湖南江西湖北三省文化发展战略合作框架协议》《湘鄂赣三省公共图书馆联盟协议》，并向外界公布了《湖南江西湖北三省文化合作 2012—2013 年行动计划》，三省公共图书馆联盟网站也即将投入使用，三馆联盟也将正式启动。会议还通过了《湖南、江西、湖北三省公共图书馆联盟倡议书》等五个文件，并就如何真正发挥联盟作用展开了讨论，达成了一致意见。据了解，联盟近期的工作重心将集中在设立湘鄂赣图书馆高峰论坛、加强三省公共图书馆网站建设、开展馆际间人才交流培训等方面。此联盟包括三省共 335 家省、市、县级公共图书馆，有文化信息资源共享省级分中心 3 个，市县级支中心 361 个，电子阅览室 1.1 万个，联盟总藏书量达 5000 万册。联盟的成立对引领全国图书馆业界加强资源整合、资源共享，进一步完善公共文化服务体系建设将产生深远影响。

2.2 长沙区域图书馆资源共建共享现状

2.2.1 长沙区域图书馆现状

长沙市，别称“星城”“楚汉名城”，国家首批历史文化名城，国家级综合配套改革试验区之一（两型社会试验区），国家级两化融合试验区之一，国家十二五规划（2011—2015）确定的重点开发区域，南中国综合性交通枢纽。长沙市现为湖南省省会，是湖南省政治、经济、文化、交通、科技、金融、信息中心，是中国中西部地区最具竞争力的城市，是我国南方重要的中心城市。[1] 长沙因为据有险峻的地理环境，所辖地区又尽为富庶之地，经济与交通均较为发达，故历代以来，都是名人、文士辈出的地方，其文化艺术极为繁盛，在中国的文学史上占有极高的地位；浩瀚的历史长河，灿烂的古代文化，给长沙这块古老的土地留下了许多珍贵的文化遗产。长沙市是湖南省文化事业最发达的地区，其图书馆的发展也走在了全省的前列。目前初步形成以长沙市图书馆为中心的覆盖全社会的图书馆服务体系，截至 2011 年 8 月 1 日，长沙市辖：长沙市区（芙蓉区、天心区、岳麓区、开福区、雨花区、望城区）及长沙县、宁乡县、浏阳市，共六区二县一市，这些县市的图书馆在全省来讲，发展比较好。

[1] 境域位置［EB/OL］.［2012-10-23］http://www.changsha.gov.cn/zjcs/kncs/xzqh/.

（1）长沙区域市属公共图书馆

长沙市现有 10 所公共图书馆，其中市级公共图书馆 1 所，六区、三县（市）各有公共图书馆 1 所，总计藏书量 186 万多册。市内五区共有 48 个街道、9 个乡镇，503 个村（社区），每个街镇、村、社区均建有图书室。市内五个区图书馆于 2005 年相继建成开放，各区馆面积均在 1500 平方米以上，工作人员 4—6 人，设置图书、报刊借阅、电子阅览、少儿阅览室等 3—5 个服务窗口，每周开放 56 个小时以上。各馆环境优雅，设施设备初具规模，图书管理均实现了自动化。各馆在搞好阵地服务的同时，积极延伸服务范围，天心区、岳麓区、雨花区等馆在所辖农村和社区开辟馆外流通服务点 30 多个，常年开展送书上门、送书进村进社区等图书借阅服务，年均服务读者 8 万余人次，在为市民提供公共文化服务方面起到了重要作用。[1] 每个区县图书馆内设综合借阅室、电子阅览室、少儿阅览室等服务窗口，向读者提供书刊、声像读物借阅、电子阅览、参考咨询、文献检索、专题服务、讲座和社会教育等服务，并通过设立馆外流通点等方式扩大服务范围。

（2）长沙区域市属高校图书馆

截止到 2011 年年底，长沙市共有市属高校 12 所，从表 6–2 可知，其中 8 所高校拥有独立的图书馆，另有几所学校图书馆目前在筹建中，总建筑面积 57 245 平方米，藏书量 300 万册，各馆均拥有不同数量的数字图书资源。

（3）长沙区域其他图书馆

除以上两大类图书馆外，长沙市区域内还有众多其他图书馆。作为湖南省会，长沙区域内有湖南图书馆、湖南省少儿图书馆、湖南省科学技术信息研究所等各种类型的省级图书情报单位。另外，长沙的中等基础教育在湖南省内甚至全国都有较高知名度。湖南师大附中、长沙市一中、长郡中学、雅礼中学、周南中学有长沙五大名校之称，这些中学有数量众多的图书馆（室）。长沙的高等教育比较发达，拥有 4 所 211 工程“重点大学”即国防科学技术大学、中南大学、湖南大学和湖南师范大学，有 3 所进入 985 工程；还有 10 多所普通本科院校，几十所高职高专学校。这些高校图书馆的信息资源相对丰富，种类比较齐全，馆藏较有专业性和针对性，与公共图书馆具有很好的互补性。

---

[1] 李怡梅. 长沙市公共图书馆为公共文化服务的现状与思考 [J]. 图书馆，2009 (6):123-125.

2.2.2 长沙区域图书馆资源共建共享需求

长沙区域图书馆资源共享模式的构建主要基于两方面：区域共享现状和共享需求。

（1）长沙区域图书馆资源共享的现状

长沙市内图书馆对资源共享也进行了系列的探索，一方面是参与全国性和全省性的共享项目；另一方面是对地区内部的共享尝试。但是目前仍处于探索阶段，并不全面、系统，存在诸多问题。

长沙市文化共享工程自2002年启动以来，作为政府提供公益性服务的重大文化项目，得到了市领导的高度重视，成立了由分管副市长为组长，12个部门和县（市）区负责人参加的全市共享工程领导小组。2007年，市文化局和市财政局联合下发了《关于进一步加强文化信息资源共享工程建设的意见》。至2008年年底，全市五区、四县（市）共享工程支中心全部按国家一级标准建成开放，并与湖南省中心签订了数字资源共享协议。2008年，全市对各区支中心及城区所有街道基层点加大了资金投入，升级了硬件设备，规范了专人指导和制度化管理，进一步推动了市共享工程基层点建设。至2011年，全市在1个市级支中心，9个县（市）区级支中心的基础上，通过自建，与农村党员干部现代远程教育、农村中小学现代远程教育工程合作，共建立了160多个乡镇（街道）基层点，1425个村基层点，组建了一支市、县、区、乡镇（街道）共享工程专业人员队伍。文化共享工程的最终落脚点在基层，随着全市共享工程基层服务网点的完善，服务的效果也逐步得到体现。各服务点利用共享工程的网络和设备，免费为村、社区居民提供电子图书、期刊、影视展播、信息查询等服务，并开展了一系列电脑培训及信息知识讲座，推动了公共文化服务向社区和农村延伸。望城县应农图书馆利用共享工程电脑和投影设备，通过卫星接收电影、戏剧、讲座等文化资源，走村串户向农民群众展示播放：长沙县黄花镇黄龙新村定期将文化信息资源通过村电视台送入农民家中；很多中小学生通过网络阅读文化信息资源中的电子图书、电子报刊，有效弥补了农村图书资源的不足。

另外，在长沙地区也有总分馆的尝试。长沙图书馆总分馆制是以长沙市图书馆为总中心馆，各区、县（市）图书馆为中心馆，街道（乡镇）、社区（村）图书馆为分馆（服务点）以及24小时街区自助图书馆、民办图书馆、图书流动车为补充，吸收企业、学校等其他系统图书馆加入的地区图书馆网群。作为总馆，长沙市图书馆的任务分为以下三大块。

综合保障组负责总分馆技术支持、资源保障、业务培训、分馆申建、服务考核等工作。管理长沙公共图书馆QQ群，解答分馆业务咨询，保证总馆、区县中心馆、分馆信息沟通畅通；管理总分馆书库，及时调拨及更新分馆资源，每月清点资产；统筹安排新建分馆跟班学习，定期编印业务培训手册，每年组织业务集中培训1次以上；严格按照年度计划，做好分馆申建工作；按照《长沙图书馆分馆考核方案》，做好月考核、季度考核和年度考核工作，组织全市总分馆年度工作会议。

服务咨询组负责总分馆读者服务咨询工作，管理长沙读书人之家QQ群、长沙图书馆微博、短信、电话等平台，及时登记并回复读者咨询；及时处理总分馆读者预约借书事宜，按照“馆藏图书及时调拨、缺藏图书及时采购”原则，及时与相关馆、部门协调，并保证15天内图书到达读者指定馆；负责网站、宣传栏等平台资料更新工作。

阅读推广组根据总分馆发展需求，制订阅读推广计划及推广活动，每年策划1—2场全市性大型阅读推广活动，总结推广总分馆优秀活动；管理长沙全民阅读志愿者联合会，开展志愿者招募、培训，安排志愿者工作；收集总分馆工作信息，编发《工作简讯》，设计总分馆宣传资料（如活动海报、读者证、牌匾、制度牌等）；整理、分析活动资讯，建立阅读推广策划资料库。

（2）长沙区域图书馆资源共建共享的必要性

尽管长沙市内图书馆进行了一些资源共建共享的尝试，也取得了一定的成绩；但是与沿海一些先进地区相比，尚存在不少差距，与国外相比则差距更大。目前区域内图书馆资源共享模式有待系统深入地构建和实施，其原因主要如下：

第一，解决长沙市内图书馆现实问题的需要。首先，经费的不足，需要节省经费，实现社会效益最大化。在长沙县31个乡镇图书馆（室）中，平均图书册数仅4000册，其中9个馆（室）图书册数超过5000册；平均馆藏报纸仅10种，期刊12种，光盘95种。经费的缺乏也使得用于购买设备的经费相应较少，31个馆中配备有计算机的仅14个，占45%。其次，管理人员缺乏。如长沙县31个乡镇图书馆中仅有8个图书馆设有专职的管理员。其余都是兼职的，且有很大一部分是合同工或聘用工，工资待遇低。管理员业务素质低，也是制约乡镇图书馆作用发挥的一个突出问题。目前长沙县乡镇图书馆管理员大专以上学历的虽占68%，但缺少专业知识，不能承担咨询、检索等专业性较强的工作。第三，服务方式单一。由于受经费和观念的限制，乡镇图书馆服务方式仅限于借书还书。乡镇图书馆（室）单调的借书还书远不能满足广大农民对农村读书活动多样化的需求。[1] 有 21.8% 的农民建议村图书室经常开展读书活动，以弥补农村业余文化生活的不足。

第二，满足长沙市经济社会发展的需要。图书馆事业的发展水平是一个区域文明程度的显著标志，同时也是一座城市文明建设的能力符号。在网络环境和知识经济时代，经济、文化、政治和科学技术发展迅速，如何改变公共图书馆文献信息资源缺乏、分布不均且又重复浪费的现象，促进全市图书馆文献资源共建共享服务机制的形成，创造良好的信息资源利用、调配、推送环境，满足读者信息需求的群体性、层次性和专业性趋势，长沙市需要大力推进区域图书馆信息资源共建共享，加快构建和完善覆盖全社会的公共文化服务体系。

第三，图书馆事业发展的需要。人类社会已经进入网络和数字化时代，在这样一个时代，任何单一的图书馆独立地建设馆藏，同时仅仅依赖馆藏满足读者需求的模式已经过时。文献信息数量的激增与图书馆有限收藏能力的矛盾加剧，信息需求的广泛性和复杂性与图书馆满足需求的能力形成强烈反差，网络环境使信息资源建设的整体协调变得更加必要和迫切，而信息技术的发展也为资源共建共享提供了重要的技术支持。因此，信息资源的建设与共享已经成为时代发展的需要和必然，它的兴起与发展有着划时代的意义。图书馆走向共建共享成为趋势。

（3）长沙区域图书馆资源共建共享的可行性

第一，长沙市现有条件为资源共享提供了良好的基础。长沙是湖南省省会，既是全省政治、经济、文化中心，也是我国长沙开发带中洞庭湖地带开放开发的依托中心和国务院审批公布的 24 个历史文化名城之一，是一个具有三千年历史的“文化名城”。近年来，长沙经济社会发展势头强劲。截止 2011 年，长沙的经济总量和城市综合实力均跃居全国省会城市第 8 位，实现地区生产总值 5619 亿元，工业总产值突破 8000 亿元，辖内财政收入达 1330 亿元；城乡居民人均可支配收入分别达 26451 元和 12818 元，居中部省会城市首位；在湖南，长沙的经济总量占全省的 28% 左右，财政收入占全省的一半左右，这些都为图书馆的发展提供了有力支撑和需求动力。[2] 第二，长沙市内图书馆本身的发展较好，具有良

[1] 徐佳，刘弘旻．长沙县乡镇图书馆现状调查及思考［J］．图书馆，2010 (4):69-70, 73．
[2] 长沙谋中部金融中心：经济占湖南省近三成［EB/OL］．［2012-10-23］ http://city.ifeng.com/zstz/20120719 -/279894.shtml

好的合作共建共享基础，目前也进行了一些共享项目的尝试，为构建区域资源共享模式、深入系统地实现区域图书馆资源共享打下了良好的基础。第三，全国文化信息资源共享工程和公共文化服务体系建设，这些全国性的项目为区域图书馆发展提供了良好的契机。第四，以计算机网络为代表的信息技术革命，深入影响社会各领域，也给图书馆领域带来巨大影响；同时，信息技术显著提高了区域图书馆信息资源共享的效率和效益，使得区域图书馆信息资源共享成为必要与可能。第五，国内外相关共享项目的成功运作，为长沙市区域图书馆资源共享提供了借鉴与参考。

2.3 区域图书馆资源共建共享模式分类

分类是人们认识事物的最基本的方法之一，对事物的认知可能由于分类不同而产生不同的结果。一方面人们对模式这一概念有不同的理解，如自然科学和社会科学领域的认识就有很大不同；另一方面，对于图书馆资源共享模式，研究者从不同的角度、不同的层次、不同的时间和不同的侧重点来进行分类，也可能产生不同的结果。

2.3.1 以地域命名的共建共享模式

我国地区差异明显，在区域图书馆资源共享实践中，大都针对本区域特点来设计共享模式。其命名具有形象化、便于记忆的特点。在“构建公共图书馆服务体系嘉兴论坛”中，对典型的图书馆资源共享实践进行了分析，总结近年我国公共图书馆建设模式主要有苏州图书馆总分馆模式、禅城区联合图书馆模式、嘉定区“百姓书社”、北京市西城区图书馆模式、哈尔滨市图书馆模式、长春市“协作图书馆”模式、嘉兴模式等。

2.3.2 以资源共建共享中的特色命名

按照区域图书馆资源共享中最具特色的亮点来进行命名和分类。程焕文总结广东省公共图书馆建设出现的五种发展图书馆事业的新模式是广东省立中山图书馆创立的“流动图书馆”模式；深圳图书馆创立的“图书馆之城”模式；广州市创立的由政府主导的图书馆发展模式；东莞图书馆创立的“集群图书馆”→“图书馆之城”模式；佛山市禅城区创立的“联合图书馆模式”。以上统称岭南模式。[1]

2.3.3 以区域大小划分共建共享模式

如果认为区域图书馆资源共享是指一个省或市同一或不同系统图书馆之间通过联合（合作）从而达到图书馆之间文献信息资源的共享，则可将其分为跨城市之间图书馆资源共享模式、同城同系统之间多层次图书馆资源共享模式、同一地区图书馆系统总分馆资源共享模式。另外，也有人提出了“区域—区域”型、“分类—区域”型、“综合交叉”型、“矩阵耦合”型、“核心馆为中心”型等共享模式。[2]

2.3.4 以管理运作划分共建共享模式

管理是社会组织中，为了实现预期目标，以人为中心进行的协调活动；一般通过计划、组织、领导、控制及创新等手段，结合人力、物力、财力、信息等资源，以期高效地达到组织目标的过程。[3] 所以从管理运作角度来划分区域图书馆共享模式的类型具有科学性、合理性和可操作性。具体可将区域图书馆资源共享模式分为总分馆模式、图书馆联盟模式、协作网络模式。这个将在后面重点论述。

另外，依照不同标准，也有人将其分为隶属式信息资源共享模式、联盟式信息资源共享模式、社会式信息资源共享模式三大类型，还有人将其分为垂直型共享、水平型共享、网络型共享。按经费运作，可将其分为政府主导免费、市场主导利益补偿、社会援助公益。按服务种类可将其分为联合咨询、联合编目、联合采购、文献传递等。按重点服务对象可将其分为面向政府、企业、公众的区域图书馆资源共享模式。

2.4 长沙区域图书馆资源共建共享的目标与对象

确立目标是构建区域图书馆资源共享模式的基础和前提。只有制订了明确的目标，并按照规定的目标行动，才能实现区域信息资源共享体系的使命。

---

[1] 程焕文. 岭南模式：崛起的广东公共图书馆事业 [J]. 中国图书馆学报，2007 (3):15-25.

[2] 曹志梅. 区域图书馆联合体的构建模式研究——以江苏省为例 [J]. 情报理论与实践，2008 (1):90-91,108.

[3] 管理. [2012-10-23] http://baike.baidu.com/view/18841.htm.

2.4.1 长沙区域图书馆资源共建共享最终目标

信息资源共享的最终目的是最大限度地满足用户的信息资源需求。从图书馆的历史来看，自人类社会第一个图书馆产生之日起，最大限度地满足用户信息资源需求的活动就已经随之开始，其后，图书馆的每一个发展与进步无不以最大限度地满足用户信息资源需求为目的。程焕文、潘燕桃2004年出版的《信息资源共享》一书，第一次将信息资源共享的最终目标概括为：任何用户（Any user）、在任何时候（Anytime）、任何地点（Anywhere），均可以获得任何图书馆（Any library）拥有的任何信息资源（Any information resource）。这就是“5A理论”。

2.4.2 长沙区域图书馆资源共建共享当前目标

当前长沙区域图书馆资源共享的目标取决于地区图书馆的战略目标，具体包括以下几点。[1]

（1）最大程度地满足地区读者用户的信息需求

构建区域信息资源共享体系，势必会促进区域内图书馆和信息机构资源的合理配置和布局，能够更科学、全面地规划图书馆信息资源建设，使服务模式更具多样性、个性化，资源类型更加丰富，全方位地、最大限度地满足读者和用户的需求，不会使读者因地理位置偏远等原因而得不到信息需求的满足，这便是区域信息资源共享体系的最大使命和最高责任。

（2）促进地区经济、政治和文化的繁荣

区域信息资源共享体系，作为信息和知识的存储的资源总库，从更高的目标来看，应该服务于地方的经济建设、文化事业繁荣和科学研究工作，从更广的意义来看要为本地区全面建设和谐社会提供信息保障和智力支持。为地方建设服务，是区域信息资源共享体系发展的动力，同时也是自身不断发展的源泉，从而形成共享体系发展促进地方建设、地方建设带动共享体系发展的良性循环局面。

（3）促进地区图书馆事业健康可持续发展

区域信息资源共享体系的建立能够指导各类图书馆和信息机构向着更加科学、合理的方向前进，能够站在全局的高度从信息资源的建设、人员素质的培养以及新理念新技术的推广和应用进行全方位的指导。当前，长沙区域内各级各类图书馆发展水平不均衡，省市级图书馆比县区级图书馆发展得好，高校图书馆又

[1] 刘纪刚. 区域信息资源共享体系的构建研究［D］. 吉林：东北师范大学，2012:2-50.

比公共图书馆发展得好；在共享体系中，则无论是大型图书馆还是基层图书馆都将得到统一规划、分类指导和合理建议，能够促进各馆的协调发展，推动地区图书馆事业的全面健康可持续发展。

2.4.3 长沙区域图书馆资源共建共享的具体目标

实现文献资源协调采购和配置，加强地区特色资源建设，优化长沙地区馆藏资源布局，逐步形成具有长沙地域文化特色、传承城市历史文脉、展示城市文化品位和内涵的文献资源体系。

建立联合编目中心，实现文献编目工作标准化和规范化，避免机构的重复设置和人员的重复劳动，引入科学考核评价体系，提高办馆效益。

实现书刊借阅“一卡通”，在全市范围内实现通借通还，建立“结构合理、发展均衡、运行高效、惠及全民”的服务网络，提高地区图书馆整体服务质量、服务水平和服务效能。

共建、共享各类型数字资源，激活全区域内现有文化资源存量，实现图书馆资源的优化组合与共享，加大公共文化产品供给力度和社会共享力度。

实现图书馆从业人员教育培训规范化、系统化、长效化，定期举办业务培训与考核，推行持证上岗，全面提高全地区图书馆工作人员业务水平。

2.4.4 长沙区域图书馆资源共建共享的主体

纳入长沙区域图书馆资源共建共享范围的信息机构主要包括：

(1) 长沙市图书馆、各区（县市）图书馆、共享工程基层服务点、乡镇文化站、农家书屋、社区图书室、公共电子阅览室、企业图书馆（室）、农村党员远教站、妇女之家等。

(2) 长沙市属高校图书馆（长沙学院图书馆、长沙商贸职业技术学院图书馆等）、中小学校图书馆（资料室）。

(3) 省图书馆、省少儿图书馆、驻长高校图书馆、政府情报信息机构、企事业单位情报信息机构等。

(4) 政府投资新建、扩建、改建的各类图书馆（图书室或资料室）。

(5) 社会捐助和民间自建的各类图书馆。

2.4.5 长沙区域图书馆资源共建共享的对象

从狭义的图书馆资源共建共享来看，区域图书馆资源共建共享的对象主要是信息资源。信息资源根据其特征可分为两类：传统信息资源和数字信息资源。传统纸质信息资源共建共享主要是通过联合办馆、资源联合采购、馆际互借、资源统一调配等形式实现。数字信息资源共建共享主要是通过签订合同或协议建立各种图书馆资源共建共享联合体，如图书馆联盟、图书馆服务协作网、文献传递网等，以互惠互利、利益补偿等方式实现。

从广义的图书馆资源共建共享来看，区域图书馆资源共建共享的对象不仅包括信息资源，还包括图书馆的人力资源、财力资源、物质资源和制度资源等。资源共建共享的目的是要建立一个综合性的资源协调管理体系，通过建立组织领导机制、资源配置机制、服务保障机制、工作管理机制、评价监督机制、利益协调补偿机制等来保障。

2.5 长沙区域图书馆资源共建共享模式构建的流程

共建共享模式构建是较为复杂的系统工程，需要一定的步骤，主要包括两方面。[1]

2.5.1 共建共享模式构建的理论分析流程

构建区域信息资源共享体系要有统筹全局的规划。首先，要从多个角度来分析、定位共享体系目标。可应用“5W1H”分析法对区域图书馆资源共享模式构建的总体架构和构成要素进行简单分析。一是从“why”着眼，明确为什么要建设这个项目即原因和背景，由此明确目的在于解决什么问题，进而确定建设目标与原则；二是从“who”着眼，即明确由谁来组织实施和开展项目建设，确定组织机构；三是从“where”着眼，在什么区域内或者范围内建设这一项目，即明确成员单位的范围；四是从“when”着眼，即项目实施的具体时间安排，包括项目的规划、筹备、执行时间及项目周期；五是从“what”着眼，根据本区域内馆藏文献信息资源情况和成员的特点，明确共享体系的建设内容，即所要实现哪些功能；六是从“how”着眼，分析采用怎样的方式方法，通过何种途径来实施，即实施策略问题。

---

[1] 刘纪刚．区域信息资源共享体系的构建研究［D］．吉林：东北师范大学，2012:2-50.

2.5.2 共建共享模式构建的实践操作流程

区域信息资源共享体系是一项复杂的系统性工程，因此其建设过程也应遵循严密的工作流程，使各环节形成有机整体，共享体系能够良性运转。一般可以把整个建设过程大体分为 8 步：背景现状分析——可行性分析——成立领导决策机构——确定总体框架——制订规章标准——建设共享平台——共享实际运作——评价完善。

2.6 长沙区域图书馆资源共建共享模式构建的原则与依据

2.6.1 共建共享模式构建的原则[1]

（1）整体性原则

区域信息资源共享体系由若干个成员组成，各成员的规模大小、隶属关系、信息资源基础等都不尽相同，因此在构建区域信息资源共享模式时，要在统一规划、统一布局和统一管理下进行整体化建设，否则就将是盲目的且缺乏条理性，势必将导致资源的重复建设等一些严重问题的出现。构建的模式，要从长远的角度考虑，各成员单位既要有明确的分工又要相互合作，既要发挥各自特色又要发挥整体特色和联合共享保障的优势。

（2）标准化原则

标准化是图书馆资源共建共享的前提和基石，是进行信息资源数据交换、整合和共享的必备条件。构建区域共享模式必须考虑到数据、服务和技术的标准化问题，如在数据库建设和服务体系建设中，各单位都要坚持执行统一的标准规范，如统一的用户界面，各成员在各种资源数据库建设、软硬件设备选购、数据加工处理技术等方面都必须坚持标准化，必须符合各种国际标准和国内标准。例如：国际图联（IFLA）名称规范系统，ISBD（国际标准图书著录格式），CNMARC（中文机读目录通讯格式）等，以便避免重复劳动并确保不同系统的文献信息资源可兼容可共享。

（3）需求性原则

共享模式的构建最终目的是更好地满足读者的需求。因为区域在文化、政治

[1] 刘纪刚．区域信息资源共享体系的构建研究 [D]．吉林：东北师范大学，2012:2-50.

和经济等各方面存在差异，各地区的图书馆读者、馆藏资源、工作人员、服务方式和水平都有不同。只有结合实际情况，构建区域特色信息资源共享模式，才能满足实际需要。事实上目前已有的区域图书馆资源共享模式，在不同地区应用时，都带有很强的地域特色。在实际操作时，不能生搬硬套别人的成功经验，应根据需求情况，因地制宜，以适度作为原则。

（4）动态性原则

区域信息资源共享体系是一个多点联合的资源共享体系，为保证文献信息检索和传递的迅速有效，应使服务有较高的技术起点，并不断跟踪国内外先进技术发展的潮流和趋势，努力采用先进技术和设备，高起点、高标准地推进区域信息资源共享体系建设。同时也要放眼国内外，积极同国内外其他体系进行合作与交流，吸收利用国内外的各种文献信息资源，不断丰富、充实该信息资源共享体系，使该体系成为一个不断更新、发展的、动态的、开放的体系。

2.6.2 共建共享模式构建的依据

区域图书馆资源共享模式的构建基于以下几个理论：区域理论、信息经济学理论、博弈论、资源共享理论、拥有与获取理论等。[1]程焕文、潘燕桃主编的《信息资源共享》归纳了信息资源共享的四个基本定理：定理一，一切信息资源都是有用的；定理二，一切信息资源都是为了用的；定理三，人人享有自由平等地利用信息资源的权利；定理四，用户永远都是正确的。这四个基本定理揭示了人类社会信息资源的基本观念、普遍原则和社会价值，是信息资源共享理论的核心和实践准则，也是构建共享模式的依据。

2.7 长沙区域图书馆资源共建共享模式运作的保障

2.7.1 技术保障

只有以完善的技术作为保障，才能保证区域图书馆资源共享顺利实施。如数字图书馆技术信息采集技术、信息安全技术等。①区域资源共享中需要采用先进的技术，其中主要是信息技术。因为目前以计算机网络技术为代表的信息技术深入影响到社会的各个方面；而对于以信息资源的处理作为工作流程的图书馆来说，计算机信息技术尤为重要；事实上，从图书馆的发展历程看，信息技术的每

[1] 王天亮. 区域图书馆联盟资源共享模式的研究[D]. 吉林：吉林大学，2008:13-15.

一次发展进步，都会带来图书馆界的重大变革。②先进技术的应用可以保障资源共享的良性运行，提高共享的效率。近年来，以 Web2.0 为代表的网络技术日新月异，在资源共享过程中应该采用新的技术，如先进共享管理系统的使用、无线射频识别技术（RFID）的推广。③技术人员的保障。各项保障工作中，人是关键因素。这需要通过人员培训、人才引进、人才培养等多途径来解决。同时各馆间的人才共享和联合培养也是一个重要方面。④区域内图书馆间的技术衔接。区域图书馆间须改变过去自成体系的方式，实现统一的技术标准和技术规范，保障信息资源共享的真正实现。

2.7.2 制度保障

规章制度来自于对管理思想、管理模式等进行完善提升，使之成为具有规范性、可操作性的经营管理方法和管理方式，是区域内每一个共享成员共同遵守的规则、章程和制度的总称。[1] 区域图书馆联盟之间的资源共享需要有约束力的制度作为保障，明确成员应履行的责任和所承担的义务，保证区域图书馆资源共享体系正常运作和健康发展。这种制度的内容包括资金的使用制度、图书馆之间资源共享的管理制度等。制度要根据资源共享的实际情况来制订，同时要保证制度的执行。

2.7.3 资金保障

目前我国公共图书馆年度事业经费基本都是由国家和各级地方政府财政预算拨款。资金是共享运作的基础，进行资源共享的基础设施建设，包括信息传输渠道的维护、网络建设，数据库建设等都需要资金的支持。资金方面的保障主要有三方面内容：一是充足的经费来源，需要国家和各级政府加大对各图书馆的投入，同时额外为区域资源共享分配相应比例的资金；二是经费的合理分配，包括基本建设费和书刊采购经费比例，硬件设施费用与软件平台费用的分配，以及各类型资源的的比例等；三是资金的管理与监督，要深入调研，以公民的需求为导向，合理配置管理资金，建立有效的审议、监督、约束机制。

[1] 王妍．我国公共图书馆总分馆体系建设研究 [D]．湘潭：湘潭大学，2011:6-36.

2.7.4 机构保障

机构保障是区域图书馆资源共享顺利开展的必不可少的条件。由于区域图书馆之间共享的范围广阔，需要专门的机构负责组建、协调等工作。各个图书馆也要有专门的部门负责区域图书馆共享的一切事务，在区域范围内实行等级控制型模式的管理方式，即逐级建立信息资源保障系统，并通过系统间的协调与合作，优化信息资源结构，形成相互依存、共同发展的共享体系。

2.7.5 法律保障

专门的图书馆法及相关的法律为区域图书馆资源共享的顺利开展提供重要的保障。因为法律既是理顺区域资源共享各主体及服务对象间权责关系的必要保障，也是区域图书馆服务体系发展的重要保障。当今，我们面对的现状是“分灶吃饭”财政体制下的经费来源，“分级管理”行政体制下的人员调遣，从中央到乡镇，每一级政府都有本级财政，都有本级的人事管理权。通过区域资源共享，形成具有低投入、高效益特点的公共图书馆服务体系，就必须解决“合适的管理层级”和“合适的管理单元”两大问题，而管理层级和管理单元的调整和变革，不是业务问题，不是技术问题，是体制问题。解决体制问题，根本的出路是立法保障。[1]

2.7.6 机制保障

区域图书馆资源共享是一项复杂的系统工程，各成员单位必须有机结合、协调运转，才能使整个系统充分发挥其作用。因此，需要采取各种有效机制才能切实保障共享体系的良性运行，主要包括：需要有科学的管理机制、有效的激励机制、强力的约束机制、合理的人才培养机制、合理的分工协调机制、利益平衡机制、严格的评估机制等。其中利益平衡机制十分关键，信息资源共享的利益平衡机制就是通过对参与信息资源共建共享的成员单位（如图书馆、信息机构等）间的利益关系的调整，使各成员之间的利益达到相对平衡，并促使各成员单位自发产生参与资源体系共建共享的动力和积极性，从而实现对各成员单位的思想和行

[1] 李国新.“总分馆”建设的最大障碍是体制障碍——《覆盖全社会的公共图书馆服务体系：模式、技术支撑与方案》读后［J］. 图书馆建设，2008 (9): 1-3.

为的引导与控制，实现共建共享目标的调节过程和方式。[1]在区域信息资源共享体系中，各成员的地位是平等的，在业务上是分工协作关系，运用利益平衡机制，即各成员在体系的利益分配与其投入成正比，这样能充分调动起各成员的积极性、主动性和创造性。各成员必然严格遵守各项规章制度，履行所承担的责任和义务，从而有效提高共享体系的运行效率。一般来说，利益平衡包括：权利与义务的平衡、成本与收益的平衡、公平与效率的平衡。[2]

2.8 长沙区域图书馆资源共建共享模式运作绩效评价

评价是管理的前提和基础。绩效评估，指通过对数理统计、运筹学原理与特定指标体系的科学运用，对照一定标准并按照一定程序，对项目或者部门工作的业绩及效益做出客观、公正与科学、准确的综合评判。区域图书馆资源共享模式运作中需要紧密围绕着共享的发展战略目标，以发展战略要求为依据确定绩效状况，衡量绩效水平，提出绩效改进方案。

2.8.1 绩效评价的原则[3][4]

（1）系统优化原则

区域图书馆资源共享模式运作绩效评价是一个富有综合性、复杂性的管理决策问题，需要坚持系统优化的原则。系统优化原则要求共享绩效评估必须统筹兼顾各方面的关系，包括统筹在经济效益、社会效益和管理效益，当前目标与长远目标，整体与局部，经济与技术，定性方法与定量方法之间的关系等。对于评估指标体系设计而言，必须通过对一级指标进行层层分解，组成树状结构的指标体系，从而建立由若干指标构成的有机系统，以此来评估共享模式的全貌。就绩效评估方法选择而言，系统优化原则要求绩效评估必须采用系统科学的方法，如系统分解法、层次分析法等，实现绩效评估体系整体功能最优化，客观而全面地评估系统绩效。

（2）通用可比原则

区域图书馆资源共享绩效评估既涉及不同单位间的横向比较，也涉及同一单

[1] 楼靖华．文献信息资源共建共享的利益平衡机制研究［J］．图书馆杂志，2006(5):20-23,32.

[2] 刘纪刚．区域信息资源共享体系的构建研究［D］．吉林：东北师范大学，2012:2-50.

[3] 邓崧．电子政务价值评估研究：基于政务流程和信息整合的研究视角［M］．北京：人民出版社，2006:124-126

[4] 张建辉．数字图书馆绩效评价研究［D］．哈尔滨：黑龙江大学，2010:21-23.

位不同时期的纵向比较。因此，绩效评估必须总体上考虑通用性和可比性。具体来说，一是对同一单位不同时期进行比较时，共享模式绩效评估要具有普适性与延续性，必须保持前后一致；二是对条件不同、任务不同的共享项目进行横向比较，要找准各单位在实现资源共享过程中的共同点，根据各单位的特性，采取调整指标及其权重的方法以保障绩效横向比较的可比性。为了使区域间资源共享绩效评估具有可比性，绩效评估应该依据明确的评价标准，尽量采用可量化的标准；尽可能与国内、国际的有关评估指标相一致。

（3）简洁实用原则

区域资源共享绩效评估的实用性原则体现在：一是绩效评估体系应该繁简适中，在能基本保证评估结果客观性、全面性的条件下，评估体系尽可能简化；二是绩效评估计算方法应该简便易行，评估方法和表述方法应该简便、明确、易于操作，便于在计算机上进行系统分析；三是绩效评估指标所需要的数据易于采集；四是各项评估指标及其相应的计算方法与数据，都要标准化和规范化；五是在评估过程中体现质量控制原则，依靠评估数据的准确性、可靠性和计算评估方法的正确实施，以保证整个评估过程的质量。

（4）目标导向原则

区域图书馆资源共享绩效评估的目的不是单纯地评出优劣和名次，而是要引导和鼓励区域资源共享建设朝着正确的目标与方向发展。因此，绩效评估在设计过程中，就必须坚持目标导向的原则，一方面，需要明确区域资源共享模式绩效评估的目标，重视区域图书馆共享建设项目的成本—收益和公众满意度，另一方面要把社会的长远效益作为目标。

2.8.2 绩效评价的程序

科学规范的绩效评估程序，有助于保障绩效评估机制有效协调运转。一般来说，区域图书馆资源共享模式绩效评估的基本程序主要包括：计划制订、评估准备、信息收集、评估实施和评估反馈五个程序。

（1）绩效评估计划制订

绩效评估计划是绩效评估活动得以顺利有效开展的前提。在区域图书馆资源共享模式绩效评估开始之前，先要对评估进行整体规划，主要解决四个问题：确定决策者的需要、明确问题的性质和范围、制订有效目标和制订全面的评估办法。

（2）绩效评估准备

准备工作的内容是多方面的。具体而言，包括物质准备，技术准备和组织、人员准备三项内容。一是物质准备。物质准备包括物资准备和经费安排两个方面。区域图书馆资源共享模式绩效评估活动离不开评估硬件的支持，如办公设备、文件资料等物资。同时，绩效评估的实施需要一定的经费作为支撑，图书馆部门需根据被评估项目的实际情况，安排出准确、合理的预算以维持评估活动的开支。二是技术准备。技术准备主要涵盖评估标准、评估体系和评估方法等方面。评估指标的类项、数量和权重都需要详细说明。要根据被评估项目的特征，选择最合适、有效的评估方法。在此基础上，明确评估主体、评估内容，建立可衡量的评估指标体系。三是人员准备。人员准备主要包含评估队伍的配置和评估人才的培训两方面内容。根据评估活动的需求，建立评估承担机构，配备负责人及工作人员，确定职责和职权，并聘请绩效评估专家，对工作人员进行专业培训，建立一支高效、高素质的专业评估队伍。

（3）绩效信息收集

信息搜集的来源十分广泛，既有来自内部的官方资料记录，也有来自外部的专业观察者和社会公众的意见。为了做好区域图书馆资源共享模式绩效评估信息收集工作，可以将内、外两种信息收集途径结合起来使用。①图书馆共享过程中形成的资料记录。②专业人员和专家的访谈资料，这类资料具有较高的参考价值。③公众意见。公众意见反映着他们对共享模式项目服务质量的满意度，通过调查来了解公众的真实感受，有助于提供更准确的信息。

（4）绩效评估实施

实施阶段是评估目标实现的具体过程，是整个区域图书馆资源共享模式绩效评估活动中最重要的步骤。评估实施的主要任务是对信息进行分类整理、统计、分析，运用恰当的评估方法对资源共享模式进行评估。评估者应该坚持三个原则：一致性原则、独立性原则、动态性原则。

（5）绩效评估反馈

区域图书馆资源共享模式绩效评估活动并非为了评估而评估，而是为了能使评估结果得以应用，通过评估结果的反馈来发现项目本身存在的问题，达到项目绩效改进的目的。评估反馈阶段的工作任务包括三部分：对评估工作进行检查，对评估结果加以分析，提出绩效改进方案。

2.8.3 绩效评估的要素

资源共享系统绩效评估包括六个基本要素：资源、成员、服务和利用、投入和支出、管理和流程、整体效益。这六个基本要素基本表达了信息资源共享系统的构成和运作的关键领域，构成了信息资源共享系统绩效评估模型的一级指标。[1]

资源是信息资源共享系统提供服务的基础。信息资源的共享活动和服务项目都是围绕着资源共建和共享开展的。信息资源共享系统的目标之一就是要建立一个能最大限度地满足社会和公众需求的信息资源保障体系。

成员的协作精神是信息资源共享系统可持续发展的基础和保证，没有成员的参与，信息资源共享系统就不能称之为系统。OCLC 的联机编目、WbridCat、CORC、Question Point 以及未来三年所要开发的新产品和新服务，无不依托于强大的成员资源和力量。

信息资源共享系统不断为其成员和终端用户提供所需要的服务，这是信息资源共享系统得以不断发展、增加其竞争优势的关键。建立在信息资源共享系统保障体系基础上的共享服务，不仅是各个成员进行信息资源共享活动的主要方式，而且也是成员通过信息资源共享系统参与到社会网络运作中的重要途径。

对信息资源共享系统给予稳定的投入，是系统正常运作的必要条件。无论是信息资源共享系统还是其成员，在成本控制方面，除了要考虑实际支出的绝对成本，还必须考虑与利用率相关的相对成本，并关注利用成本。

信息资源共享系统的流程和管理要素，从组织层面关注信息资源共享系统组织形式和运作方式对其绩效带来的影响，是对信息资源共享系统正常运作和产出绩效实施监控并及时调节的关键。

2.8.4 绩效评估的指标体系

信息资源共享系统绩效评估指标的建立主要体现在两个方面：一是成绩或业绩评价，指的是信息资源共享系统绩效在各要素涉及方面的进展，其相关标准侧重点是信息资源共享系统绩效在各要素涉及方面的进展，是为评估提供参考，简称“评估参考标准”，能为信息资源共享系统提供与自己历史的纵向比较和与其他区域或行业进行横向比较的参照标准；二是对成绩的效益、效用或效率的评价，

[1] 李卓卓．信息资源共享系统绩效评估研究［D］．武汉：武汉大学，2012:108.

指的是信息资源共享系统绩效的实际效果，其相关指标侧重点是为评估提供考核标准，并为其赋权重值，形成可度量的“评估考核指标”，能为信息资源共享系统某个时间点、某个时间段的实际绩效状况建立纵向的测评指标，以可度量的指标体系为依据，对信息资源共享系统运行和绩效状况实施监控，还可以选取不同信息资源共享系统共同可测度的指标进行横向比较。[1]

指标体系是一个有机整体，不同的评估指标会对评估结果产生不同的影响。为了得到科学、准确的评估结果，需要确定评估指标的权重和评估结果的权重。常用的权重设置方法有权值因子判断表法、德尔菲法、排序法、层次分析法等。中国政府绩效评估中对评估主体各方的评议结果的加权处理，应综合运用科学而切合中国实践的权重设置方法，并且听取吸收专家的经验和公众的反馈意见进行不断地修正，以提高权重系数的客观性和合理性。

2.8.5 绩效评估的方法

选择科学的评估方法是开展区域图书馆资源共享模式绩效评估的关键环节。绩效评估方法可以分为宏观的绩效评估规划方法与设计模式、中观的绩效评估与分析方法、微观的数据信息处理技术。具体评价方法包括效率和成本—效率测量方法、模糊综合评估方法、BP 神经网络方法、平衡计分卡法、公众满意度测量方法等。

3. 长沙区域图书馆资源共建共享模式的具体分析

《汉语大辞典》将“模式”解释为事物的标准样式。图书馆资源共享模式可作如下理解：①模式是一种作为认识过程中介的科学方法。“模式”是对“原型”的否定，重新认识和改造的“新型”是对“模式”的否定，整个认识过程是一个否定之否定的过程。②模式是一种问题解决的思维方法。明确问题后，人们往往经过概括分析建构一个解决问题的模式，进而应用逻辑思维去求解这个模式，用具体实例来证实、修改、检验模式。③模式是沟通实践与理论的桥梁。可以在理论的指导下，经类比、演绎、分析而提出多种模式，进而到实践中加以应用，以解决不同的问题。[2]

[1] 李卓卓．信息资源共享系统绩效评估研究［D］．武汉：武汉大学，2012:120-121.
[2] 孔志军．文献信息资源共建共享的理想模式——理论与实现［D］．河北：河北大学，2011:5-50.

3.1 长沙区域图书馆总分馆模式

3.1.1 国内外总分馆模式

总分馆模式是在一个总馆下设立若干个分馆，实行一元化垂直管理体系和网状结构模式，资源由总馆统一调配、集中采购、统一编目、联合检索、通借通还，以达到各馆之间文献信息资源高度共享，提高服务的质量和效率。总分馆制是国外大多数城市图书馆普遍采用的一种公共图书馆管理模式。在美国、英国等西方国家，日本与新加坡等相临国家，及我国香港、台湾地区在20世纪中后期均已实施总分馆制，[1] 并涌现出大批成功的典范。有公共图书馆总分馆制，也有高校图书馆总分馆制。如美国俄亥俄州图书馆、纽约市图书馆、克利夫兰市图书馆、哈佛大学图书馆，日本的大阪市图书馆等在总分馆模式建设上取得了极大的成功。

我国进入21世纪以来开始了图书馆总分馆模式的探索和实践，取得了引人瞩目的成就。在我国部分地区如上海、深圳、东莞、佛山等经济发达地区逐渐推行中心图书馆分馆制，并取得很好的效果。高校图书馆出现了以学校图书馆为总馆、以院系资料室为分馆，或者主校区图书馆为总馆、以分校区图书馆为分馆的总分馆模式。在实践中，总分馆具体可分为多种形式，如区域图书馆集群模式，因地制宜地探索形式多样、异彩纷呈的各具特色的总分馆制为延伸服务开辟了一条新路。如上海市中心图书馆模式、嘉兴市总分馆制模式、东莞总分馆模式、佛山市禅城区联合图书馆总分馆模式、苏州图书馆总分馆模式、深圳市福田区图书馆总分馆模式、湖北省武汉城市圈图书馆联盟以及湖北省荆门市图书馆与企业联姻的总分馆模式等。再如，从2005年起，苏州图书馆逐步实现了统一采购、统一编目、统一配送和通借通还的公共图书馆“总分馆”制。目前全市共有公共图书馆总分馆126个（其中，市级图书馆分馆36个，县级图书馆分馆90个），基本实现了各县级市建制镇、非建制镇图书馆分馆建设全覆盖，并拥有图书流动服务车8台，年均基层服务出车60次以上。[2]

[1] 李莹波．和谐社会公共图书馆总分馆服务体系建设研究［D］．吉林：吉林大学，2008:6-10.

[2] 苏州图书馆实施“总分馆”模式见成效［EB/OL］．［2012-11-26］ http://zw.nbwh.gov.cn/art/2012/3/2/art_ 50_27516.html.

3.1.2 总分馆模式特色[1]

（1）图书馆服务布局网络化

总分馆制是在一个总馆下设立若干个分馆，以一个网状的形态面向社会提供服务，而单馆制是以一个点状的形态面向社会提供服务。党的十七大顺应广大人民群众对文化的新期盼，把“覆盖全社会的公共文化服务体系基本建立”作为实现全面建设小康社会的重要目标之一。总分馆的这种网络布局，可以把图书馆深入到全社会的各个角落，便利全社会所有人高效、免费、充分地享受基本文化服务。各成员馆建立了统一的网络平台，建立联合目录数据库和公共书目查询系统，联合开展数字化参考咨询、学科信息导航、网上文献查询与传递等服务工作。

（2）图书馆业务管理的集群化

总分馆模式实现了图书馆业务管理的集群化，实现了高度共享。总馆和分馆是一个统一的整体，共同构建一个地区的图书馆服务网群，总馆集中管理业务，并牵头制订一系列工作程序、规范标准和规章制度，以指导分馆建设和业务运作。在这个以技术为依靠的整体化管理模式下，协同采购、联合编目、资源共享、联合科研、馆际互借等协作方式得到广泛应用。城市图书馆、基层图书馆和乡村图书室构成了布局合理、协调有序、规范高效的图书馆集群网，进而形成科学有效的公共图书馆体系，图书馆集群资源共建与共享得以实现，为实现提升区域图书馆整体服务效能提供了保障。

（3）图书馆行政管理集中化

总分馆制是图书馆管理体制的一个重大变革，过去图书馆完全按行政区划设立，由各级政府领导，馆舍建设、经费拨给、人员任命等完全依赖当地政府的重视程度。在这种体制下，图书馆管理过程中的弊端日益明显，如重复建设、经费不足、人员素质低、资源共享难以实现等。而总分馆制能很好地解决这些问题。因为在总分馆管理体制下，各建设主体能根据地区实际需要，在资源建设时采取协同采购、联合编目的方式，来避免重复建设，节省购书经费，同时达到馆藏资源的合理配置，实现资源共享。而且在行业领导上，人、财、物三权由总馆管理，经费统一申报，纳入财政预算，人员由总馆严格选择、任命招聘，绩效考核按统一标准进行。这样一来，行政管理得以高度集中的同时，还充分发挥了图书馆的

[1] 王妍. 我国公共图书馆总分馆体系建设研究［D］. 湘潭：湘潭大学，2011: 6-36.

作用，使图书馆的整体效益得到提高。

3.1.3 长沙区域图书馆总分馆模式的构建

长沙区域图书馆总分馆模式的主体对象包括：长沙市图书馆作为总馆，分馆包括各区（县、市）图书馆、乡镇文化站、农家书屋、社区图书室、企业、学校图书馆（室）等。在总分馆模式运作中，长沙图书馆为总馆，分馆可分为三大不同类型。

①共建分馆。在行政管理体制不变的情况下，建立以长沙市图书馆为总馆，以区县公共图书馆为一级分馆，以乡镇公共图书馆为二级分馆，以农村图书馆（室）为三级分馆的四级公共图书馆总分馆体系。②直属分馆。直属分馆是根据社会需要，长沙市图书馆直接在企业事业单位、工业园区中直接管理的图书馆，这些图书馆大都以原有一些图书馆（室）为基础。例如拓维分馆是长沙图书馆总分馆第一个企业分馆，将为全市总分馆企业分馆建设树立标杆。拓维分馆馆藏图书已有3000余册，作为长沙图书馆总分馆体系成员馆，拓维分馆的读者能享受到长沙图书馆总分馆“一卡通”服务，凭分馆读者证，在全市总分馆均能享受图书借还服务；另外，根据分馆读者需要，总中心馆长沙图书馆将定期为分馆更新馆藏资源，充分保障分馆读者阅读需求。[1] ③城市街区自助图书馆。自助图书馆实行免费开放政策，实现全天候、无障碍、零门槛进馆。目前长沙市图书馆河西步步高广场设立了首台24小时街区自助图书馆。24小时街区自助图书馆实现了公共图书馆从室内走向室外，打破了时间和地域限制，最大借阅量高达200多册／天，目前长沙市图书馆正计划增加多所自助图书馆，以适应需求。[2]

总分馆制的组织模式是层级的。由于已有图书馆的组织机制限制，许多图书馆也存在不同级别、不同的模式与服务对象，所以目前长沙区域总分馆的组织模式是层级的，层级式的总分馆组织体制可分为多层。第一个层级长沙市图书馆为总中心馆，馆成员是各县（市）图书馆；第二个层级中心馆是各县（市）、区图书馆，分馆是上述总馆辖区内的乡镇图书馆。服务模式是网络的，在文献信息服务中，所有图书馆都相互联系，共同组成图书馆服务网，覆盖整个社会。管理模式是星形的，在总分馆中，只有一个总馆，其他都是分馆，在管理中分馆都是同

[1] 长沙首个企办图书馆开馆[EB/OL]．[2012-11-26]http://www.people.com.cn/h/2012/0801/c25408-2279718635．html

[2] 街区自助图书馆24小时不打烊[EB/OL]．[2012-11-26]http://pc.3g.cn/cq/Content_2278291

一级别的，都直接与总馆相联系，包括各方面的管理工作。通过这三种模式的统一，实现总分馆体系的三个“统一”，真正实现长沙区域图书馆资源共享：总馆建设主体与分馆建设主体统一（经费来源统一）；总馆主管部门与分馆主管部门统一（管理统一）；总分馆统一人财物管理，统一规划和实施服务，统一服务标准（服务统一）。

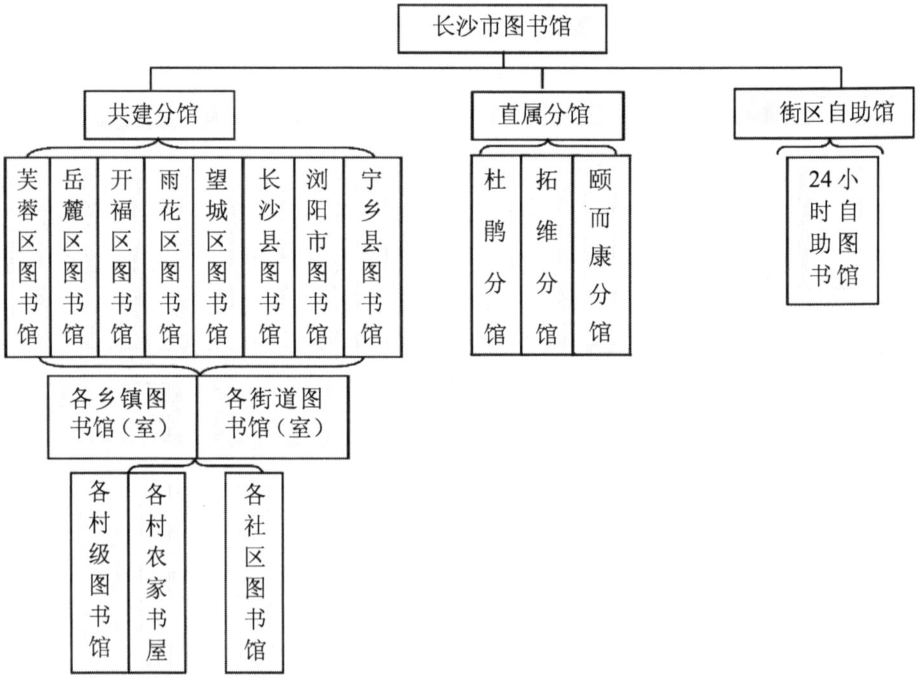

图 3-3　长沙区域图书馆总分馆的组织模式

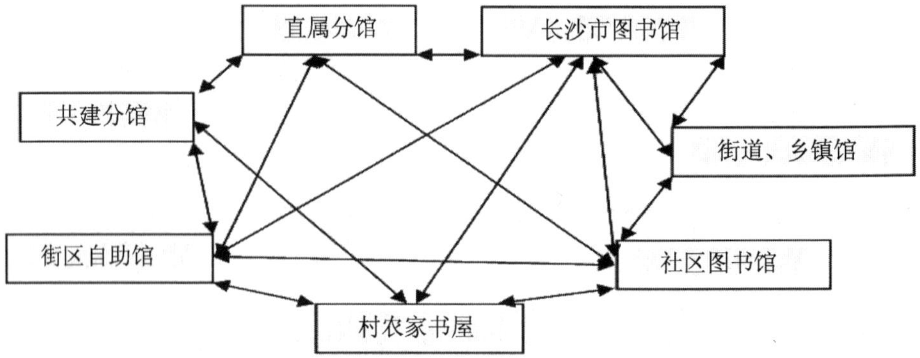

图 3-4　长沙区域图书馆总分馆的管理模式

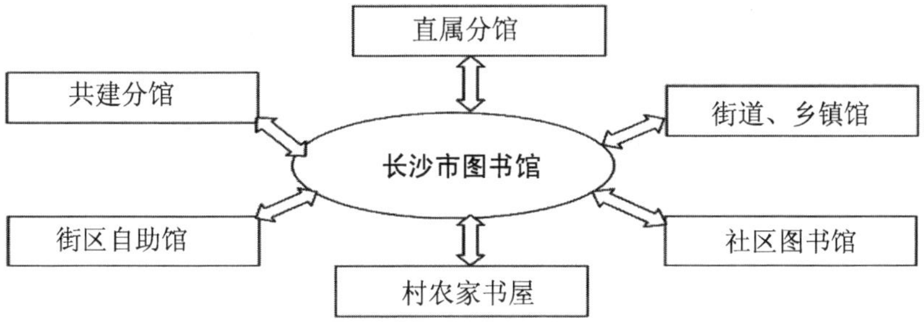

图 3-5 长沙区域图书馆总分馆的服务模式

需要说明的是，本文是基于长沙市图书馆来进行总分馆模式构建的。按照国内外区域总分馆运作模式，也有由省级图书馆为中心馆，或者由县（区）级图书馆为中心馆而建设的总分馆模式。但从目前管理、经济及服务对象来看，以地区级图书馆为基础来构建区域图书馆资源共享模式，具有更大优势和可行性，是其主要模式。在以后可以延伸，各县（市）图书馆为总馆，所辖乡镇图书馆为分馆、建立村级图书室或村级流动服务点的总分馆体系，逐步实现总分馆体系在长沙区域全覆盖的目标。

3.1.4 长沙区域图书馆总分馆模式的运作

区域图书馆总分馆模式的运行，涉及图书馆管理体制的改变，需要有政府的强力支持与统一领导；同时，为保证总分馆制的顺利实施和可持续发展，总馆与各个分馆应本着“资源共享、平等互利、协调发展、服务读者”的原则，经过共同协商达成协议，并签署协议书，明确双方的职责、权利和义务。可主要采用行政包办、合作共建、图书流动、业务统筹等 4 种建设模式。

（1）规范运行模式

实行总分馆制，多方投资、统一管理、整体规划。多方投资是指以市区财政投入为主导，街道和社区财政参与，企业和其他社会力量共同投入；统一管理是指所有分馆使用统一的技术平台和资源，提供一致的服务模式，管理人员统一由总馆派出，所有分馆无论是由谁投资，无论怎样冠名，管理权都在主馆，运作经费由总馆集中控制（总分馆体系打破“分灶吃饭”格局)。管理统一、资源统一、服务统一的紧密型总分馆，读者免证阅览和上网，外借图书可以通借通还。

在不改变原有行政隶属、人事和财政关系的情况下，总中心馆负责协调规划全区域内文献资源的采编、分类、标引、加工，统一审校总分馆书目数据；区县（市）馆按照总中心馆协调规划负责本区域内图书采编、加工；分馆做好各种读者服务工作。总分馆之间实行通借通还，共同保障市民便捷利用。总中心馆负责城区总、分馆之间的馆际物流，指导和协调分馆读者服务工作；县（市）馆负责本区域内分馆、服务点的馆际物流。

（2）多方投入经费

在政府主导下，实行多级投入，一是全部由地方一级政府财政投入，委托总馆负责图书采购、编目和配送、办公家具的添置和电脑等设备的配置等，但人员由分馆负责录用和管理。二是由地方市、区和镇各级政府联合共同建设乡镇分馆，打破了原有的分级财政体制，解决了分馆人员和持续运行所需经费投入。三是由地方政府财政投入为主导、企业和其他社会力量共同参与投资建设，争取尽可能多的投资。

（3）统一的服务形式

总分馆制订统一的规章制度，包括办证制度、借阅制度、赔偿制度、剔旧制度等；建立统一的读者数据库、业务标准和图书分类标准；配置流动图书车，定期为各分馆配送和送还书刊；建立"通借通还"系统，实现网络环境下"通借通还"业务；实现"一卡通"借阅功能，读者可在体系内的任何一家图书馆办理借书证，凭此证可到任何一家图书馆借阅图书并就近归还。

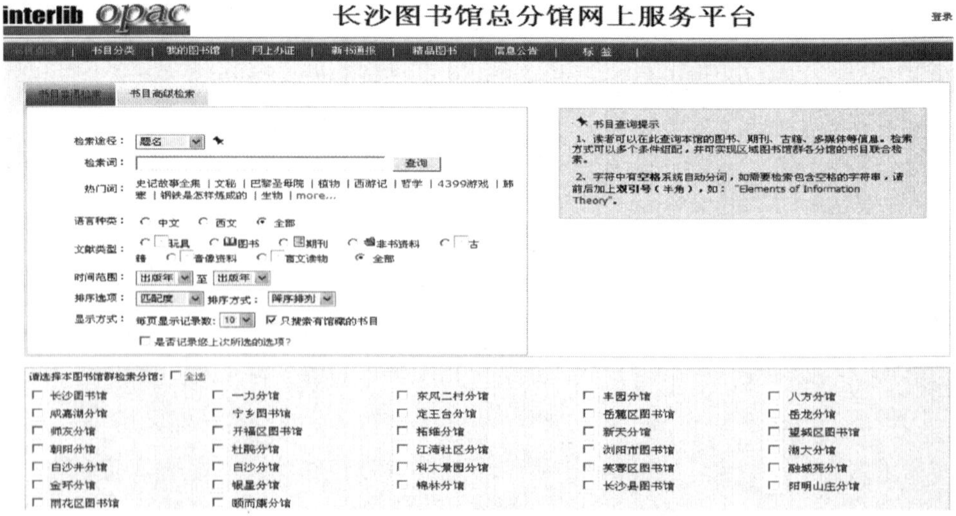

图 3-6　长沙区域图书馆总分馆的网络服务平台

（4）分步实施方式

实施步骤分两步。第一步实现协同采编、统一检索、统一管理、通借通还，达到“政府主导、多级投入、集中管理、资源共享”的目的。第二步将行政管理变为行业管理，分馆作为总馆派出的一个机构，分馆的人员、财务及设备均由总馆管理，在全市逐步建成布局合理、管理规范、功能齐备、运行高效的总分馆网络体系。在具体的操作过程中也是逐步进行的。例如，第一步，以基础较好的城市为主规划分馆建设；第二步，在具有较成熟的经济条件的县（市）推广，建立一批示范分馆；第三步，在全地区合理布局推广。

3.1.5 长沙区域图书馆总分馆模式的适应性分析

总分馆制是世界通行的一种较为科学的图书馆建设和管理模式。这种模式具有经费统一管理、业务统筹安排的优点，能最大程度地发挥图书馆的效用。长沙市公共图书馆在其辖区范围内适宜采取总分馆模式管理。

总分馆建设涉及对原有体制的改革，需要由政府统一主导才能推行，目前长沙地区各级政府对图书馆建设的重视程度不断提高。总分馆模式需要有一定的区域经济基础，长沙是湖南省省会，全省政治、经济、文化、科教、信息中心；所管辖的区县经济条件都比较好，例如长沙县、浏阳市、望城县、宁乡县经济实力位列全国经济百强。区域地理位置也比较适宜，公共图书馆位置分布比较合理；区域内交通便利，网络信息通讯设施也较为完善。

在数字化、网络化环境下，信息用户对信息服务的期望值及质量要求都比以往有很大提高，图书馆等信息机构必须树立创新服务的理念，充实丰富服务内容，采用多样化的服务方式，才能提供高质量的信息资源服务，满足用户不断增长和变化的信息需求。长沙市图书馆目前管理水平较高，正在筹备新馆开放，先进的管理经验、技术优势、服务理念可以被区域内其他中小型公共图书馆所借鉴。

3.2 长沙区域图书馆联盟模式

3.2.1 国内外区域图书馆联盟模式

图书馆联盟是以实现资源共享、利益互惠目的而组织起来的，受共同认可的协议和合同制约的图书馆联合体，是新形势下图书馆资源共建共享的最新形式之一。图书馆联盟兴起于20世纪30年代初期，其中最具代表性的是美国北卡罗莱纳州的“三角研究图书馆网络”。近年来，图书馆联盟的发展呈现了国际化趋势。1998年，来自世界各地图书馆联盟的代表在美国丹佛成立了“国际图书馆联盟联合体”（ICOLC），也被称作“联盟的联盟”。

图书馆联盟的主要功能有信息资源协调采集、联合编目与联合目录、馆际互借和文献传递、数字资源建设与资源合作存储、参考咨询服务协作、计算机资源共享、人员培训和藏书保护等。图书馆联盟的形式有国际性图书馆联盟（如ICOLC）、全国性图书馆联盟（如CALIS、NSTL）、区域性联盟（如广东高校图书馆网、北京高校图书馆联合体、上海市文献资源共建共享协作网、湖南省文献信息资源共建共享协作网）。省图书馆、驻长高校图书馆、政府情报信息机构、企事业单位情报信息机构等均适合采用图书馆联盟模式，可以通过资源共建共享、联盟会员制、服务协作、利益补偿等多种形式实现。

3.2.2 区域图书馆联盟模式特色

区域图书馆联盟具有自身系列特色与优势。与总分馆模式相比，范围更大，可联合更多不同类型的图书馆成员参与，因为紧密型总分馆管理模式的优越性只能局限于一个很小的范围。[1]一是协商形成管理主体。图书馆联盟是在平等互利、自愿参与的基础上形成的，一般通过相关协议或合同来约束各成员馆行为，没有相同的建设主体和管理部门，靠组织形成联盟协会行使管理权，结构比较松散。而区域总分馆是在政府的推动下形成的，有明确的法律文件做保障，授权总馆统一管理集群内各种业务工作和资源建设，是一个联系紧密、功能互补、不可分割的图书馆有机整体。二是组织形式自由。区域图书馆联盟是通过自下而上的方式组成的非正式组织，没有统一的标识，各成员馆相互独立，一般把自身的利益需求放在首位。而区域总分馆是通过自上而下的方式建立的有统一标识的有机体，总馆处于核心地位，分馆是它的一个分支，通过专业化分工和互相协作向用户提供优质高效的服务，创建图书馆服务品牌，形成统一的组织文化。三是对成员馆要求较高。在区域图书馆联盟中，对加入的成员馆要求相对较高，资源上需具互补性，规模上需具匹配性，若图书馆实力悬殊，合作则难以维系。而区域总分馆模式中对分馆要求较低，分馆资源可多可少，规模可大可小，只要有馆舍与基本服务设备即可。四是资源整合力度不同。区域图书馆联盟中各成员馆因某一共同

[1] 刘冬. 总分馆制与联盟制服务模式的比较研究[J]. 图书馆学刊，2011(8):102,116.

目标，依靠协议而在某一方面合作，如联合采购、馆际互借等。而区域总分馆则使用相同的管理软件和同一个书目数据库，并在此基础上开展各项业务工作，由总馆负责构建和维护信息资源集成平台，分馆用户均能无障碍地访问。[1]

3.2.3 长沙区域图书馆联盟模式的构建

长沙区域内图书馆联盟有很多，不同层次都可构建。本文主要从长沙市图书馆的角度来设计联盟模式的构建。长沙区域图书馆联盟最终的目标应该是一个纵横交错的跨系统、跨行业的大型体系，而不再是条块分割、泾渭分明。图书馆联盟是一个综合开展各项合作的联盟，而非以单一目标为主的联盟。联盟的合作内容包括提供联机联合目录、联合购买在线资源、集团采购在线资源、开展在线资源和实体资源的原文传递和馆际互借以及复印优惠、合作存储、分布式的虚拟联合参考咨询、人力资源、管理资源共享等。

（1）长沙区域图书馆联盟模式的成员

长沙区域图书馆联盟的成员分为两大类：同质性和异质性。①同质性图书馆是指结成联盟的图书馆与长沙市图书馆同类型，性质相同、功能相近、服务模式基本一致，性质和服务功能相近的图书馆结成的联盟比较稳定，资源共建共享比较趋向一致，管理控制的难度小。具体包括长沙市属的所有公共图书馆，这也与区域总分馆模式中的成员相重合。②异质性图书馆。异质性图书馆联盟成员包括市属院校、区域内高校、区域内其他公共图书馆、区域内研究院所图书馆等。与长沙市图书馆相比，各馆性质不同，资源特色不同，服务对象需求不同，这部分成员的加入，联盟管理、资源整合、共建共享方式、技术平台、服务对象整合的难度大得多；但是图书馆间也更具有特色性、异质性和差异性，能在更大程度上实现互补共享，联盟一旦发挥效益，对区域内经济社会文化发展所产生的多方位的效益也是同质性图书馆无法实现的[2][3]。

异质性图书馆联盟成员如图 3–7 所示，但并没有列出所有，只是有代表性的展示；而且在具体运作时也要根据各馆意愿，以自愿为原则来决定联盟成员情况。联盟成员总体上包括：①市属院校图书馆，截止到 2011 年年底，长沙市

---

[1] 杨方铭，邹鑫．区域信息资源整体发展的新趋向 [J]．兰台世界，2011 (21):64–65.

[2] 许军林，蒋玲．异质性区域图书馆联盟探索——基于以高校为主体的地方图书馆联盟模式 [J]．情报理论与实践，2010 (8):38–41, 46.

[3] 许军林．异质性区域图书馆联盟资源建设与整合研究 [J]．情报理论与实践，2011 (2):42–45.

共有市属高校12所，其中8所高校拥有独立的图书馆，这些图书馆属于长沙市，所以在运作方面较为容易。②区域内高校图书馆，长沙的高等教育比较发达，拥有4所“211工程”重点大学即国防科学技术大学、中南大学、湖南大学和湖南师范大学，有3所进入985工程，还有10多所普通本科院校。这些图书馆藏书丰富，设备技术条件先进，馆员素质高，互补性强。③区域内其他公共图书馆主要有湖南图书馆和湖南省少儿图书馆，因为其性质与长沙市图书馆相同，所以在业务合作、资源共享方面也存在许多共同之处。湖南图书馆是国家举办的省级综合性公共图书馆，始建于1904年3月，是我国第一家以“图书馆”命名的省级公共图书馆；目前湖南图书馆每年接待读者180余万人次、流通文献330余万册次。该馆作为全国文化信息资源共享工程湖南省分中心，已成为湖南省开展文化信息资源共建共享的网络中心、资源建设中心和信息服务中心。[1]湖南省少年儿童图书馆成立于1981年；1992年建成8000平方米富有儿童特色的新馆舍；藏书80多万册，报刊1500种；主要利用图书资料的借阅和丰富多彩的读书活动引导少年儿童阅读。[2]④研究院所图书馆，一方面包括湖南省科技信息研究所和长沙科技信息研究所等单位，其中湖南省科学技术信息研究所成立于1959年，是湖南省科技厅下属的社会公益性服务机构，是湖南省规模最大的科技信息收集、加工与服务中心，也是湖南省迄今为止唯一的国家一级科技查新单位，承担着全省科技信息的收集、整理、加工、储存、传播以及科技信息分析研究、科技政策咨询研究等重要职能，承担着对全省各市（州）科技情报机构的业务指导职能。[3]此外，长沙区域内还有湖南省的各类型科研院所20多家。⑤中学、企业等其他机构图书馆（室）。长沙的中等基础教育在湖南省内甚至全国都有较高知名度。湖南师大附中、长沙市一中、长郡中学、雅礼中学有长沙四大名校之称，这些中学有的图书馆（室）藏书比较丰富，如长沙市一中其馆藏量达10万册。另外，很多大中型企业、产业园区拥有大量员工，图书馆（室）也拥有一定数量的图书。

[1] 本馆简介[EB/OL].[2012-11-28] http://www.library.hn.cn/bggk/bgjj/.

[2] 馆情馆况[EB/OL].[2012-11-28] http://www.hnst.org/intr/index.htm.

[3] 关于我们[EB/OL].[2012-11-28] http://www.hninfo.gov.cn/govpublic/gywm/200807/t20080717_75892.htm.

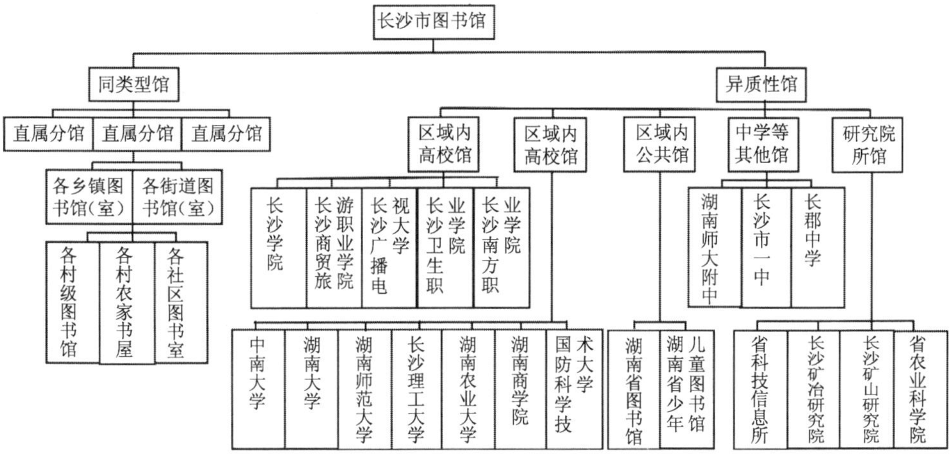

图 3-7　长沙区域图书馆联盟的组织模式

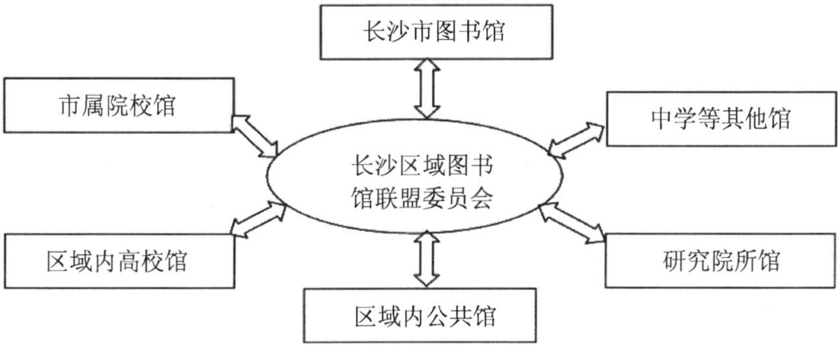

图 3-8　长沙区域图书馆联盟的管理模式

（2）长沙区域图书馆联盟模式

长沙区域图书馆联盟的组织模式如图 3–7 所示，仍为层级型。因为不同类型图书馆运作时存在巨大差异，所以一般是分类进行组织。另外，因为是从长沙市图书馆的角度进行共享模式的构建，故构建图书馆联盟时以长沙市图书馆为总馆。图 3–8 为长沙区域图书馆联盟的管理模式，其中区域内公共图书馆包括长沙市区域内的所有级别公共图书馆。在图书馆联盟中各成员的地位是平等的，一般应由联盟成员推举和政府主管部门指导产生，区域图书馆联盟委员会和会长等各领导人员统一组织长沙市区域图书馆联盟，下设联机编目中心、技术中心、研究开发部、系统运行部、业务发展部、公共关系部、规划部、办公室等部门。图 3–9 为长沙区域图书馆联盟的服务模式，同样也是网状结构，形成了一个由长沙区域内所有图书馆组成的图书馆服务网络。

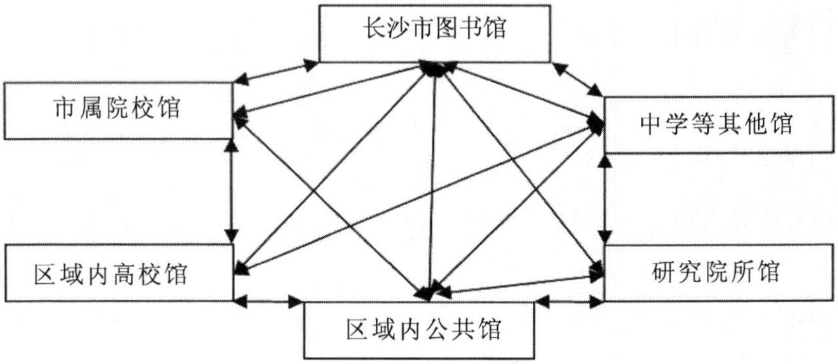

图 3-9 长沙区域图书馆联盟的服务模式

3.2.4 长沙区域图书馆联盟模式的运作

长沙区域图书馆联盟中包括两方面，一方面是长沙区域的公共图书馆积极参与区域内已有的图书馆联盟项目，例如参与湖南省文献资源协作网；另一方面则主要是由自己成立新的图书馆联盟。可由长沙市图书馆统一组织，下设若干部门，尽量接纳不同类型、不同规模的图书馆为成员，以实现信息资源的最大程度共享。主要内容包括：

（1）成立管理机构。市政府和有关管理部门应成立全市文献资源共享的权威组织管理机构，领导、规划、管理、协调全市的文献资源共享，保证两种共享模式的资源共建共享顺利运作，使两种共享模式的图书馆紧密联系。成立资源共享理事会或管理委员会，由各图书馆馆长组成，共同领导、协商和决定资源共享的重大事宜。

（2）制订相关规章制度。规章制度包括资源共享的章程、管理的程序等，是管理机构进行管理的依据。明确各系统图书馆参与资源共享的模式，使各图书馆明确自身在文献信息资源共享中的定位，选择资源共享的模式，知晓共享的权利和义务。明确共享模式的运行机制、服务机制、服务内容及两者的协调机制。

（3）确定运作模式。理事会或管理委员会下设立管理办公室，实现理事会或管委会制订的策略、方针，执行各项决定，处理资源共享的日常运作。管理机构可根据两种资源共享模式的差异，成立图书馆联盟模式管理小组，负责各自模式的管理和协调工作，分别处理共享模式的日常事宜。图书馆联盟模式管理小组也可用高校图书馆管理小组或科研图书馆管理小组等名称代替。[1]

3.2.5 长沙区域图书馆联盟模式的适应性分析

作为湖南省会，长沙市除市属的公共图书馆、高校图书馆外，区域内还有众多其他图书馆。如湖南图书馆、湖南省少儿图书馆、湖南省科技信息研究所等省级图书情报单位，湖南师大附中、长沙市一中、长郡中学、雅礼中学等中学图书馆，国防科学技术大学、中南大学、湖南大学和湖南师范大学等 10 多所重点大学和普通本科院校图书馆，及几十所高职高专学校图书馆。另外还有一大批科研院所图书馆和企业图书馆，这些图书馆的信息资源相对丰富，种类比较齐全，馆藏较有专业性和针对性，设备条件先进，与长沙市区域公共图书馆具有很好的互补性。

长沙市区域内各类型图书馆、包括区县图书馆都有较强的实力，政府提供公共产品的能力本身已经较高，各类型图书馆，市、区公共图书馆形成合力，实现高水平图书馆服务的全覆盖，具有文献资源的互补性和读者需求的交叉性。例如，截止到 2011 年年底，长沙市共有市属高校 12 所，其中 8 所高校拥有独立的图书馆。这些市属高校图书馆，由于管理和经费来源都在长沙市内，更是具有良好的合作和联盟优势。从地理位置来看，大多数高校图书馆处在城郊经济技术开发区，由于远离公共图书馆，高校图书馆可以发挥自身地理位置优势，服务周边大众，可重点与周边地区科研单位、产业机构联合创造附加价值。

3.3 长沙区域图书馆联合服务协作模式

3.3.1 国内外区域图书馆联合服务协作模式

图书馆联合服务协作，从狭义来理解，是指区域内图书馆间为达到某种目的，而采取的合作共享行为；在广义上也包括长沙市内图书馆围绕本身的信息服务、文献资源建设、日常业务处理、员工管理工作等内容而与其他单位（可以是其他的一切企事业单位，甚至个人）的合作行为。

在狭义的图书馆联合服务协作中，参与联盟或协作的各类图书馆为了实现图书馆的某项服务功能而组成业务联合体。它是一种具有单一功能、灵活的图书馆合作形式。图书馆服务协作的主要形式有：文献资源联合采购（如 CALIS 的集团采购、湖南省图书馆文献采编中心）、联合编目和联合目录（如 OCLC、

[1] 李明生．城市文献资源共享合用总分馆制和联盟模式的研究 [J]．图书馆理论与实践，2009 (7):75-78.

CALIS的联合编目、湖南图书馆的联合目录查询）、协作参考咨询服务（如全球合作数字参考咨询QP、美国国会图书馆的CDRS、英国EARL的Ask A Librarian、中国图书馆信息咨询协作网、中国高校合作数字参考服务DCVRS、湖南图书馆的联合在线咨询）、文献传递服务（如CASHL）、人员培训（如远程教育、网络培训资源共享）等。长沙市图书馆总分馆体系可以作为一个整体与长沙区域范围内其他信息机构合作，根据实际情况，分别独立开展资源联合采购、馆际互借、参考咨询服务、联合编目、文献传递和人员培训等方面的协作；另外长沙市区域图书馆也可以图书馆个体为单位视情况而与其他单位进行合作共享。

3.3.2 区域图书馆联合服务协作模式特色

灵活性。结成图书馆联盟或总分馆具有长期性、稳定性和整体性，但也存在不灵活、不能随意调整合作等不足。区域联合服务以双方的自愿合作为前提，根据受益情况来自主决策是否参加资源共建共享活动，形式灵活，可以和图书馆合作，也可与资源提供商合作，还可以与企事业单位合作，真正达到联合一切可以联合的力量来推进图书馆事业发展。

高效率。区域图书馆资源共享模式能否生存的关键在于其运行的有效性。区域图书馆联合服务机制不是建立在行政、组织干扰的基础上，而是直接以联合的需求为中心，可克服成员间不同文化冲突、合作目标的差异、各自贡献资源不等的问题，保障联合服务模式和谐运行，促进各单位之间加强联系，从而实现资源共享、利益互惠的目的。

利益平衡机制。以经济利益为基本驱动力，通过对参与文献信息资源共建共享的相关主体经济利益关系的调整，使各主体之间的利益达到一种相对平衡，并促使各相关主体产生一种积极参与共建共享的驱动力，从而实现对各相关主体思想行为的引导与控制，实现共建共享目标的调节过程和方式。[1]

3.3.3 长沙区域图书馆联合服务协作模式的构建

（1）长沙区域图书馆联合服务协作成员

开放、平等、自由的服务理念是开展联合服务的前提，不论联合协作的成员大小、类型如何，只要双方有合作意愿，具有双赢的可能，就可以形成区域的联合服务。长沙图书馆区域联合服务模式成员类型具体可从狭义的和广义的两方面理

[1] 陈兰杰. 文献信息资源共建共享利益平衡机制研究[D]. 保定：河北大学，2005:19.

解。狭义的长沙图书馆区域联合服务包括区域内所有各类型的图书情报单位，其共享内容主要是资源共享、人力物力协作、服务协同等方面，可以是单一的联合服务，例如形成数字参考咨询联合服务；其协作成员与区域图书馆联盟成员相同，例如县级图书馆与中小学图书馆虽然是两种不同类型的图书馆，但中小学生是两者共同的服务对象。结合自身的特点、任务和条件，扬长避短，必将充分发挥县级图书馆与中小学图书馆的特长与作用，能够更好地为中小学生读者服务。[1] 又如，市图书馆与高校图书馆的各自优势与不足正好形成互补，两者联手合作不仅将为包括高校馆现有读者在内的全社会读者提供更全面、更方便、更快捷、更优良的服务，而且会在合作服务的实践中相互促进、取长补短、共同发展，把公共图书馆与高校图书馆事业提升到一个新的水平，也为地区的发展提供有力的文献资源保障。[2]

广义的长沙图书馆区域联合服务包括长沙市图书馆为达到图书馆运作的目标，而与区域内所有单位的合作。具体可分为：

①政府机关。政府机关是指省内依照国家法律设立并享有行政权力、担负行政管理职责的机构。各级各类型政府与图书馆合作的前景广阔，例如政府信息公开服务是公共图书馆服务新领域，但是要做好这方面服务，只有联合政府部门一起运作。此外，公共图书馆与政府机构合作，既可辅助政府决策，同时又解决了公共图书馆服务对象和资源不足的问题。湖南图书馆的“人大代表文献资源咨询平台”和“为政协委员履职服务平台”就是这方面的有益尝试。

②新闻媒体。一方面，图书馆可以联合新闻媒体机构开发媒体新闻库；另一方面，图书馆与新闻媒体合作，可解决新闻媒体的一些实际问题，例如锦州日报社与锦州市图书馆多次合作，拓展和强化新闻媒体信息服务功能，取得了较好的效果。[3] 另外，图书馆新闻媒体报道是读者了解图书馆、利用图书馆、加强与图书馆沟通与互动的良好渠道，同时也是进行图书馆服务宣传推广，提升图书馆社会知名度，提高公民的图书馆意识，促进图书馆服务内容、服务形式、服务理念提升，实现公共图书馆社会价值的有效途径之一。近年来长沙市图书馆积极与各报纸和电视台联系与合作，不断报道创新的服务手段、推陈出新的读者活动以及图书馆高人气现象等，吸引了新闻媒体越来越多的关注，成为新闻媒体报道的

[1] 傅斌．县级图书馆与中小学图书馆联合服务探究 [J]．江西图书馆学刊，2011 (3): 81-83.

[2] 任罡，谈沁焱．构建地区性文献资源公共服务体系的探索与思考 [J]．国家图书馆学刊，2008 (1): 55-57.

[3] 杨菁，王秀云．探讨新闻媒体的信息服务功能——以与图书馆合作为例 [J]．新闻天地：下半月刊，2011 (B10): 77-78.

重点之一。

③文化单位。公共图书馆是社会文化事业的一部分，它与其他文化单位关系密切，包括长沙市文化馆、青少年宫、博物馆和美术馆，也包括各县、区级以及基层文化单位。可以联合这些单位进行服务活动，开展免费讲座、艺术培训、招募青少年志愿者等项目。长沙图书馆举办的橘洲讲坛即是以文化单位为主要师资来源进行联合服务的尝试。

④各类企业。作为湖南省会和经济最发达地区，长沙区域各类企业众多。与企业合作，一方面可联合开展各类信息服务；另一方面可共享双方人力、物力和技术方面的优势，还可共建业务。图书馆的信息服务具有资源、技术和人才等方面的特殊优势。当前长沙区域企业情报服务存在着一些问题，如信息情报意识差、短期效益观、情报信息网络和咨询机构较少、高层次情报人才缺乏等。因此图书馆和社会企业之间实行“图企联合”的服务模式，即建立自行的联合组织模式和技术导向与市场导向式的服务模式，对目前的高校和企业都具有一定的指导意义。[1] 另外，可以借鉴新加坡图书馆管理局和邮局合作的做法，使图书馆的还书箱遍布整个地区的大街小巷，而且还可以在人流量比较集中的商场、机场、车站设立 24 小时自助图书馆，借助于邮政系统点多面广和分拣信息的便携性等优势，实现图书资料在各成员馆之间快速准确地传递，真正实现公共图书馆服务联合环境下的资源共享，实现“一卡通用，通借通还”服务。[2] 除以上各类企业外，长沙区域图书馆还可联合信息技术公司，实现搜索引擎与馆藏资源的无缝 整合。

⑤数据库商。随着信息资源数字化的加快，图书馆需要采购大量的数字资源。目前信息资源大都以数据库的形式进行组织和利用，数据库商成为图书馆重要的上游企业，图书馆也是数据库商主要的服务对象。长沙区域图书馆与数据库商合作包括联合服务培训、技术合作、人力资源共享等。另外，长沙区域图书馆也可开展与个人间的合作，开展合作藏书和共享资源活动，如长沙市图书馆与市法律援助中心及各大律师事务所合作于每周四举办的“法律大课堂”，针对市民在生活中碰到的法律问题，由主讲律师进行公益解答，深受好评。雨花区图书馆争取文化名家、企业名人支持参与的“私人藏书阁”，既丰富了馆藏图书品种，提高了藏书质量，又扩大了图书馆的社会影响；另外，长沙区域图书馆还可与国内外

[1] 尚保安.“图企联合”的高校图书馆信息服务模式初探 [J]. 武汉大学学报（人文科学版），2007，60 (4):565-568.

[2] 叶雅云. 公共图书馆联合服务环境下的“一卡通用，通借通还”服务——以厦门市公共图书馆联合服务体为例 [J]. 中国报业，2011 (24):91-92.

其他图书馆资源共享体系进行联合服务协作。

（2）长沙图书馆区域联合服务协作的模式

长沙区域图书馆协作服务的组织模式如图 3-10 所示，因为是从长沙市图书馆的角度来构建区域图书馆协作服务框架，所以以长沙市图书馆为中心。分类组织是人们管理事务的最主要方法，故图 3-10 按一般分类规则分类展示，体现图书馆联合一切可以合作的力量来实现图书馆的目标。同样，图 3-10 只是示意图，并没有穷尽所有合作成员，而在具体运作中也是根据需要和自愿原则来选择是否联合；例如作为最基层单位，村图书馆（室）可与村农家书屋或其他有关系的单位合作。图 3-11 是长沙区域图书馆协作服务的管理模式，因为协作服务形式较灵活，虽然也可与图书馆联盟一样成立专门的管理机构，但是实践中大多数是通过合作成员一起签订协议或合同，由协议来约束和规范联合服务的运作。图 3-12 为长沙区域图书馆协作服务的服务模式，同样是网络模式，联合服务的各单位共同协作，在建设和服务中各单位相互联系，组成服务网络。

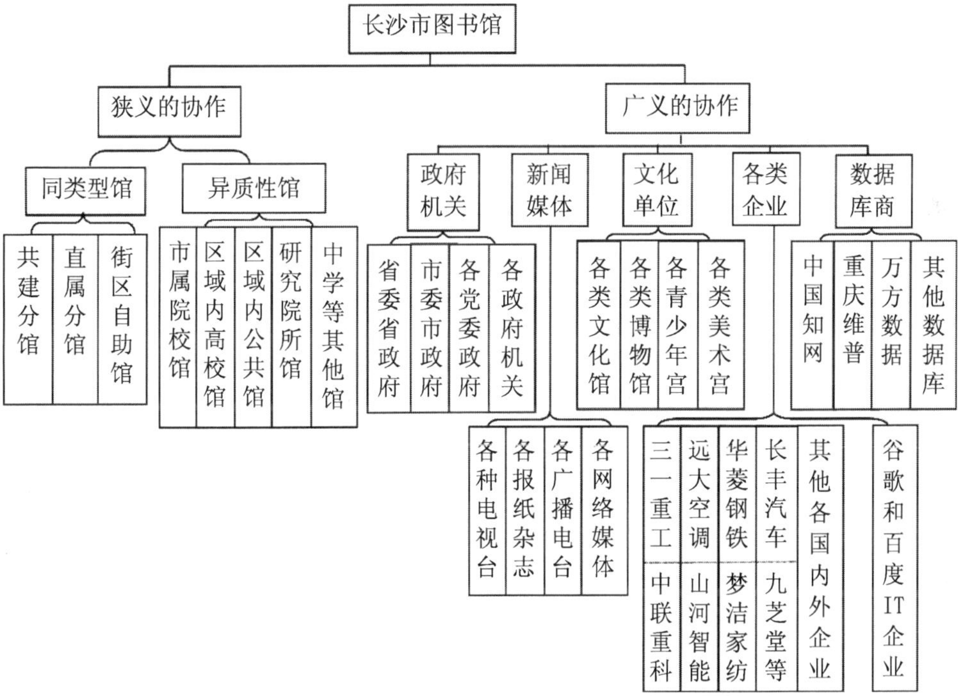

图 3-10 长沙区域图书馆协作服务的组织模式

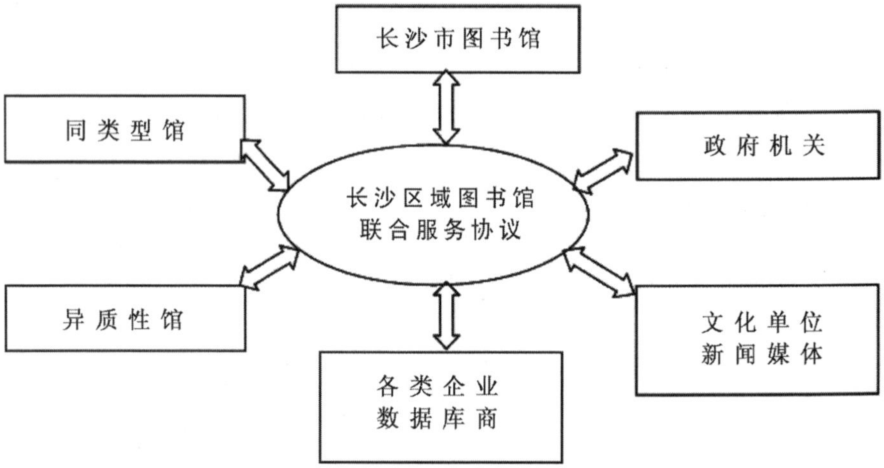

图 3-11 长沙区域图书馆协作服务的管理模式

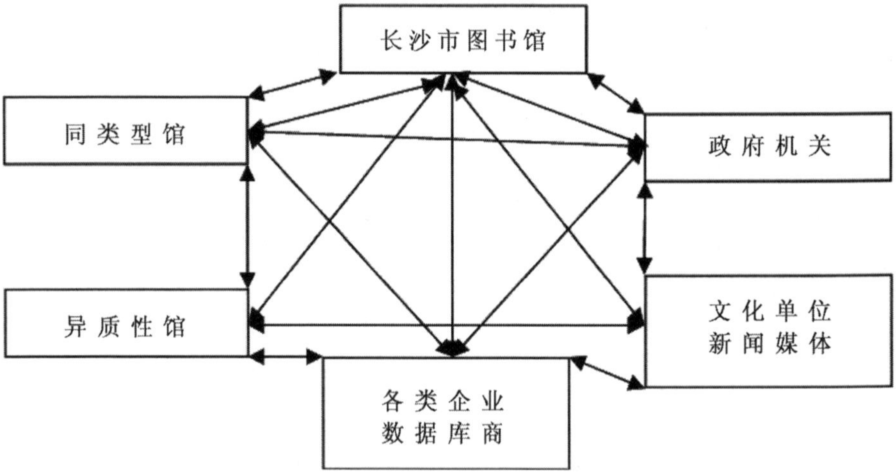

图 3-12 长沙区域图书馆协作服务的服务模式

3.3.4 长沙图书馆区域联合服务协作模式的运作

“内联—外合”的图书馆联合服务运作形式，这样可以充分发挥区域图书馆资源的优势，联合一切可合作的力量，扩大服务范围，提高服务能力和服务质量，实现区域图书馆资源的广泛共享。[1]

[1] 唐嫦燕，袁琳. 广州大学城图书馆联合服务模式的构建研究 [J]. 图书馆学研究，2008 (2):20-23.

（1）图书馆间服务的联合

图书馆间的合作联合服务，从组织关系的确立到组织机构的组建、从服务方式到服务内容的改革更新、从服务范围到服务对象的扩大与延伸都是一个复杂的系统工程，需要从长计议。首先是图书馆确立合作的组织关系，并按照合作组织的适应性、经济性和整体性的原则，成立联合服务临时组织，形成联合服务意向和协议。在共同遵守协议和合同、技术标准的基础上，按照一定的工作程序进行文献借阅、文献信息参考咨询、文献传递服务等多方面的合作。实现信息资源和服务的共享；实现多馆存取、远程网络传输、智能化检索、跨库无缝链接；实现集成化服务、智能化服务、主动性服务、开放性服务、个性化服务，从而扩大水平层，精简组织结构，简化工作流程，使图书馆读者文献信息利用空间得到进一步的扩展。在长沙开展区域图书馆联合服务，一方面长沙区域公共图书馆可加入到已有的一些联合服务项目，例如湖南省文献信息资源联合在线咨询网；另一方面，更重要的是，长沙市图书馆也可根据需要主动开展一些联合服务项目。

（2）寻求外界的合作服务

图书馆联合服务的开展，不仅需要图书馆之间的合作，同时还应争取社会的广泛支持，使联合服务的范围和深度得到进一步的拓展和挖掘。因此图书馆应与当地政府机构（长沙市内各级政府机构）、图书馆行业协会（省高校图工委、湖南省图书馆学会）、网络机构和数据库代理商等进行广泛的合作，以保障长沙区域图书馆联合服务顺利开展。在宏观战略上，长沙市图书馆联合组织可争取相关机构的大力支持和配合。否则，孤军作战，缺乏资金和资源的坚强后盾。建设“文化强省”是湖南省委、省政府推动湖南建设，实现跨越式发展、增强经济发展后劲的重要举措，长沙市图书馆的联合服务符合省、市政府规划设计共享目标的发展方向。在业务合作上，按组织的合作流程构成系列具有固定联系业务的合作网，可与网络机构和数据库代理商（重庆维谱、万方数据库、中国期刊网、书生之家、超星数字图书馆、中国高等教育文献资源保障系统 CALIS 管理中心等）、图书馆行业协会（省高校图工委、省图书馆学会）之间形成信息服务与教育培训的合作关系，开展多层次、多途径、全方位的信息服务，使区域内图书馆在真正意义上实现信息资源与服务的共享。例如长沙市图书馆开展的全民阅读推广活动，以“三湘读书月”活动为依托，定期开展“全民诵经典·书香满星城”、影视欣赏、猜灯谜、讲座、知识竞赛等活动，“你的 book 我买单”活动广受欢迎，数字资源 E 课堂获得好评，阳光周末公益大课堂免费培训、盲人无障碍电影欣赏等活动充满人文关怀。这些活动都可联合相关单位，使活动规模更大、效果更好、效益更显著。在这个过程中，可借鉴其他国内外图书馆联合服务的运作经验，例如湖南省少儿图书馆“图书角”的设立，首创了公共文化服务机构与商业场所为少年儿童阅读服务合作的全新模式。目前，省少儿图书馆已在麦当劳的5家门店（朝阳家润多店、侯家塘店、阿波罗广场店、步行街店、河西通程广场店）设立了图书角。[1]

3.3.5 长沙区域图书馆联合服务协作模式的适应性分析

（1）具有良好的合作基础。长沙区域图书馆地理位置相对集中，而且发展水平较高、规模较大，各图书馆的软硬件建设较好，现代网络信息基础设施较完善，利于以服务资源的自由共享为原则，统筹规划，为“互利、自愿、网络共享”的联合服务提供了有利条件。

（2）具有丰富的合作经验。长沙区域内进行了系列区域联合协作共享服务的尝试。全国层面的有中国高等教育文献保障系统、国家科技图书文献科技中心、中国高校人文社会科学文献中心（CASHL）等这些全国性共享项目在省内的延伸；省内有湖南省文献资源协作网等共建共享项目；而长沙区域内公共图书馆也积极进行着区域内资源共享的尝试。这些为区域联合服务模式的构建提供了丰富的合作经验。

（3）读者的迫切需求。随着两型社会的建设，长沙市在中部的崛起，在长沙市经济、文化和政治建设中，人们日益增长的阅读需求与有限的文献资源构成一对突出的矛盾。实现区域联合服务，联合一切可以联合的力量共同推进区域文献信息服务能力提高，是缓解这一矛盾唯一有效的途径，也是使图书馆走出困境的必由之路。

3.4 长沙区域图书馆资源共建共享集成模式

覆盖一个地区的公共图书馆服务体系可以有多种实现形式，包括总分馆体系、图书馆联盟、服务协作网络等，关键是其组织管理形式要符合实际、读者便利、管理简便、成本低廉、资源共享、可持续发展。

总分馆体系、图书馆联盟、服务协作网络三大模式的共性分析如下：一是建

[1] 长沙图书馆推出24小时自助借阅服务[EB/OL].[2012-12-10] http://www.takungpao.com/sy/2012-04/23/ content_42039.htm

设目的都是资源共享，解决图书馆服务能力的不足与用户日益增长的多样化信息需求之间的矛盾。通过图书馆与其他单位之间的互通有无、互利互惠与资源整合，发挥群体优势，实现整体大于局部的效果，提升图书馆信息服务质量与服务水平，实现用最小的投入来最大限度地满足用户的多元化信息需求。二是追求的目标相同。都是利用先进的信息技术，联合各个单位，实现资源效益的最大化。三是涉及的部分业务工作相同。通过联合增强采购资源的议价谈判能力和购买力，尤其是在数字资源方面经过费用分摊，共同拥有数字资源的使用权；联合编目与资源目录共享；联合开展数字参考咨询服务，对馆员进行集中培训和继续教育；以集体名义寻求社会各界的理解和资金资助等。

表 3-4　长沙区域图书馆资源共享三种模式的比较

	管理机制	共享内容	共享范围	组织形式	共享方式	共享原则
区域总分馆	统一管理、政府主导	人、财、物	市属公共图书馆	组织紧密	公益性共享	统一共享原则
区域图书馆联盟	联盟委员会	人、财、物	区域内图书馆	组织较宽松	合作型共享	协商契约原则
区域联合服务	联合协议	所有可共享资源	区域内所有单位	组织自由	资源交易型共享	互惠互利原则

但是三种模式也存在显著差异，如表 3–4 所示，我们应该根据长沙市区域实际情况，结合三种模式的优缺点，实现多种模式的集成，把以总分馆为核心的公共图书馆服务体系、跨系统的区域图书馆联盟体系、区域所有单位组成的联合协作服务体系整合，建立一个纵横交错的立交式的区域共享网络体系，综合开展各项合作共建共享事务（如图 3–13 所示）。具体开展长沙区域图书馆资源共享，应该分三个层次：一是以长沙市图书馆为主，以长沙区域图书馆总分馆模式为基础和起点，构建区域公共图书馆服务体系的主体，总分馆模式的共享内容与服务范围限于市属公共图书馆；二是以长沙区域图书馆联盟模式为核心，联合区域内所有的图书馆，构建较为广泛的区域图书馆服务体系；三是以长沙区域图书馆联合服务协作模式为补充，根据区域图书馆事业发展目标的需要，联合一切力量来加强图书馆服务体系建设。例如，从公共图书馆总分馆体系到图书馆联盟体系，延续了“政府主导”的建设思路，这一思路保证了公共图书馆服务体系进一步的延伸，也使图书馆服务联盟能够克服松散联盟导致的资金保障问题，并可提升统一

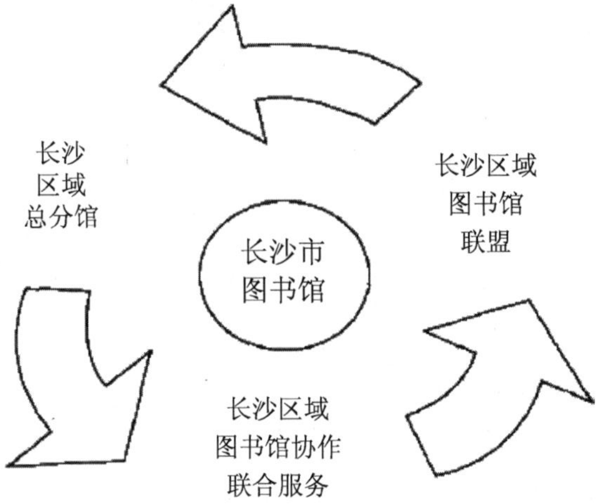

图 3-13　长沙区域图书馆资源共享集成模式

服务平台的服务能力。

在具体实施长沙区域图书馆资源共享集成模式时，应该以长沙区域图书馆总分馆模式为基础和起点，先期尝试总分馆模式；然后再从两方面延伸推广。纵向上延伸，长沙市图书馆为总馆，区县（市）图书馆、街道（乡镇）图书馆、村或社区图书馆为分馆的服务体系；另外以各县（市）图书馆为总馆，所辖街道（乡镇）、村或社区图书馆为分馆的总分馆体系，逐步实现总分馆体系在长沙区域全覆盖的目标。横向上的发展，由总分馆模式转移发展区域图书馆联盟、再向区域图书馆联合协作服务，实现区域全社会信息资源共享，构建一个覆盖全市、城乡一体、功能完善、优势互补、资源共享的区域图书馆信息服务体系。

PART FOUR

第四篇

长沙区域图书馆资源共建共享问题及对策研究

1. 基于总分馆模式的长沙区域图书馆资源共建共享问题及对策研究

长沙地区非常重视图书馆资源共享，正在全市推广总分馆制，已下发《长沙图书馆总分馆制实施方案》，总分馆之间实现了通借通还。但与长沙地区人们对公共文化的需求与国家公共文化服务体系示范区创建的要求还存在一定的差距。下面试图分析其中存在的主要问题，探讨相应的对策，以更好地推动区域图书馆资源共建共享，提升长沙地区图书馆整体服务效能。

1.1 基于总分馆模式的长沙区域图书馆资源共建共享存在的主要问题

1.1.1 各级政府部门的全面配合需进一步协调

长沙图书馆总分馆制虽然已有长沙市政府的主导和全面规划，但要取得相应部门的支持与全面配合，仍需时日。分馆建设所涉及的相应政府部门，也是权责不清，在有些问题上容易产生相互推诿，分馆建设与运行困难比较多。从目前长沙市总分馆的设置来看，主要的障碍也是管理体制。长沙市图书馆作为总中心馆，没有统一的人、财、物管理与支配权，并未涉及行政和财政隶属关系，人财物的管理仍归各馆，中心馆对分馆只有业务管理权而没有行政管理权。长沙市总分馆制实现由行政分层管理到图书馆行业管理的过渡任重道远。

1.1.2 总分馆的积极性尚需进一步激发

由于各方面因素的影响，部分区县和街道、社区对分馆建设重要性认识不到位，在建设初期强调困难的多，主动克服困难的少，大多存在只“共享”而不主动“共建”的思想，甚至有些分馆领导还担心增加自身负担，不能积极创造条件来推动分馆的建设。

1.1.3 财政投入有限，经费不足

充足的经费是全国各地各类型总分馆制图书馆建设的直接动力。经费一直是困扰着图书馆事业发展的瓶颈，这在当前的总分馆制推行过程中表现得尤为明显。总分馆制实施，无论是馆舍，还是设备、资源建设与共享的成本已大大提高。

如从长沙已设置的24小时自助图书馆来看，其打破了传统图书馆在时间和空间上的限制，为大量读者提供了便利，也适应用户自我服务的需求与发展趋势，是传统公共图书馆的有益补充。但相比日益延伸的城市范围和群众对公共图书馆便捷性的要求，毕竟是杯水车薪，况且几十万元一台的设备还需要相应的配套设施投入，也需要相应的人员对文献资源进行管理与更新，这无形当中增加了图书馆的运行费用。可目前的财政投入还只能满足基本的硬件设施建设和图书共享的基本要求，满足读者需求所需的人、财、物保障与实际需求差距比较大。

1.1.4 图书馆专业人员缺乏

相对于常住人口而言，长沙图书馆全职服务人员配备比例是非常低的。因为在总分馆的发展过程中，用人机制局限大，现有人员难以满足需求，需要的专业图书馆员难以引进。目前各分馆馆长队伍整体素质也是参差不齐，分馆很多岗位暂时皆由临时工作人员担任，严重影响了总分馆体系整体服务水平的提升。如在长沙县31个乡镇图书馆中仅有8个图书馆设有专职的管理员，其余都是兼职的，且有很大一部分是合同工或聘用工，工资待遇低，更换频繁，服务热情不高；已有的管理员业务素质不高，大专以上学历的只占68%，有些缺少专业知识，根本不能胜任咨询、检索等专业性较强的工作。[1]

1.1.5 分馆布点不足且发展不平衡

在国外，尤其是美国、新加坡、加拿大等图书馆事业发展较好的国家，图书馆在居民日常生活中扮演着非常重要的角色，起着不可替代的作用，这与其有较完善的方便居民的街道（乡镇）、社区分馆体系分不开。从《长沙图书馆总分馆制实施方案》可知，其目标是争取到2013年，建成基层图书馆（室）、农家书屋2000个，总分馆（服务点）100个，建好1个数字图书馆（市图书馆），“十二五”末，全市公共图书馆覆盖全地区，资源服务实现“一卡通”。但自2011年12月全市总分馆体系开始运行以来，到2013年全市已经建成的分馆才58家，一个区县平均不到10家，况且分馆发展不平衡。总体来看，只有岳麓区和长沙县的分馆建设比较迅速。在分馆布点少且又发展不平衡的情况下，完善的服务网络形成尚需时日，总分馆服务效益的整体提升受到制约。

---

[1] 徐佳，刘弘旻．长沙县乡镇图书馆现状调查及思考［J］．图书馆，2010 (4):69-70, 73

1.1.6 总馆的定位有待进一步明确，管理有待加强

目前长沙建设的分馆有直属分馆和共建分馆两种主要形式。对于各分馆，皆要求在馆舍前明显位置悬挂长沙市图书馆提供的“长沙图书馆 xx 分馆”标牌。可对于具体的人、财、物的配置与管理而言，总馆的权利与责任有待进一步明晰。再加上受管理体制和文献资源所有权等因素的制约，总馆定位显得更加模糊。如共建分馆的管理运行商，要求总馆协助分馆制订图书馆统一的业务工作标准和规则，提供技术和服务支持，并定期为分馆更新图书。但同时要求区县（市）图书馆统一负责所在区县（市）财政配套辖区基层分馆经费的使用，承担辖区分馆图书文献的采购、编目、加工和配送工作。这样对于分馆的管理与服务监督将可能流于形式，更影响联合服务业务的协同发展。

只有长沙市图书馆的文献资源、设备、技术、人力资源与服务管理加强了，才具有辐射分馆的能力。分馆作为总馆的一个服务窗口，需要总馆在资源建设和资源配置、服务标准、开展活动、技术支持、考核管理等方面提供强有力的支持和指导，所以总馆必须具有较强的综合实力。如从当前的文献资源来看，总馆藏书量明显不足，根本没有达到《公共图书馆建设标准》人均拥有公共图书馆藏书 0.6—1.5 册的标准，更难以达到国际图联 20 世纪 80 年代提出的人均 2 册的标准。随着分馆数量的增加和业务活动的增多，总馆的负担将越来越重，如果自身不做大做强的话，难以创新服务，起到总馆的作用，势必影响整个总分馆体系中各个图书馆的服务能力。

1.1.7 服务宣传与推广有待进一步强化

在大部分用户的心目当中，图书馆只是一个书的中心，借阅服务仍然是当前图书馆的主要服务方式。目前长沙市图书馆进行了一系列的服务创新并进行了宣传推广，如“你购书，我买单”等活动深受欢迎，也有长沙的相关媒体进行了报道。但这种服务活动不可能全面而长期开展下去，用户难以考虑到图书馆的馆藏基础和主要收藏任务，难以兼顾到自身以外的其他用户需求，且受益的人群与辐射的区域还有限。不断创新是图书馆可持续发展的原动力，图书馆服务要持续发展，需要不断创新服务，进一步强化已有服务的宣传与推广，才能扩大图书馆本身的社会影响，改变长期以来社会用户对图书馆的偏见和缺乏了解的现状。

1.2 基于总分馆模式的长沙区域图书馆资源共建共享对策探讨

1.2.1 健全相关政策与制度保障

长沙图书馆总分馆制的正常运行在宏观上依赖于国家、湖南省和长沙市相关政策的正确指导，在微观上依赖于一定政策背景下的法规、制度和具体的管理措施。

政策是指在某一范围内，政府与图书馆决定实施总分馆制的导向和行为准则，是一种原则性的文件。长沙图书馆总分馆制的实施，首先，需要完善相应的政策支持，才能使总分馆制的推行有据可依，通过相应的政策，确立长沙市图书馆的总馆地位，明确各分馆的设置地点和流通点职责；确立总分馆的管理体制、总目标和总方针；明确总分馆各自的权利、义务、行为准则等。具体来说：①国家层面的政策推动是影响最为广泛的，如公共图书馆免费开放政策等。2011年1月26日，文化部和财政部下发了《关于推进全国美术馆公共图书馆文化馆（站）免费开放工作的意见》（下称《意见》），要求“到2011年底，全国所有公共图书馆、文化馆（站）实现无障碍、零门槛进入，公共空间设施场地全部免费开放，所提供的基本服务项目全部免费”。其中规定公共图书馆“免费开放服务范围主要包括：一般阅览室、少年儿童阅览室、多媒体阅览室（电子阅览室）、报告厅（培训室、综合活动室）、自修室等公共空间设施场地免费开放；文献资源借阅、检索与咨询、公益性讲座和展览、基层辅导、流动服务等基本文化服务项目健全并免费提供；为保障基本职能实现的一些辅助性服务如办证、验证及存包等全部免费”。由此可知，图书馆的免费开放基本上涵盖了图书馆的各个方面，不仅包括基本的借阅服务，还涉及场地设施、讲座展览、辅助性服务等。这条政策颁布以来，全国上下的图书馆、文化馆等基本都实行了免费开放，有效扩大了公共图书馆的社会影响力。但目前国家层面的政策主要是公共文化服务体系发展当中涉及的相关内容，至于具体的总分馆发展政策还没有，全国各地都在呼吁完善相关的政策。②湖南省级层面的政策目前主要是湖南社会经济文化发展方面的相关宏观政策，也难以解决长沙市总分馆体系建设当中的实际问题。③最具针对性的是长沙市的相关政策。但目前总分馆制的主要依据是长办发〔2011〕49号文件《关于推进国家公共文化服务体系示范区创建工作的意见》和《长沙图书馆总分馆制实施方案》，其对于总分馆制的管理体制、运行机制、财政投入、人员编制与考核要求、服务标准与规范、信息资源管理与开发、地方特色信息资源的建设与保存等相关规定还需要进一步完善。

政策虽然能为总分馆制的推行提供依据，但很多政策都容易受外部环境的影响而变动。为保证政策的连续性，需要上升为相应的制度，最好通过立法确保总分馆的建设可持续发展。政策为相应制度的制订奠定了坚实的基础，一部分成熟了的政策可以升华，以制度的形式固定下来，同时可以制约和调节相关政策的制订与实施，有效地进行政策负效应的控制等。美国对信息资源共享活动极为重视，其公共图书馆事业非常发达，总分馆制也非常成功，并颁布了相应的法律法规来保证信息资源共享的顺利进行，如《图书馆服务法》《美国图书馆馆际互借实施规则》《公共信息准则》《信息自由法案》《电子信息自由法案补充条款》以及一系列的版权法等，都为信息资源共享活动、公共图书馆事业的发展提供了较好的制度保障。长沙市政府应在国家和湖南省的信息政策、公共文化服务体系发展政策、知识产权法规等指导下，健全长沙市公共图书馆总分馆制的相关政策与制度法规。总分馆本身也要通过相应的制度来明确各方的责任、权利与义务，完善有关服务网点布局、借阅及其他服务方面的规章制度。

1.2.2 突出政府的建设主体作用

在公共图书馆建设过程中，政府的主体作用主要体现在政策的支持和财政投入方面。对于长沙市政府而言，在公共图书馆总分馆制的推行过程中，必须起主导作用。

受图书馆传统管理体制的影响，中国信息资源共建共享的每一步发展，都与政府的作用是分不开的。我国有组织的文献资源共建共享活动是从1958年开始的，当时国务院公布了《全国图书协调方案》，决定在国务院科学规划委员会下设图书小组，由文化部、高等教育部、中国科学院、卫生部、地质部、北京图书馆的代表和若干图书馆专家组成，负责全国为科学研究服务的图书工作的全面规划，统筹安排。首先做了两件事：一是建立全国（上海、北京）和地方中心图书馆委员会，负责全国和本地分工合作工作的开展。二是编制联合目录，如编制全国西文新书、西文期刊、中文期刊等联合目录，取得了非常大的成效。但由于历史的原因后来发展停滞了。上海地区发展图书馆事业的举措和推动上海市文献信息资源共建共享的做法对全国来说是一个成功的典范。1993年末，“上海地区文献资源共享协作网”决定筹建；1999 年上海市政府主导组建由上海市公共图书馆、高校图书馆、科研图书馆组成的文献信息资源共享网络，首次提出了“共建”“共知”“共享”理念，至今还影响着全国信息资源共建共享活动和相关理论发展。

从目前长沙市总分馆的设置来看，主要的障碍也是管理体制。长沙市图书馆作为总中心馆，没有统一的人、财、物管理与支配权，并未涉及行政和财政隶属关系，人财物的管理仍归各馆，总中心馆对分馆只有业务管理权而没有行政管理权。其运行模式是在不改变原有行政隶属、人事和财政关系的情况下，总中心馆负责协调规划全区域内文献资源的采编、分类、标引、加工，统一审校总分馆书目数据；区县（市）馆按照总中心馆协调规划负责本区域内图书采编、加工；分馆做好各种读者服务工作。总分馆之间实行通借通还，共同保障市民便捷利用。总中心馆负责城区总、分馆之间的馆际物流，指导和协调分馆读者服务工作；区县（市）图书馆负责本区域内分馆、服务点的馆际物流。正如李国新教授指出的：管理层级和管理单元的调整和变革，不是业务问题，不是技术问题，是体制问题；总分馆建设归根到底是一个制度（体制）问题。[1] 为突破体制障碍，打破一级政府管一级图书馆的局面，改变图书馆财政拨款“分灶吃饭”现状，长沙总分馆制实施的领导和协调应由市领导牵头，各相关部门组建长沙图书馆总分馆制实施的领导小组和办公室，唯有如此才能从长沙市区域信息资源共建共享的角度进行合理规划与布局，协调相关方的利益关系。

长沙市总分馆制的推广顺利与否，决定于市政府的主导作用，离不开政府职能部门的积极支持，同时还要争取其他相关部门的积极支持，除了财政投入、政策倾斜和场所提供外，最关键的还是要支持图书馆早日实现由行政管理过渡到行业管理。

1.2.3 把握总体要求，充分调动总分馆的积极性

2005 年，公共文化服务体系开始正式提出。2005 年 12 月 23 日，中共中央和国务院发布了《关于深化文化体制改革的若干意见》，其中明确指出了国家兴办的图书馆等是“为群众提供公共文化服务的单位，为公益性文化事业单位”，并提出了发展公益性文化事业的“增加投入、转换机制、增强活力、改善服务”的 16 字发展方针。党的十七届六中全会强调“按照结构合理、发展平衡、网络

[1] 李国新.“总分馆”建设的最大障碍是体制障碍——《覆盖全社会的公共图书馆服务体系：模式、技术支撑与方案》读后［J］. 图书馆建设，2008 (9)1-3.

健全、运行有效、惠及全民的原则，以政府为主导、以公益性文化单位为骨干、鼓励全社会积极参与，努力建设公共文化产品生产供给、设施网络、资金人才技术保障、组织支撑和运行评估为基本框架的覆盖全社会的公共文化服务体系，切实保障人民群众看电视、听广播、读书看报、进行公共文化鉴赏、参加大众文化活动等基本文化权益”。公共图书馆要以最大限度地满足本地社会需求为目标，在长沙公共文化服务体系中发挥自身的作用。

在长沙地方经济建设与社会发展过程中，已表现出了对信息资源的巨大需求，并对图书馆信息服务提出了较高要求。目前长沙市管辖的范围在不断扩大，人口在不断增多，而长沙市公共图书馆的发展远远满足不了广大社会用户的公共信息需求。加强总分馆建设既能充分整合长沙市区域内公共图书馆的资源和服务，又能方便居民，提升服务效益。

总馆与各分馆要以最大限度地满足本地社会需求为目标，树立共享观念、整体观念、开放观念，摒弃“小而全”“大而全”的资源建设与服务意识，积极参与总分馆建设和服务。

总馆的工作作风和服务规范影响着各分馆的运行和服务质量。总馆要着力提高自身的管理与服务能力，力图具有全面辐射分馆的能力。总馆服务周到，图书采购、加工、配送、更新及时，用户满意度高，势必会提高各分馆的积极性。

各分馆要不断完善自身的服务设施和资源。各分馆面向的用户是千差万别的，单靠总馆调拨的图书难以满足本地用户需求，各分馆要根据本地用户主要需求和馆藏基础，加大自身特色信息资源建设，以更好地满足周边用户需求，真正担当起分馆的角色。也只有如此，才体现总分馆资源共享的意义，分馆之间的资源共享才能有效开展起来，各分馆才能真正融入一体化的总分馆体系，最大程度地发挥馆藏资源的效用。

1.2.4 争取加大公共财政投入

经费保证是分馆建设的必要条件。由于图书馆的公益性，不以赢利为目的，如果没有政府的支持，没有公共财政的经费保障，就无法正常开展活动。目前全国多地政府投入了大量财政资金来推动本地总分馆的发展。如广东省政府每年下拨广东省立中山图书馆 600 万元专项经费用于推动流动图书馆建设；深圳福田区投资 13 亿元打造“一公里文化圈”；杭州市政府给杭州图书馆增加 600 万元，用于构建“一卡通”的服务体系；苏州图书馆的运行经费从 2003 年的 800 万元增加到了2006年的1600万元，4年翻了一番，而且市政府从2008年起给苏州图书馆增加180万元用于分馆建设；嘉兴分馆的开办经费核定为每个30万元，由市、区、乡镇财政各负担10万元，建成验收合格后由市馆和区文化局拨到乡镇，投入正常运营后，区财政每年为每个分馆提供10万元补助经费，由市馆专款专用，乡镇财政负责分馆运营的水电费、房屋维修费，以及乡镇配备的管理员工资。[1]哈尔滨在总分馆运行过程中，在资金投入方面，区馆的运行费用和人员费用仍由区里承担，市馆和区馆在业务经费投入比例中市馆应占60%—80%，区馆应占20%—40%，主要是购书费及相关业务经费。[2]

长沙市对公共图书馆总分馆建设确立了相应的财政投入标准。按照总分馆方案要求，在市图书馆事业经费中，每年市财政按每个分馆（服务点）2万元的标准设立县以下分馆运行专项经费（主要用于总分馆流通图书采购、加工、设备维护、系统升级、交通费、借书卡制作、培训、标识、志愿者服务费等）；在区县（市）图书馆事业经费中，每年各区县（市）财政按每个分馆（服务点）2万元的标准设立县以下分馆运行经费，主要用于分馆日常运行及管理人员工资等。乡镇（街道）、村（社区）分馆（服务点）年新增报刊经费、前期建设所需的人员、设施设备、图书、网络通讯费等由所在区县（市）、乡镇（街道）财政共同解决。笔者认为，目前我国图书馆事业的发展主要依靠各级政府的财政拨款，但政府的财政投入与当地财政增长比例和社会对图书馆的需求不一定相适应。随着总分馆服务体系的发展，公共图书馆在公共文化服务体系当中的影响日益提高，但随着分馆数量的增加和规模的扩大，总馆在自身经费有限的情况下，分馆建设与投入面临的压力也越来越大。长沙市总分馆体系运行过程中，应根据长沙市、区县（市）政府的财政状况和各分馆的实际情况，确定相应但不必统一的财政投入比例。各区县（市）政府应当根据本地经济发展情况和财政收入增长情况，实时加大对本级公共图书馆的财政投入，在保证总分馆运行正常的设备、设施、人员、图书资源的采购、加工、周转与保存费用基础上，逐步增加图书资源、数字资源、服务人员方面的投入，以更好地落实总馆与分馆的建设。

除了主要的财政投入外，长沙市图书馆前任馆长张晓原曾提出解决经费困难的几种办法，并在当前的分馆建设过程中不断得到应用：如师友图书馆等采用民

[1] 徐萍．总分馆制公共图书馆建设的现状及模式探析［J］．科技情报开发与经济，2009, 19 (17):89-90.
[2] 牛文杰．用好图书馆，把图书馆融入市民生活——哈尔滨市图书馆总分馆制的文化定位［J］．图书馆学刊，2008 (2):98-9.

办公助形式已发挥了较好的作用；另外，还应争取更多的社会资助，发动当地的单位和居民群众捐款、捐书等；如有可能，可开展深度服务收费项目，以弥补经费的不足等。[1]

1.2.5 加强总分馆人力资源建设

数量上充足、结构合理的人才队伍是图书馆事业发展的核心要素之一。为保证总分馆的发展，首先人数上要保障正常运转的要求。应突破用人机制，合理增加图书馆方面的专业人员。但在总分馆实际运行过程中，长沙市馆目前还只能向社会临时招聘总分馆物流、设施设备维护等少数岗位人员，在业务不断发展的情况下，专业人员缺乏而带来的问题日益凸显。分馆的人员则更紧张，如望城师友图书馆，目前图书已达 3 万册，却只有一个工作人员。长沙县金井镇凤形山地区的文化服务站，据说有 3 名工作人员，负责的易站长却身兼多职（有关老年、文化、科技的所有工作基本由其负责）。在用人机制受限的情况下，各分馆可以聘用临时人员和一些志愿者，也可关注退休老干部、老教师、老专业技术人员、学生用户，适当时候，可以请他们担任总分馆阅读推广志愿者，既可以缓解目前管理人员不稳定、业务素质不高的问题，还有利于拉近图书馆与公众的距离，使图书馆的服务更容易被用户所接受。

在现有的人员结构和数量基础上，图书馆总分馆还要加快推进从业人员教育培训的规范化、系统化与长效化，定期举办业务培训与考核，推行持证上岗，全面提高全地区图书馆工作人员的业务水平。为了提高分馆工作人员的业务水平和素质，长沙市图书馆要求分馆工作人员分期分批接受总馆专业培训。分馆人员业务培训应注重培养馆员良好的职业素养，掌握基本的业务流程、专业知识和业务技能，熟悉总分馆馆藏资源，使之不但能承担一般性业务工作，同时能承担咨询、检索等专业性较强的工作，能使用专业语言对用户需求进行引导并提供相应服务等。

在总分馆现有的人员结构和数量基础上，还应组建一支能完成特定项目服务的人员队伍。一些服务项目因为难度大、时间紧、操作复杂等，往往需要集体智慧与协同工作才能完成。这时的服务已不是单个馆单个人的行为所能胜任，需要一个团队来支撑。目前很多地区和系统的图书馆咨询服务，在整合各成员馆服务

[1] 张晓原. 社区图书馆现状分析及发展构想 [J]. 图书馆, 2005 (4):110-113.

人员的基础上组建了服务团队，发挥了较好的效果。为了更好地推行一些项目服务，总分馆也可以组建相应的服务团队，如与长沙的一些社区分馆及中小学图书馆合作开展阅读、演讲、竞赛等项目服务；与企业分馆一起开展职业培训、文艺活动等。

在长沙目前的总分馆制下，现有人事关系是不能改变的，因为各分馆人员的工资和一切福利待遇由当地政府负责，总馆只负责提供技术与服务指导。基于此，从长远来看，市中心图书馆可以下派专业人员到分馆轮流工作，分馆工作人员也可来总馆轮流工作一段时间，以使总分馆的工作更有序推进，协同发展。

1.2.6 明确总馆定位，强化总馆对分馆的管理与监督

总分馆制形式上要求统一标牌，核心在于建立统一采购、统一编目、统一配送、统一服务的机制，要实现以上几个方面的“统一”，前提是经费管理和人员管理的统一。深圳宝安区图书馆的总分馆建设从 1998 年开始启动，经历了 10 年的探索，直到 2008 年在确立了区图书馆在总分馆中的地位后，分馆建设才走上了低成本、高效益和可持续发展的路子。在松散型的总分馆模式下，全区三分之一的社区分馆开放不理想。2008 年初对以前全区（含光明、公明街道）128 家达标社区馆进行调研，根据图书馆选址、馆藏资源补充以及读者流量等综合评定，将服务情况划分为良好、一般、较差、偶尔开放和关闭五种。未持续开放的原因表面看来可能是网点布局不合理、后续无经费投入、业务管理不规范等，但其深层次原因却是缺乏总馆的统一管理，导致分馆馆藏资源因无法调配、共享而呆滞，同时提供的服务缺乏专业水准。[1]

目前长沙市的“总分馆制”仍是在不改变原有行政隶属、人事和财政关系的情况下进行的。《长沙图书馆总分馆制实施方案》中规定：总中心馆的职责主要有根据总分馆制基本任务要求，研究制订和组织实施总分馆长远发展规划和年度工作计划，并对完成情况进行考评；根据总分馆制具体任务要求，组织落实协调采购、集中编目、通借通还，共建数字资源库，实现区域图书馆资源共享；研究制订各项业务标准、工作要求和管理制度；建立统一的网络信息平台，提供计算机集成系统和网络系统的技术支持和维护；组织建立以中央书目数据库为依托的长沙地区图书馆书目查询系统（OPAC），强化和保障总馆和分馆之间的信息存取

[1] 李英．宝安区图书馆总分馆建设 10 年之路 [J]．图书与情报，2009 (4):94-97.

和利用功能；组织建立高效的总分馆文献物流传递系统，加速文献周转，保障全市图书通借通还的实现，快速有效地满足读者需求；向所有分馆提供长沙数字图书馆网上资源；开展网上参考咨询服务，及时解答分馆读者及工作人员的疑难问题；组织分馆开展全市性阅读推广活动；对所有分馆人员免费进行业务培训；负责所有分馆的考核，向市县（区）文化主管部门和财政部门反馈分馆建设和服务实际情况，为财政预算提供依据。从以上规定来看，总馆的定位还是很模糊的，还应考虑到经费管理和人员管理的统一，考虑到图书馆现行管理体制和文献资源所有权等因素的影响，使总馆真正成为本地的文献信息资源保障中心、行政和业务管理中心、技术支撑中心、专业人员培训中心、文化信息传播与市民文化学习、娱乐中心等。

总馆只有在定位明确的前提下，才能实现自身的全面发展，才能更好地指导与监督分馆的建设与运行。就文献资源建设而言，总馆要成为全市的文献信息保障中心，要按照《长沙图书馆总分馆制实施方案》要求实现文献资源协调采购和配置，优化长沙地区馆藏资源布局；要共建、共享各类型数字资源；要激活现有文化资源存量，实现图书馆资源的优化组合与共享，加大公共文化产品供给力度和社会共享力度；要加强总分馆特色资源建设，对于长沙历史发展、风土人情、特色经济、主要人物与事件、主要企业、地方法规、本地正规出版物（呈缴）、便民信息资源等组织专题，尽量收集齐全反映长沙特色的信息资源并进行数字化转换与上网服务；总馆要推动分馆合作藏书建设，对市政府投入总分馆制建设的专项购书费购买的图书统一采购、统一调配、定期轮换、资源共享；对利用率相对较低，但又必须收藏的文献信息资源，可建立贮存图书馆来保存与收藏等。从设备与技术方面来看，应采用现代先进技术并不断完善，保证总分馆制的正常运转，并有专人对分馆进行技术指导与维护，要采用能兼容的管理系统、统一的技术标准、统一的服务标准。对于人力资源而言，在不能改变已有人事关系的前提下，要选好聘好分馆馆长，要对分馆人员进行培训。从服务来看，除了推广“通借通还、馆际互借”的“一卡通”服务外，还要不断提高自身的服务质量，要创新服务来带动分馆的服务发展，而不只是停留在简单的被动借阅与查询服务上。

1.2.7 进一步争取社会力量支持，促进分馆建设

建设布局合理、方便居民利用的分馆是公共图书馆搞好服务的基础。国外公共图书馆非常重视分馆建设，如美国的纽约、波士顿、布鲁克兰、辛辛那提、

巴尔地摩、芝加哥、新泽西，加拿大的多伦多、温哥华、卡尔加里，新加坡的淡滨尼等城市与地区的社区图书馆或称区域图书馆几乎遍布各个角落，为社区居民提供服务，满足社区居民多元需求。多伦多的公共图书馆始建于 1884 年，藏书 1100 万册，是加拿大最大、全世界最繁忙的公立图书馆系统。现有 99 间分馆，均分布在交通便利的地段、人流较多的购物中心里和大大小小的社区中，不论工作、居住在市区，还是偏远的郊区，都能毫不费劲地在附近找到一个图书馆，大大方便了居民们使用图书馆的资源。[1]长沙市分馆建设准备整合文化共享工程、农家书屋资源，加强乡镇（村）分馆建设，是完全可行的。因为文化部实施的文化共享工程已实现“村村通”，农家书屋在长沙所有行政村已实现全覆盖。这两项工程的实施，为图书馆整合资源、延伸服务、推进总分馆建设提供了基本条件。

充分引导社会力量促进分馆建设，主要目的是为了增加分馆的布点与数量，提高分馆自我发展的能力和服务水平。在公共财政投入有限的情况下，动用社会力量办馆助馆在国内外有很多成功的例子，在长沙地区也有感人的例子，如望城师友图书馆、长沙县北山镇青田书屋等。

但长沙地区社会力量办馆助馆毕竟还是非常有限的，基本上还只是一些热心图书馆事业的个人努力，也没有形成较好的文化氛围，在这方面可以借鉴国内外其他图书馆的成功经验。如杭州地区借鉴发达国家的经验，通过基金会筹措资金发展公共文化事业，利用这个平台宣传公共图书馆理念，联系社会方方面面，募集善款，开辟经费新来源，为图书馆发展提供雄厚的资金支撑。2005 年，杭州图书馆事业基金会宣告成立。这是我国第一家图书馆事业发展基金会。它的原始资金是 400 万元，主要用于资助图书馆事业建设和奖励对图书馆事业发展有重大贡献的先进集体和个人，近两年募集资金约 60 万元，为促进杭州公共图书馆事业的发展助了一臂之力。[2] 再如，社会捐赠公共图书馆在国外也是非常普遍的。1900 年，美国公共图书馆并不十分普及，当时的美国钢铁大王卡耐基就向社会捐建了 3600 余所公共图书馆，并促成美国政府为这些公共图书馆的管理和服务提供常年经费。[3] 另外，洛杉矶公共图书馆通过成立图书馆基金会与书友会等获

[1] 蒋楠．多伦多公共图书馆的读者服务工作——及对我国公共图书馆的启示 [J]．农业图书情报学刊，2011 (10):204-207.

[2] 本刊记者．跨系统联城乡的总分馆制——访杭州市图书馆馆长褚树青先生．国家图书馆学刊 [J]，2007 (4):36-40.

[3] 王嘉陵．美国公共服务体系中的公共图书馆服务 [J]．新世纪图书馆，2010 (1):6-8.

取社区公众支持、拓展资金来源、促进分馆建设的做法对长沙市区域分馆建设也是一个很好的借鉴。

1.2.8 加强宣传推广，打造图书馆服务品牌

首先，总分馆要不断创新服务。创新是图书馆发展的动力。国外公共图书馆不仅为居民提供知识，还是居民和学生活动、读书、学习的场所、信息交流的平台，公众共享的文化空间。图书馆除提供一般的常规服务外，还经常为社区居民举办各类讲座、培训、展览等活动，发布各类生活信息，发放各类休闲娱乐的入场券等。概而言之是儿童的启智之源、学生放学之后的安生之所、老年人的排忧解寂之处、成年人的自我完善之地。[1] 2005 年 OCLC 通过调查发布了“对图书馆和信息资源的认识”报告，指出信息用户仍把图书馆看做是借书的地方，大多数的信息用户认为搜索引擎比图书馆更符合人们的生活模式。也就是说在大部分读者的心中，图书馆还是一个书的中心，借阅服务仍然是当前图书馆不可缺少的服务方式。上海市图书馆馆长吴建中认为，图书馆是人的中心，是人的图书馆。因为图书馆是人与人交流的空间，是聚集信息资源和人的资源的知识空间。图书馆不仅要积极地参与到大众的知识普及和更新当中，也要积极地参与到政府的决策咨询当中，研究群体的研发创新当中，以及企业与自由职业者的产业发展和产品增值 当中。[2]

其次，加强宣传推广。目前很多用户对公共图书馆的信息资源了解并不多，因而需要图书馆主动面向用户宣传推广自己的服务，多主动了解用户需求，多与用户沟通。据相关调查表明，长沙县农民对于“是否知道文化信息共享工程”，84% 的不知道，只有 26% 的知道。[3] 一项图书馆服务只有发展到一定程度时，才会引起用户注意。如对于长沙市总分馆推行的“一卡通”服务，这是一项服务创新，服务初期，中心馆应向成员馆推出专门的宣传手册，统一制作宣传展板，统一组织宣传促进月活动，可通过现场咨询活动、宣传展板展示、服务讲座、用户文献资源利用情况调查、评选宣传活动优秀馆、召开总结交流大会等形式刺激公众对“一卡通”服务的需求和利用。较有影响的活动，还应借助媒体进

---

[1] 老井．岩松看美国（读书笔记）[EB/OL]．[2012-03-22] http://blog.sina.com.cn/s/ -blog-4ab4a7bd0100i188.html.

[2] 吴建中．拓展图书馆作为社会公共空间的功能 [J]．公共图书馆，2011 (1):3-5.

[3] 徐佳，刘弘旻．长沙县乡镇图书馆现状调查及思考 [J]．图书馆，2010 (4):69-70, 73.

行宣传。

第三，树立服务品牌。目前，长沙市图书馆要求各分馆在馆舍前明显位置悬挂“长沙图书馆 ×× 分馆”标牌，这只是图书馆服务形象标识的一部分。品牌的树立不可能一蹴而就。长沙市图书馆服务品牌的树立，需要不断提高用户对图书馆及其服务的认知度、满意度及忠诚度。长沙市总分馆要倡导图书馆整体利益至上的宗旨，推行让用户放心的标准化服务，并进行适当的宣传推广；要坚持运用“以用户为中心”的服务理念，不仅要提供面向用户的个性化信息需求服务，还要结合用户的其他信息心理特征和行为，真正实现能使用户接受、用户信息需求满足、用户满意及用户信任与忠诚的服务目标。长沙市图书馆服务品牌的树立，要寻求自身的特色，特色是事物所表现出来的独特风格。对于长沙市总分馆而言，应主要从馆藏特色、服务特色、管理特色等方面体现出来，长沙市公共图书馆和各县区分馆要更多地突出长沙地方文献资源建设与服务特色。

2. 基于联盟模式的长沙区域图书馆资源共建共享问题及对策研究

图书馆资源只有充分共享才能体现出它的价值，更好地满足社会需求。图书馆联盟是以实现资源共享、利益互惠目的而组织起来的，是受共同认可的协议和合同制约的图书馆联合体，是新形势下图书馆资源共建共享的最新形式之一。长沙地区非常注重图书馆资源共享，目前已有“湖南省文献资源共建共享协作网”、“湖南高校数字图书馆联盟”等联盟，对推动长沙地区的图书馆合作、促进资源共建共享、创新与推广服务方面起到了非常重要的作用。长沙市图书馆正努力和省图书馆、驻长高校图书馆、政府情报信息机构、企事业单位情报信息机构等采用图书馆联盟模式来实现图书馆资源共建共享。但与长沙的公共文化信息需求与创建国家公共文化服务体系示范区的目标还存在着一定的差距。下面试图分析其中存在的主要问题，探讨相应的对策，以更好地推动区域图书馆资源共建共享，充分挖掘信息资源的价值，提高区域图书馆服务效益。

2.1 基于联盟模式的长沙区域图书馆资源共建共享存在的主要问题

2.1.1 参与单位数量较少

到目前为止，长沙市图书馆真正加入的联盟只有湖南省文献信息资源协作网和全国公共图书馆讲座联盟。湖南省文献信息资源协作网的目标是建立湖南省文献信息资源共建共享平台，实现全湖南省的文献信息资源共建共享。截止到目前，其参加单位仅有11家，且基本上是长沙及其附近地区的大型文献信息机构，没有吸引全省大型文献单位的参与。湖南省信息资源协作网于2004年就成立了，但长沙市图书馆于2012年2月才加入。湖南高校数字图书馆联盟在高校图书馆之间的资源共建共享中发挥了重要作用，但目前也只局限于高校系统内的图书馆，还没有开始社会化服务，对长沙市图书馆也没有产生太大影响。

2.1.2 联盟组织协调运转效率不高

从长沙市图书馆参加的联盟来看，湖南省文献信息资源协作网作为湖南省的地区性图书馆联盟，其成员单位有高校图书馆、科研单位图书馆和公共图书馆。这些图书馆本身隶属于不同的图书馆系统。而目前我国图书馆事业中存在着“条块分割、各自为政”的问题，各个系统的图书馆由于其隶属系统和主管部门的不同，没有一个统一的机构进行管理，其协调和组织以及合作的障碍较多，不利于文献协作网的协调和运行。从其合作方式来看，最初是由湖南图书馆、湖南大学图书馆、湖南省科技信息研究所为推进全省文献资源共建共享工作，在一些领域达成共建共享协议，并向全省图书情报界发出倡议而开展的，明显缺少政府部门的主导和图书馆行业的积极推动。

2.1.3 联盟图书馆间的标准化问题

现代社会的信息资源共享是建立在先进的信息技术和网络技术强有力的支持之上的。为此，长沙市图书馆统一采购了Interlib集群业务管理系统，以统一各分馆的业务操作平台，建立总分馆的数据统一平台。但由于各分馆发展水平参差不齐，各馆之间不同程度地存在着分类、标引、数据加工、服务标准等方面的差异。如准备纳入分馆的望城师友图书馆有3万多册图书，到2012年4月13日笔者调查时还在使用自身购买的图书管理系统，虽然使用了中图分类号，也有长沙市图书馆的技术指导，但分类不统一，数据存储也不标准。长沙市馆与省馆、高校图书馆等单位之间的标准化差异更加明显，因缺少必要的统一规划和标准，造成图书馆之间各种系统不兼容和系统之间的异构，严重影响了联盟成员间文献信息资源的共享。

2.1.4 联盟运转缺乏应有的经费与人才支撑

从长沙市图书馆参加的联盟来看，湖南省文献资源协作网在没有政府大量投资的情况下，其运作主要依靠联盟内部的资源共享和团结协作，根据社会需求，开展有限的馆际资源服务活动。在人才支持方面，联盟本身没有任何一名专职人员，“协作网工作委员会”和“协作网办公室”都是由各馆的馆长和一名副馆长组成，再由各馆确定专门的咨询人员及时为广大用户提供免费的网上参考咨询和文献远程传递等服务。由于有些馆的专业服务人员本身非常缺乏，再加上受各馆业务及各成员馆在联盟内的地位影响，联盟运转的人才支持往往容易流于形式，难以真正发挥作用。

2.1.5 图书馆特色资源建设合作亟待加强

文献信息资源的共建共享其实是特色馆藏资源的共建共享，但目前的协作网及长沙地区的图书馆在特色资源建设方面，合作还非常少。首先，从已有的馆藏特色资源来看，协作网页面上没有长沙市馆特色馆藏的介绍、展示和链接，更没有各馆馆藏的统一检索入口和平台。其次，重复建设问题仍然存在，尚未联合进行特色数据库的建设和开发利用。如目前长沙地区的湖南省图书馆、湖南一师图书馆、长沙市图书馆都有部分毛泽东研究特色馆藏，而协作网内部的其他图书馆，如湘潭大学图书馆因为学科发展的原因，也正在建设毛泽东数字图书馆。联盟在特色馆藏的建设协调和合作开发方面还有待加强。

2.1.6 联盟服务内容十分有限

目前联盟开展的服务还非常有限，主要是馆际互借、文献传递、合作咨询几个方面，联盟合作采购、联合编目、合作建库、统一检索等都还没有开展起来。就已开展的服务来看，服务机制非常不健全，服务内容也很少。如协作网的联合在线咨询服务实行轮班制度，由于文献协作网现行的奖励制度形式单一，在一定程度上难以激发咨询员的积极性。此外，部分成员单位的咨询馆员都不是专业咨询馆员，而是成员单位为完成其承担的咨询任务而临时指定的，他们在成员单位的主要工作不是参考咨询服务，因而对用户提出的问题容易产生应付心理，不能积极认真负责地处理用户咨询。再加上咨询岗位人员频繁轮换，更加影响了咨询员的积极性以及联合在线咨询服务工作的质量。

2.1.7　联盟内利益分配与补偿问题有待进一步明确

图书馆联盟的共建共享是一项相当复杂的系统工程，共享活动的开展需要足够的物质基础，需要一定的人力、财力和物力的支持，这必然会涉及各合作伙伴的利益。从整体上看，图书馆联盟对国家、社会、各成员馆和用户都是有利的。但具体到每一个图书馆，由于馆藏基础、技术设备、经费来源、人员素质等各方面存在差异，各馆对联盟事务的投入无论在经费还是在设备和人员方面都有区别，成员馆之间的资源共享实际上是不平衡、不对等的。[1] 利益平衡与否是调动成员馆积极性、促进联盟良性发展的关键。但从目前长沙市图书馆参加的文献信息资源协作网来看，成本分担、利益分配与补偿问题根本就不明确，只强调了资源的共建共享，只提出各签约机构须向协作网成员单位的读者提供优质服务，执行协作网制订的统一的服务收费标准。

2.1.8　图书馆联盟的社会影响力有待提高

湖南文献资源协作网的目标之一是成为湖南省的文献信息资源共建共享平台，为用户提供信息资源和服务。然而，目前协作网的知名度却不高，主要用户都是成员馆，甚至很多成员馆的用户都不知道它的存在；虽然资源协作网在各成员馆的主页上都有相关链接，但却很难引起用户的关注和使用。很多用户在有信息需求时往往都只是利用其图书馆自身的信息资源，即使是要利用协作网传递文献也一般通过本馆馆员进行，而不是通过访问文献资源协作网网站自己申请文献传递。这些都反映出目前的文献资源协作网还缺少相应的社会影响。

---

[1]　袁静．图书馆联盟中的利益平衡机制构建 [J]．情报资料工作，2011 (3):38-41, 45.

2.2 基于联盟模式的长沙区域图书馆资源共建共享对策探讨

2.2.1 促进长沙区域性图书馆联盟的发展

就长沙市图书馆而言，应该纳入图书馆资源共建共享的主体范围主要有：①长沙市图书馆、各区（县）图书馆、乡镇文化站、农家书屋、社区图书室、公共电子阅览室等。②长沙市属高校图书馆（长沙学院图书馆、长沙职教城图书馆）、中小学校图书馆（资料室）。③省图书馆、省少儿图书馆及其分馆、驻长高校图书馆、政府情报信息机构、企事业单位情报信息机构等。④政府投资新建、扩建、改建的各类图书馆（图书室或资料室）。⑤社会捐助和民间自建的各类图书馆。长沙市图书馆除了组织分馆建设外，还要加强与其他图书馆的合作，加入已有的图书馆联盟，并力促长沙区域图书馆联盟的发展。

首先，长沙市图书馆在文献资源协作网中要发挥自身的作用。作为协作网的成员馆之一，要主动在协作网内承担自身的义务，服从协作网的规划和安排，与其他成员馆在文献资源共建共享领域开展全面合作。

其次，长沙市图书馆要加入驻长高校图书馆联盟。从全国各地来看，高校图书馆在文献资源、技术与人才方面具有很大的优势，本地公众非常需要高校图书馆发挥社会服务作用。长沙市图书馆要尽快加强与驻长高校图书馆联盟，对高校图书馆免费向社会开放的现状和存在的问题进行分析，研究实施方案，争取使更多的驻长高校图书馆向市民提供阅览服务或更深层次的服务。

最后，要加强与其他图书馆、信息机构的合作。条件成熟时，应与政府、企事业单位情报信息机构等加强合作。如在长株潭区域一体化发展过程中，长沙市图书馆需积极推动长株潭区域公共图书馆联盟的建设，以更好地适应区域一体化发展的现实需求。在力促长沙区域图书馆联盟发展的同时，还要争取市政府的支持，加强多个区域性图书馆联盟之间的协调与合作。

2.2.2 优化运行机制，提高联盟自我发展能力

运行机制是引导和制约决策并与人、财、物相关的各项活动的基本准则及相应制度，是决定行为的内外因素及相互关系的总称。在资源共建共知与共享的探索与实践中，图书馆联盟扮演着重要角色，良好的运行机制是图书馆联盟可持续发展的关键因素。

首先，要建立由政府牵头的区域性图书馆联盟工作领导小组。联盟成员馆分别归属于不同的机构管辖，高校图书馆归属于教委，公共图书馆隶属于文化系统，科研图书馆隶属于科委，各个系统的图书馆由于其隶属的系统和主管部门的不同，没有一个统一的机构进行管理。为保证联盟的持续发展，应成立区域图书馆联盟工作领导小组，由政府牵头负责，统管全局，集中教育、财政、文化、新闻出版、科委等各部门力量，明确职责，共同促进联盟的建设和发展。

其次，以最大限度地满足本地社会需求为目标，充分调动各联盟主体的积极性。图书馆资源共建共享的成功秘诀不外六个字：权利、义务、合作。其中权利主要与资源共享有关，义务主要与资源共建有关，而合作则是维系图书馆资源共建共享成功的灵魂。资源共享意味着资源共享体系内的每一个成员都必须从网络的高度重新认识本馆文献资源体系的建设与发展问题，都必须承担向其他成员馆提供文献信息的义务，都必须分担网络运行和管理的费用，都必须恪守承诺，开放资源融入一体化的文献信息资源保障体系之中。资源共享意味着文献资源共享网络内的每一个成员都有权利向其他成员馆索取本馆用户所需的任何形式的文献信息，都能够平等地参与网络的管理与决策，都可以从网络收益中获得自己应有的一份。因此，各共享主体之间要建立良好的合作关系，积极参与区域图书馆联盟的共建和资源共享。

最后，从长远发展来看，要寻求行业管理与项目服务，期待破解当前“条块分割、各自为政”的体制难题。因为在一个主管机构的管理和协调下，采用行政手段强制实行信息资源共享，要求馆藏丰富的图书馆无偿提供资源共享，其执行力非常有限，导致目前很多图书馆联盟资源共享范围有限，资源共享程度低，低水平的重复建设和各自为政的局面仍在继续。而国内外信息资源共享实践已经表明，仅仅依靠政府的作用是不可能达到理想的信息资源共享目标的。如中国的“全国图书协调方案”、美国的“美国国家采购与编目计划”等虽然取得了一定的成绩，但都已证明了政府在信息资源共享中作用的有限性。美国政府从直接参与到引导和支持信息资源共享的做法值得借鉴。为此，可寻求行业管理与项目服务，在政府的作用下促进图书馆联盟提高自我发展的能力。这样一方面可挖掘用户需求，规范和培育信息资源共享市场，提高用户利用信息资源的能力，形成有广泛信息需求的信息市场；另一方面，可以用户需求为导向，强化市场化经营意识，在图书馆联盟体内导入竞争机制，制订和应用相关标准整合和开发已有的信息资源，提高信息资源的质量和可利用度，使已经建成和正在建设的信息资源以最快的速度在本地共享，充分发挥应有的价值。

2.2.3 采用可互操作的标准体系

在市政府的大力支持下，长沙市各分馆已将图书管理系统统一更换为 Interlib 自动化管理系统。Interlib 自动化管理系统作为资源共建共享的新的管理平台，打破了图书馆各自分离的局面，将区域内图书馆作为一个整体进行管理，从而达到资源共建共享的目的。但对于总分馆之外的图书馆联盟资源而言，共享效益的影响主要表现为网络环境。网络是数字资源共建共享得以存在的基础。图书馆联盟的业务组织与沟通、对外服务与合作都是通过网络进行的，网络的好坏直接关系到资源共建共享的质量。因此，长沙市图书馆还需优化网络环境，这不仅是提高自身服务质量的要求，也是促进图书馆联盟服务共享的重要因素之一。

网络环境的好坏与是否采用了可互操作的标准体系是密切相关的。标准化与规范化是图书馆资源共建共享的基础性工作，是实现网络互连和内容共享的前提。在各系统及各个图书馆系统的应用过程中，各个图书馆都是根据本馆内部的具体情况而应用管理系统的，各馆早已习惯于各自的做法，有各自的标准规范。再加上图书馆间因缺少必要的统一规划和标准，导致联盟成员馆间的各种管理系统和共享平台不兼容，造成服务平台之间的异构。在我国当前的图书馆联盟资源共享中，不可能全部放弃各馆已有的管理系统，而是要尽量整合原有系统，实现与原有系统的互操作，使之走上标准化与规范化之路。因此，各成员馆要力求按照先进的文献资源加工标准进行资源建设，这样才能真正做到每个成员馆都是联盟网络中的一个结点，以方便各成员馆在联盟中的沟通与协作。对于因标准化差异产生的问题，要完善联盟服务系统之间的可互操作标准体系。每个图书馆内部基本都有自己的服务平台，由于自身服务平台的稳定性及成本较低等特性，也便于本馆开展服务。联盟内部的图书馆可以将自己的服务网络连接起来，适当给予其他成员馆用户一定的访问权限，既有利于成员馆间的交流与沟通，也可减少成员馆对联盟共享服务平台的抵触和压力，尊重各馆原有的数据标准、管理系统构架和业务分工，从而保证图书馆联盟资源共享得以顺利进行。

2.2.4 拓展经费来源，争取人才支持

我国图书馆以及相应的联盟机构是非营利性的信息服务机构，是依靠政府财政拨款而生存和发展的，资金来源渠道单一，基本上没有民间资本进入。而图书

馆作为典型的公益性社会信息服务机构，无论在观念上还是在具体操作上，靠服务收费来支持图书馆及其联盟的建设也是难以实现的。其结果是在当前的社会环境下，大多数图书馆以及相应的联盟机构都缺乏自我发展能力，面临着经费紧张而难以继续改进服务甚至开展协作的困境。图书馆联盟开展的服务是公共文化服务，不以赢利为目的，如果没有政府的支持，没有必要的经费保障，无法正常开展活动。如长沙市图书馆加入的湖南省文献资源协作网还没有政府专项投资。为了使图书馆联盟顺利开展工作，必须拓宽经费来源。首先，要扩大联盟本身的社会影响力，努力通过自身的发展和良好的社会效益来争取政府主导和政策支持，以争取更多的经费投入保证和政策倾斜。其次，要鼓励各成员馆积极投入，主动分担联盟运行的成本。各成员馆要在有限的经费安排下，通过成本核算，增加共享资源和服务的开支，这样依靠联盟内部的努力和社会的共享需求，更好地开展馆际资源共享服务活动。最后，要努力争取吸收社会资本。如可以通过与商业信息服务机构或商业数据库公司合作，利用社会资本实现其发展目标。在拓宽经费来源的基础上，还要积极推动关于信息资源共建共享工作的相关法规和政策的制订，使文献协作网的经费得到法律和政策上的支持与保障。

人才是图书馆开展信息资源共建共享工作的成功之本，一个富有生命力的、高效率的图书馆联盟运作，离不开高素质的图书馆员。图书馆员的知识结构和综合素质决定着图书馆的科学管理水平和服务水平，也直接影响图书馆联盟的发展。首先，要保证有专职的联盟管理和服务人员。要制订联盟的专项人才计划，为联盟运转提供人才保障。其次，各成员馆可联合开展学术报告、专题讨论、集中培训等馆员继续教育工作，定期或不定期地组织工作人员交流学习，共享协作网在管理和图书馆业务方面的智能成果，以有效地促进联盟内人力资源的共建共享，为协作网的运作与发展提供更好的人才保障。最后，可通过志愿者或聘用方式等吸收一些学科或专业领域内的专家补充咨询人才队伍，以更好地利用社会力量，帮助用户解决深层次的咨询问题，提高联盟的服务效果。

2.2.5 加强成员馆特色资源建设与整合

联盟图书馆文献信息资源共建共享主要是开展特色馆藏资源的共建共享。特色是事物所表现出来的独特风格。对于图书馆特色而言，有馆藏特色、服务特色、建筑特色和管理特色等。在当前信息资源共享的大环境下，特别强调特色馆藏的建设与服务，这样才能使各图书馆从实际出发，建立有自身特色的专门藏书体系，满足读者专深的文献信息需求；同时又能使一定范围内的图书馆群建立起类别齐全、类型多样的文献信息资源保障体系，满足多样化的社会文献信息需求。特色馆藏的建设，可从学科专业性、地方性、文献类型、文种、数量等方面得到体现。

（1）根据各成员馆的馆藏基础和主要服务任务协调特色信息资源建设。特色数据库是目前图书馆特色馆藏的集中反映。图书馆往往根据本系统本地区的社会信息需求和本馆的藏书基础、技术力量、经费等条件，系统地将特色馆藏进行数字化转换并提供上网服务，使之成为该馆吸引读者、提高社会影响力的核心资源。如长沙地区的“湖南人物数据库”和“书院文化数据库”等建设已取得了一定成效，产生了广泛的社会影响。湖南高校数字图书馆联盟在《湖南省高校数字化图书馆专题特色数据库建设方案》中指出，要建成一批具有地方特色、高等教育特色和资源特色、服务于湖南高校教学科研和国民经济建设、方便实用、技术先进的专题特色数据库。并要求专题特色数据库内容应包括以下三个方面：①学科特色资源，如与某重点学科有较突出的关系，或能体现高等教育特色，或具有交叉学科和前沿学科特色的资源；②地方特色资源，如具有一定的地域和历史人文特色，或与地方的政治、经济和文化发展密切相关的资源；③馆藏特色资源，如具有他馆、他校所不具备或只有少数馆具备的特色馆藏，或散在各处、难以被利用的资源。但在合作建设方面各馆仍然是各自为政，重复建设，各成员单位在共建特色数据库的版权归属问题上存在分歧是造成资源协作网迄今联合共建特色数据库方面无大建树的主要原因之一。联盟应加强长沙地区甚至湖南省的毛泽东研究特色馆藏建设协调，加强与长沙地区的湖南省图书馆、湖南一师图书馆、长沙市图书馆、湘潭大学图书馆、韶山毛泽东图书馆在特色馆藏建设上的合作。

（2）加强成员馆特色馆藏的揭示和统一呈现，建立标准化的书目数据库。成功实现信息资源共建共享的要素很多，其中一点就是用户能够快速、准确地知道所需信息的有无、所需信息的来源甚至信息内容，即关于信息资源的“可获知能力”（accesssibility）。应建立多语种、多资料类型的联合目录数据库和联机合作编目资源共享系统，为支持联盟图书馆系统的联机合作编目，为成员馆之间实现馆藏资源共享、馆际互借和文献传递奠定基础。各成员馆要按统一标准完善本馆文献资源的各种书目数据库，同时根据自身条件，积极参加联盟内书目数据库建设。如条件成熟，还可开发长沙区域范围内的特色馆藏资源搜索引擎。搜索引擎是人们在互联网上最常用的检索工具，目前有很多深受用户喜爱的专业或专题性的搜索引擎，一般覆盖某个专业或专题内容。目前图书馆数字化信息资源建设已取得一定成绩，长沙地区的高校重点学科导航系统、公共图书馆书目存取体系都已具备一定规模，这些为开发长沙区域范围内的特色馆藏资源搜索引擎开发奠定了一定基础。

2.2.6 拓展联盟图书馆服务

根据地方需求拓展服务是图书馆联盟的终极目标。目前，长沙区域图书馆联盟服务内容还非常有限，应想方设法采取措施逐步解决相关问题。

（1）完善联盟内图书馆的统一检索服务平台。资源共知是图书馆联盟共建共享的首要条件。联盟成员馆和用户要能全面、准确、方便地检索并获取资源，需要开发联盟内图书馆的资源，整合与统一检索平台。特别是对于各成员馆的特色资源，除了在本馆页面上突出显示外，还应在协作网页面上进行介绍、展示和链接，保证用户通过联盟的统一检索服务平台能检索到各馆馆藏，并提供相应的全文链接；而不只是把联盟的检索服务平台整合到各自图书馆的检索页面上。只有通过统一认证和检索，实现成员馆资源的共享，才能基于联合目录开展馆际互借与文献传递等基本服务。

（2）搭建方便联盟图书馆馆员之间交流的协作服务平台。为更好地开展合作业务，一些图书馆联盟建立了馆际互借与电子文献传递系统、合作编目系统、合作咨询服务系统等。目前，湖南文献资源协作网等图书馆联盟应重视搭建协作服务平台，以保证各成员馆服务业务的协同，提高对用户服务要求的响应速度。

（3）搭建方便联盟图书馆用户之间交流的交互服务平台。Web2.0 环境下的用户服务更强调用户之间的交流，以更好地满足用户自我服务的要求。交流是图书馆网络服务的新内容，博客（Blog）、播客（Podcast）、标签（Tag）、维基（Wiki）、社会性网络服务（SNS）、浏览器插件、开源软件等一系列的技术和软件，为用户提供了全新的服务和体验，也为馆员与馆员、馆员与用户、用户与用户的交流提供了广阔的交流空间与服务平台。现代图书馆联盟应适应用户需求，搭建方便联盟图书馆用户之间交流的交互服务平台，以增加用户对图书馆服务的信赖度和忠诚度。

（4）不断创新服务。图书馆联盟除了要提供馆际互借等基本馆藏服务外，还要不断创新服务，拓展服务范围。如美国的 OCLC 联机图书馆中心是当今世界上影响最大的图书馆联盟，联盟长期为用户提供多元化的信息服务，OCLC 主页“服务索引（index of services）”中列出的信息服务形式达 50 种。其编目与元数据服务（Cataloging and Metadate）所依托的是世界书目数据库（WorldCat）的强大力量。WorldCat 提供了全球众多图书馆的元数据检索服务，图书馆员可以利用它开展编目、资源共享和其他关键性的服务工作，可使成员图书馆降低服务成本并提高服务效率，可以处理、管理和共享信息资源，可以方便用户搜索并获取这些信息资源。在OCLC发展的近40年里，其始终注重科研，重视规范化与标准化建设，寻求技术创新，不断拓宽服务领域，提升服务能力，完善服务功能，吸引越来越多的图书馆成为它的用户。OCLC 平均每年投资研究与开发的费用在 1000 万美元以上。由于在研究开发上的大量投资，OCLC 始终保持走在高新技术的前列。OCLC 设有专门的研究部，其核心部门为“研究和特别项目组”，另有“研究咨询委员会”负责指导和评估研究部工作并提出新的研究方向。因此，长沙地区的图书馆联盟应不断创新服务项目，增加服务形式，创造条件鼓励联盟进行服务技术的创新和　研究。[1]

2.2.7　建立合理有效的利益平衡机制

信息资源共享必将带来共享成本和收益分配问题。谁承担共享带来的大量协调、运行和维护工作？谁保证共享系统运行和维护的资金？共享过程中，如何合理界定对联盟馆的投入和其所取得的效益？联盟的持续发展需要合理有效的利益平衡机制。

首先，在互利互惠的基础上确定联盟运行成本的分担与利益分配问题，尽量使成员馆之间实行多赢格局，使信息资源共享主体能切实感受到共享带来的好处。联盟的发展不仅取决于合作者之间对资源的互补性需求、发展共识和共同利益，还取决于共享体内各方利益的平衡问题。只有实现了利益均衡的共享机制，才能为共享组织的可持续发展提供内在的、持久的推动力。参与资源共建共享也符合协作网成员馆自身的根本利益，强化馆际资源共享，意味着可减少重复建设，为特色资源开发提供更多经费支持，在共享基础上提高对本馆用户的文献保障能力，并通过合作共建延伸信息服务范围，推动自身发展。联盟在处理共享活动中涉及的利益平衡问题上，要根据共享协议中对责任、义务的规范，达成立足社会效益、兼顾经济效益的原则；建立多付出多回报、多业绩多收益的分配原则，以

[1] 周永红等. OCLC 数字化信息服务发展经验分析 [J]. 情报杂志 , 2008, 27 (1): 136-138, 141.

保持协作网成员持续的投入和工作的积极性。[1]

其次，要建立相应的补偿机制。在图书馆联盟中存在三种类型的成员馆，即资源输出为主型、资源输入为主型、资源输入输出平衡型。在信息不对称的环境下，联盟成员馆之间自愿共享的实现需要相应的补偿机制。可对各成员馆的投入成本、工作业绩、年度收益进行系统的数据统计、核算与分析评价，使参与联盟的各成员馆之间能够依据各自的投入、服务和贡献，获得相应的补偿和奖励。如对于因维护信息资源共享系统运行额外增加的工作量与经费支出应当有合理的补偿措施，本地政府部门和联盟体可通过增加编制或增加信息的采集与运行经费方式进行补偿，也可通过共享收益的成员馆负担相应的共享运行经费进行补偿等。如果合理的补偿长期得不到落实，信息服务部门消极情绪必将增长，甚至会因此而使共享联盟逐渐萎缩。

2.2.8　提升图书馆及图书馆联盟的社会影响力

为提升联盟服务效益，图书馆联盟及其成员单位都有责任和义务利用各种机会和方式向本馆以及社会用户宣传推广联盟服务，并尽可能使联盟服务得到广泛而充分的利用。OCLC 联盟的成功除了它本身优质的服务外，还与其不断推广自身服务紧密相关。OCLC 一直致力于促进信息资源的广泛共享和利用，其服务发展面向社会用户甚至全球用户。从 OCLC 的成长来看，最初是为了满足俄亥俄州的学术机构图书馆共享资源和降低成本的需要而建立的，后允许俄亥俄州以外的图书馆成为其成员。当用户对信息的需求已经超越单一图书馆和地区，甚至超越国家的限制转向全球信息需求时，OCLC 又致力于与全球图书馆合作，积极介入全球信息网络建设，以致发展成为当今世界上最大的图书馆服务网络。为在全球范围内推广其服务，OCLC 采取了很多措施，如图书馆可以使用 CONTENTdm 软件工具对馆藏图像进行扫描、公布、编目以及通过 WorldCat 供大家使用；全球的 Web 用户可以输入检索词检索整个世界书目数据库“WorldCat”，尤其是它所推行的 Open WorldCat 先导计划，已使 OCLC 吸引了更多 Web 用户的“眼球”，最终发展为基于 Web 的全球数字化信息服务提供者。[2]

提升长沙区域图书馆联盟的社会影响力，具体可从以下三个方面着手。

（1）加强长沙市区域图书馆联盟的文化建设。组织文化建设是组织成员的共

[1] 刘文青，鄢朝晖．湖南地区图书馆联盟的共建共享机制 [J]．图书馆学研究，2010 (1):43-46.

[2] 周永红等．OCLC 数字化信息服务发展经验分析 [J]．情报杂志，2008, 27 (1):136-138, 141.

同价值观体系，它使组织独具特色，并区别于其他组织。图书馆联盟要维护成员馆的平等地位，倡导在联盟内部营造公平、公正的氛围，确保每个成员馆都拥有同样的权利，在联盟建设与发展中都有机会表达自己的意愿，使联盟成员都能站在联盟整体的高度上，来助推图书馆服务品牌的树立；各成员馆要倡导联盟“整体利益至上”的宗旨，遵循联盟协议，增强联盟的稳定性，加强成员协作，向着统一的目标不断迈进，从而实现联盟各方的合作共赢，为联盟的进一步发展打下坚实的基础。

（2）多种方式推广联盟服务。在网络主页上，各馆应对图书馆联盟和其他成员馆做互链接，并通过举办讲座、张贴、分发宣传品等形式增加用户对联盟和其他成员馆资源和服务的了解；联盟应组织成员馆集体开展“世界读书日”“文化周”“读书月”“有奖问答”等宣传推广活动，可增加与省内重要媒体和信息平台的链接与互动。

（3）完善联盟统一服务平台。为展示图书馆联盟文化建设成果，便于各成员馆通过这个统一的平台提供统一标准的服务，相互协作，协同业务和共享馆藏资源，从而获得比成员馆单独提供服务更高的社会效益。但目前的湖南文献资源协作网只是在咨询服务平台上，中心馆以合理方式对各成员馆的工作进行报道和宣传。还应通过统一服务平台，以各成员馆甚至长沙地区其他馆的特色馆藏为依托，以网络信息服务为手段，以联盟馆内的统一服务平台为展示窗口，向全国甚至全世界展现长沙区域图书馆联盟的馆藏特色和服务特色。

3. 基于服务协作模式的长沙区域图书馆资源共建共享问题及对策研究

随着公共图书馆事业的发展，公共图书馆的服务职能不断拓展，社会影响力也在不断提升。正如吴建中馆长所指出的：图书馆应该把社会对信息的需求看做是自己的责任，不仅要积极地参与到大众的知识普及和更新当中，也要积极地参与到政府的决策咨询当中，研究群体的研发创新当中，以及企业与自由职业者的产业发展和产品增值当中。[1] 我国自《政府信息公开条例》实施以来，很多公共图书馆与政府网站、政府公报、报刊等一起积极参与政府信息公开服务，2009

[1] 吴建中．拓展图书馆作为社会公共空间的功能［J］．公共图书馆，2011 (1):3-5.

年4月国家图书馆开通了“中国政府信息整合服务平台”，其他公共图书馆也在积极探索实践。2010年12月16日举行的全国图书馆创新服务工作座谈会上，以国图为首的66家公共图书馆成立了“全国公共图书馆讲座联盟”，通过服务协作推进资源共享的做法正在广泛推广。

为充分发挥图书馆馆藏和服务作用，根据实际情况，长沙市图书馆总分馆可作为一个整体与长沙区域内图书馆联盟之外的图书馆或其他社会信息服务组织协作开展借阅、检索、咨询、展览、讲座、培训、报道等方面的服务协作。服务协作主体可以是图书馆，也可以是政府信息部门、商业性信息服务机构、公益性服务组织；服务协作时间可能是一次性的，也可能是长期性的。

在服务协作方面，长沙市总分馆已迈出了重要一步。如《长沙图书馆总分馆制实施方案》提出：各级图书馆要充分发挥资源效益，采用现代先进技术，创新服务方式，丰富服务内容，大力开展阅读推广和学习交流活动，努力将图书馆打造成市民重要的学习交流文化空间。除开展基本服务外，长沙图书馆总分馆不仅依赖自身力量开展服务项目，同时还积极联合各政府部门、文化机构、中小学校和各相关单位如科协、总工会、报纸、电台、电视台等开展各种阅读推广项目。但服务协作范围还很有限，还存在很多现实问题，亟需探讨相应的对策。

3.1 基于服务协作模式的长沙区域图书馆资源共建共享存在的主要问题

3.1.1 管理体制问题

虽然目前长沙市图书馆参与了湖南文献资源协作网，在一定程度上扩展了图书馆的服务范围，但由于我国图书馆“条块分割、各自为政”的多元化行政管理体制，导致我国图书馆在宏观上缺乏统一的机构管理和调控，使图书馆在建立协作网和联盟时难以形成协同运作、优势互补、资源共享、高效益服务的图书馆体系；开展服务协作，工作量增加，却不能争取到相应的投入保障，目前公共图书馆服务评价激励机制缺乏，影响成员馆和馆员开展协作服务的积极性；没有相应的政策、制度及行业指导，这些都是长沙市总分馆服务协作缺乏应有的关注和尝试的原因之一。

3.1.2 图书馆协作服务能力有限

图书馆与其他服务主体开展协作服务，需要相应的基础设施、人才、资源等做保障。但目前长沙市总分馆当中的大部分馆都面临基础设施不到位、协作服务人才相当匮乏、文献资源有限的窘境。以协作参加政府信息公开服务为例，虽然《政府信息公开条例》中明确规定图书馆要设置政府信息查阅场所并配备相应的设施、设备，但据调查显示，长沙市图书馆虽然已经开展此项服务，设置了专门的政府信息查阅点，网站上也有相应的专栏或链接，但并未进行有效的推广，服务效果不明显。如很多图书馆都是让一个人兼顾政府信息公开服务工作，而不是由专人负责。政府信息公开服务相应的文献资源还缺少整合和深度开发，难以满足社会与公众不断增长的信息需求。

3.1.3 协作服务主体之间缺乏了解和信任

目前图书馆与图书馆之间的服务协作还较普遍，但图书馆与其他机构的服务协作还很少，即使有，成效也不明显。如目前长沙市图书馆的服务协作基本上局限于长沙市的几所大型图书馆，与其他公共文化服务机构如博物馆、档案馆、其他政府信息部门、媒体、商业性信息服务机构的服务合作非常缺乏。究其原因，一是公共图书馆长期以来都只面向公众开展一些基本的馆藏服务，服务协作寻求的对象基本上是图书馆，缺少与社会各界的广泛接触，对政府、企业及其他公益性信息服务机构的业务不了解，也不了解对方的服务需求，无法与其他服务主体开展服务协作。另一方面，在大部分读者心中，图书馆只是一个书的中心，借阅服务仍然是当前图书馆的主要服务方式，很多政府部门、企业及其他公益性信息服务机构也不了解公共图书馆的服务功能和服务内容。

3.1.4 协作服务与基本馆藏服务存在矛盾

一般情况下，公共图书馆的协作服务与馆藏借阅、检索等基本服务在一定范围内会存在矛盾。开展协作服务，必将增加基本服务之外的工作量，在信息资源、人员分配、业务流程、管理等方面会产生新的矛盾与问题。公共图书馆基本服务开展情况的好坏，是评价图书馆服务质量的主要依据，也是争取政府财政投入的主要依据。近年来公众文化信息需求虽然不断增长，但长沙市部分馆的经费和人员投入却未相应增加，致使他们目前根本无暇顾及基本服务范围之外的工作。同时，与其他服务主体开展协作服务，往往涉及管理、信息资源、技术设备、服务人员和服务经费等因素，牵涉面非常广，操作过程比较复杂，影响工作顺利开展。

3.2 基于服务协作模式的长沙区域图书馆资源共建对策探讨

3.2.1 坚持公益性服务宗旨，拓展协作服务范围

（1）坚持公益性服务宗旨。公共图书馆是政府举办的公益性文化事业单位，是开展公共文化服务的重要场所，是保障人民群众基本文化权益的重要阵地。文化部财务发〔2011〕5号《文化部、财政部关于推进全国美术馆、公共图书馆、文化馆（站）免费开放工作的意见》指出公共图书馆的工作原则之一是坚持公益，保障基本。在财政经费保障机制建立的前提下，各级公共图书馆应把主要精力用于开展基本服务。如公共图书馆深度参考咨询服务（为读者收集专题信息，编写参考资料，或者进行代查、代译、复印书刊资料等服务）等，可以收取合理的费用。基本公共文化服务以外的公益性服务，要与市场价格有所区分，降低收费标准，按照成本价格为群众提供服务。总之，对于基本公共文化服务以外的文化服务项目，要坚持公益性，降低收费标准，不得以盈利为目的。

（2）突破管理体制障碍。长沙市总分馆与其他服务机构开展协作服务，必须突破一些传统的“馆本位”服务观念，要树立全局观念和资源共享观念，积极参与一些本馆服务任务之外的工作。对于有能力进行某方面协作服务的馆员，要建立相应的激励机制，避免做多做少一个样，在最大程度上调动他们开展协作服务的积极性。另一方面，要争取上级主管部门的支持，给予政策优惠、制度保障及相关的行业指导。地方政府对于公共图书馆与高校图书馆或其他服务机构开展的服务，只要坚持公益性的服务宗旨，都应当予以支持和鼓励。如在图书馆评估和财政拨款时，可适当为公共图书馆基本服务之外的其他协作服务酌情增加投入。在条件成熟时，还可以制订相应的政策和制度。

（3）围绕地方需求拓展协作服务范围。《文化部、财政部关于推进全国美术馆、公共图书馆、文化馆（站）免费开放工作的意见》指出“基本公共文化服务项目将随着社会的不断发展、政府财力的增长和人民群众精神文化需求的不断增长而发展变化”。相应地，为更好地开展公共文化服务，长沙市总分馆与其他服务机构开展协作服务的可能性和需求也在不断增加。如在长沙的地方经济建设与

社会发展过程中，已表现出了对信息资源的巨大需求，一些媒体、政府部门、企业对公共图书馆信息服务提出了较高要求。目前，长沙辖区范围不断扩大，人口不断增多，而公共图书馆的发展却远远满足不了广大社会用户的公共信息需求。为此，长沙市总分馆在保障基本公共服务的基础上，应当拓展与其他服务机构的服务协作。如与学校、社区、企业组织科普活动、专题讲座、学术报告会等，可通过提供咨询服务与查新服务参与本地科研和企业创新活动，可与高校一起面向公众开展远程教育和终身教育，可参与政府推动新农村和社区文化建设，可积极与相关政府信息部门推动地方电子政务建设和信息资源共享等活动。

3.2.2 充分发挥自身优势，提升协作服务能力

长沙市总分馆在与其他服务主体开展协作过程中，要注重自我发展，力求发挥自身优势。

（1）充分发挥总分馆的人才优势。人才是图书馆提供优质服务的关键。《中国图书馆员职业道德准则（试行）》指出要“适应时代需求，勇于开拓创新”“实践馆际合作，推进资源共享”“拓展社会协作，共建社会文明”等，这也是对图书馆员进行服务创新、开展协作服务的要求。在总分馆制的推动下，长沙市公共图书馆员的整体文化素质、知识结构、信息处理能力都有所提高，但总的来说，全市总分馆人力资源还比较缺乏，难以保证专人负责协作服务工作，而协作服务对馆员的要求通常高于基本服务的要求，这导致馆员在从事与企业、政府部门等专业性、针对性强的协作服务工作时，往往显得力不从心。如从事政府信息服务对图书馆员来说是一项新的工作，目前图书馆馆员并没有受过政府信息管理、服务等方面的培训，缺乏经验，因此工作中存在很多困难。许多图书馆出于惯性，在突然面临这一问题时，难免被动地把自己定位在单纯的信息查询点上，一般都只是专架专室陈列政府主动提供的纸质出版物供公众索取、查阅和复印，提供计算机、网络设备供公众登录政府网站，工作人员只能回答简单的咨询问题。对于有能力查询政府信息的公众，图书馆只是一个普通的接入点和纸质出版物的查询点；而对没有相应能力的公民，很难提供有效的帮助。因此，应在用人机制方面有所突破，重视图书馆信息服务人员素质和能力的培养及提高。

（2）充分发挥总分馆的文献资源优势。长沙市总分馆经过多年的发展，在地方特色资源建设方面已有一定的积累，图书馆的特色资源优势往往是本地其他服务机构无法比拟的。如现在很多地方都重视非物质文化遗产资源，长沙市总分馆

可利用自身的地方特色资源优势，与当地媒体、出版社或数据库公司进行服务协作。但应注意的是，在服务协作中单纯提供特色资源的借阅与检索远远不能达到协作方的要求，还应尽量收集齐全反映长沙特色的信息资源并进行数字化转换与上网服务，如可对长沙历史发展、风土人情、特色经济、主要人物与事件、主要企业、地方法规、本地正规出版物（呈缴）、本地便民信息资源等进行专题组织，并进行整合加工，形成能满足不同用户需求的服务资料或研究报告。

（3）充分发挥总分馆的基础设施优势。设施设备是拓展图书馆服务范围、完善图书馆服务功能的基础。《公共图书馆宣言》指出："为了使社区的每一个成员都确实获得图书馆服务，需要有理想的馆舍环境，良好的阅读和学习设施，合适的技术与充足方便的开馆时间，还包括对不能到馆的用户提供馆外服务。"经过长期的发展，公共图书馆在基础设施建设方面已有很大改观，在经济发达地区，很多公共图书馆已成为当地的文化地标。在保障基本服务的前提下，长沙市总分馆应充分利用已有的基础设施，与其他协作服务主体开展更多的协作服务，如为了搞好讲座方面的服务协作，应尽可能提供与完善自身固有的报告厅、学术讨论室，增设计算机、检索机、有线和无线上网设备等配套设施；为了与公众、档案馆、博物馆、媒体开展地方特色馆藏、档案、文物展览服务，提供展览厅、安保、监控等基本设施。

（4）充分发挥总分馆的用户资源优势。用户资源是图书馆存在和发展的重要资源。长沙市总分馆是面向社会大众的基层图书馆，在当今免费开放服务的推动下，用户基础正在不断扩大，已基本拥有其他信息服务机构难以具备的长久而巩固的用户关系和用户资源。随着信息技术的发展，信息环境的变迁，满足用户信息需求的途径越来越多，使图书情报机构传统的开发用户资源的模式受到严峻挑战。在日益发展的数字网络环境下，新兴的信息服务机构已逐渐介入和抢占传统图书情报事业所从事的信息服务工作，互联网上拥有各种报纸、杂志、数据库等，长沙市总分馆应主动与网络信息服务商协作，面向企业、终端用户开发各种更好的信息产品，巩固并充分发挥自身的用户资源优势。

3.2.3 以双赢为基础，发展长期服务协作关系

合作、共赢是图书馆服务协作永恒的主题，各参与服务协作的图书馆只有追求对整个社会的开放服务，建立有效的合作机制，加强协同合作服务，拓展更为广泛的服务领域，才能实现优势互补、互惠共赢。

首先，要加强协作主体之间的了解和信任。在服务协作过程中长沙市图书馆除要加强与省图书馆、驻长高校图书馆的合作外，还要加强与社会各界的广泛接触，主动了解政府、企业及其他公益性信息服务机构的服务需求。另一方面，为使社会公众、政府部门、企业及其他公益性信息服务机构能更好地了解其服务业务，长沙市图书馆还应主动宣传推广自己的服务，通过各种渠道和方式宣传本馆信息服务内容，介绍馆藏信息资源情况，召开用户座谈会，主动就某些服务项目与服务协作主体进行联系等。

第二，以双赢为目标开展服务协作。在协作服务过程中，服务主体不论大小与规模，不论内部存在竞争与否，都有共同目标和利益的存在。如面向企业提供企业信息服务是当前公共图书馆服务的任务之一。为此，国家图书馆专门成立了企业信息服务部。长沙市图书馆在为本地企业服务方面还做得很不够。为此，可与商业信息机构或企业信息服务部门加强合作。这些机构一般以盈利为目的，经常为企业提供各类有价值的信息和解决方案，且机制灵活，服务主动，在企业信息服务方面经验丰富，运作成熟。长沙市图书馆可以在与其展开竞争的同时，选择与一些机构进行服务协作，优势互补，确保共同为企业提供优质的信息服务。共同利益的实现通常与彼此的认真合作是密不可分的，这需要长沙市总分馆的高层领导与协作方的高层领导高度重视并大力支持，需要加强协作主体内服务人员的交流与合作，不断提高协调与协作能力，最终实现双赢格局。

第三，与已有的协作服务主体建立长期的合作关系。有些服务协作是一次性的，但是很多有影响的服务都需要服务主体之间建立长期合作关系。如公共图书馆之间的讲座服务协作，国家图书馆有渊源颇深的“文津讲坛”、具有领头羊特色的“部级领导干部历史文化讲座”“文津读书沙龙”，首都图书馆有“首图讲坛”、上海图书馆有“上图讲坛”、武汉市图书馆有“名家论坛”等，正是各个图书馆打造了一批有社会影响力的讲座品牌，才能使依托着图书馆丰富馆藏和丰厚专家资源的讲座从图书馆的延伸服务渐渐成为了核心业务之一，才会促成以国图为首的66家公共图书馆秉承共建共享的原则，携手同行，促进讲座事业的繁荣和发展，成立“全国公共图书馆讲座联盟”。与已有的协作服务主体建立长期的合作，打造服务品牌一直是国外公共图书馆的做法。如美国康涅迪格州的纽海文公共图书馆就与耶鲁大学和一些非营利组织建立了长期合作伙伴关系，共同实施该市的一项工业区技术开发计划。此外，这家图书馆还与国家司法部和该市的警察机关合作，将当地的GIS数据进行整理，并提供给广大用户使用。公共图书馆与相关机构建立的合作伙伴关系，不仅有助于提高图书馆在公众心目中的地位，而且还会给图书馆带来更多的合作机会，并为图书馆争取到更多的经费资助和精神支持。[1]

第四，进一步拓展协作服务范围，创新服务方式，深化服务内容。目前长沙市图书馆与中南大学、湖南大学、长沙晚报、科协、律师协会、轨道公司等开展了较好的服务协作，但与其他机构的协作还非常有限，还应逐步尝试与政府信息部门、档案馆、博物馆、企业等开展服务协作。除了吸纳公益组织、企业甚至个体来推动公共文化信息服务外，还可尝试外包式、互动式等服务协作方式。如某些服务活动，可由长沙市总分馆提供基本的资源与服务设施，外包给某些商业性信息服务机构来策划兴办，或与媒体、博物馆、档案馆等开展互动式的服务协作。现在一些地方还出现了所谓的"真人图书馆"，其实是一些成功人士用现身说法感染身边的读者。为此，长沙市总分馆还可尝试与亲历者开展服务协作，更好地提升服务效果，推动区域图书馆资源共享。在协作服务过程中，图书馆要注重不断深化服务内容。如在与政府部门协作开展信息公开服务过程中，除了通过最初的信息查阅点的设置、网站的链接等基本服务外，还要逐步加强相关文献资料的整合加工，可编制包括政府信息索引、名称、内容概述、生成日期等内容的政府信息公开目录，可协助政府有关部门编制信息公开方面的专业技术性文献，可协助政府部门开展信息公开方面的调查提供调研报告，可建立"托管图书馆"或"寄存图书馆"等，加强政府信息的长期保存等。

3.2.4 促进协作服务与基本馆藏服务的协调发展

实现长沙市总分馆公共服务职能，要求各馆能正确处理好协作服务与基本服务之间的关系。公共图书馆与其他服务主体开展协作服务与基本服务在一定范围内会存在矛盾，但从整体和长远来看，要能确保两者之间协调发展和相互促进。

首先，要在保证基本服务的基础上开展协作服务。协作服务往往是建立在基本服务基础之上的。如果一个图书馆本身有相应的服务能力，却不好好开展基本服务工作，而借助于外界力量来做份内的服务工作，将得不偿失。前面分析了图书馆协作服务同样要坚持公益性的服务宗旨，这与公共图书馆的服务性质是一致

[1] 肖永英，潘妙辉．美国公共图书馆社区信息服务的发展及其启示［J］．图书馆论坛，2003 (6):178-181
．

的。如长沙市图书馆与企业图书馆、民营图书馆、高校图书馆等开展的服务协作，也是为了完善公共文化服务体系，更好地履行公共文化服务职能，满足社会需要。对于必须要进行协作才能开展的服务，长沙市总分馆要慎重选择协作服务伙伴，重点选择那些与本身图书馆资源开发条件相近，与服务任务相关的服务主体。如长沙市属高校图书馆，同样是立足于本地经济社会发展需求而设立的，也收藏了一些有关本地经济社会发展所需的文献资源，在公共图书馆服务体系不完善的情况下，在不影响高校教学科研的前提下，可以要求其为社会用户服务。对于社会服务要求，市政府应建立相应的激励机制与管理制度，鼓励有条件的市属高校图书馆向社会开放和服务，对高校图书馆增加的工作量要在核定原有工作量的基础上适度增加，不能使其忙于完成对外服务而忽视了对内服务。为保证服务效果，应制订相应的工作考核办法、收益的分配办法与奖惩办法等。

第二，要以协作服务带动和促进基本馆藏服务。当前公共图书馆馆藏信息资源建设与服务过程中普遍面临着文献资源缺乏、人力资源不足、经费紧张等问题，协作服务一般可以借助于外界的文献资源、人力资源来开展服务，以更好地提高服务质量。而且有些协作服务是增值服务，相关文件明确可以收费。应强调的是，收取的费用主要须用于服务条件的改善上。长沙市总分馆在特色馆藏开发与服务中可适当地加强服务协作，在坚持公益性服务为宗旨，保障基本服务的原则下，进一步明确自身的服务职能，拓展服务业务，以改变目前独立开展深层次服务业务少、社会影响和知名度小等现状，争取以服务协作方式带动公共图书馆的基本馆藏服务。

第三，拓展市属高校图书馆的社会服务功能。对于长沙市属高校图书馆而言，协作服务也是非常有益的。高校专业特色馆藏与高校的教学科研紧密关联，地方高校教学科研更侧重于地方特色。高校图书馆在为本校教学科研服务过程中，必须围绕学校专业特色进行馆藏建设，还要考虑为促进各学科取得的教学科研成果进行转化提供服务，围绕地方需求拓展社会化服务内容。长沙市图书馆要加强与市属高校的服务协作，寻找高校资源与社会利用的结合点，选择适合的社会化服务模式，使高校的专业特色馆藏更好地满足地方信息资源需求，从而实现一定程度的资源共享，更好地体现出其社会价值。

PART FIVE

第五篇 长沙区域图书馆资源共建共享的法律问题研究

我国图书馆信息资源共建共享是从1958年国务院批准公布《全国图书协调方案》开始的，但那时信息资源共建共享还处在萌芽阶段，从20世纪90年代开始，信息资源共建共享有了新的进展。1994年3月，上海市19家图书情报单位的负责人聚会上海市图书馆，签署了《上海地区文献资源共享馆际协作协议书》，成立了上海地区文献资源共享协作网；1995年，江苏省高校图书情报工作委员会决定在全省高校图书馆范围内推行通用借书证制度，“一个证推倒所有大学围墙”；1998年11月，在教育部领导下中国高等教育文献保障体系（China Academic Library & Information System）正式启动，由“全国中心地区各个高校”共同组建一个整体化、自动化、网络化、数字化的三级联合文献资源保障系统，为我国的高等教育和科学研究提供全方位、高水平的文献保障服务；1999年1月，由中国国家图书馆召集，全国120多家图书情报单位签署了《全国图书馆信息资源共建共享倡议书》，对全国信息资源共建共享有重要意义；2002年8月，中国文化信息资源共享工程试点工作会议在太原举行，会上提出5年内建成中国文化信息资源共享工程，实现文化信息资源在全国范围内的共建共享；2005年8月，我国大学图书馆界在武汉大学签署“中国大学图书馆合作与资源共享武汉宣言”，来自全国各地的50多个大学图书馆签署了该协议。

从意识上来说，目前我国图书情报界及社会的各个领域都认识到了信息资源共建共享的重要性，在实际工作中，也不时有文献资源共建共享方案出台，既有以地区为中心的横向联合，也有系统内部的纵向协调，然而图书馆界对信息资源共建共享的研究多集中于资源和技术等业务方面，而对共建共享的法律问题缺乏应有的关注。长沙区域图书馆资源共享工作是长沙市公共文化服务体系建设的重要内容之一，长沙区域图书馆资源共建共享已经拉开序幕。以长沙市图书馆为总中心馆，各区、县（市）图书馆为中心馆，街道（镇）、社区（居委会）图书馆为分馆，街区自助图书馆、农民自办图书馆、企业、学校等其他系统图书馆为补充的区域图书馆网群，是长沙市公共文化服务体系的重要组成部分。长沙区域图书馆资源共建共享工作的可持续性开展以及良好成效的取得有赖于相关法律问题的解决。

1. 图书馆资源共建共享的法学理论基础

1.1 保障人权——图书馆资源共建共享的终极目的

人权是指不论其种族、肤色、性别、语言、宗教、政见、财产、教育等状况如何，作为人都应当享有的基本权利。人权是人类区别于他种生物的实质所在。在近代历史上，最先提出“人权”概念的是欧洲文艺复兴运动先驱、意大利伟大的诗人和思想家但丁（1265—1321）。他指出：“人类的目的是要建立统一的世界帝国来实现普天下的幸福，而帝国的基石是人权”。[1] 经过几个世纪的发展，人权观念被世界各国广泛接受。以“天赋人权”“主权在民”“自由平等”等理念为基础的资产阶级启蒙思想被认为是近现代人权的理论基础。概括地说，人权主要包括生命权、自由权、平等权、财产权等内容。随着社会的发展和研究的不断深入，人权被不断赋予新的内涵。虽然在不同的历史时期，或同一时期的不同国家，人权的范围和形式会有所不同，但尊重人权、保障人权、维护人权、发展人权已成为世界各国政府和人民的共同价值取向。保障人权被确立为联合国的三大宗旨之一。

有学者认为：“人类的本质就是在自发自觉的信息学习与获得中生成信息集合体与自我意识，人类的最基本最核心的权利就是拥有、获得和处理各种信息的权利，自觉能动地创造、获取和处理信息是人类的本质特征和基本权利。创造、获取和加工信息成为人类的根本价值取向，人类应该借助社会信息资源进行创造性学习，以此不断充实、丰富和更新人的本质，使人权得到充分的彰显和高扬”。[2] 图书馆作为信息服务机构，区域图书馆资源共建共享的根本目的是保障社会公众的信息获取权利。

作为一项基本人权，信息获取权被许多国际性公约所确认。信息获取权不仅体现在这些公约对表达自由权、文化教育权、参政议政权等权利的规范中，而且许多国际公约对信息获取权有直接的描述。1946 年联合国大会通过的第 59（I）号决议中，知情权被宣布为基本人权之一。该决议宣称：“自由获取信息是基本人权之一，且属联合国所致力维护之一切自由之关键”。这一决议是最早对信息

[1] 但丁．论世界帝国［M］．北京：商务印书馆，1985:235．
[2] 傅松涛．信息主体、学赋人权与终身学习［J］．学术研究，2003 (5):95-98．

获取权进行确认的国际性文件。1948年的《世界人权宣言》第19条规定，“人人享有主张和发表意见的自由，此项权利包括有主张而不受干涉的自由，和通过任何媒介和不论国界寻求、接受和传递信息和思想的自由”。1966年《公民权利和政治权利国际公约》和1966年联合国发布的《经济、社会及文化权利国际公约》也有相似规定，这三个公约共同构成联合国人权宪章，它们是国际人权保护体系中最基本的人权文件，也是现代国际人权法的核心。三个文件中都规定了信息获取权应该作为一项基本人权受到尊重与保护。图书馆界通过资源共建共享拓展社会公众获取信息的途径，保障社会公众基本人权的实现。

1.2 促进公平——图书馆资源共建共享的价值追求

公平是人类所追求的最普遍的价值目标，社会公平是和谐社会的基石，社会公平秩序包括政治、经济、文化、教育等多方面的公平。公平服务是公共图书馆追求的目标，是图书馆价值的根本体现。公平服务是公共图书馆首要的、基本的内容，它追求的是在服务过程中的公平、公正，因此，没有公平服务的公共图书馆就谈不上是一个公平的图书馆，更不是和谐的图书馆，从这个意义上说，公平服务就是公共图书馆首要利益诉求在法律视野内的体现。[1]

图书馆公平服务的基本内容主要包括以下几个方面：（1）资源配置平等，平等是衡量社会公平的价值尺度，没有平等就没有公平。信息资源配置平等就是在信息社会中打破信息资源垄断，为每一个社会公众提供平等享有信息的机会。（2）馆舍布局均衡，2012年1月发布的我国《公共图书馆服务规范》指出，公共图书馆的设置布局应遵循普遍均等原则，选址要考虑服务半径、服务人口等因素，普遍认为，较大规模的图书馆服务半径大致为1—1.5公里，小型图书馆服务半径大致为0.8—1.2公里，这样图书馆才能贴近市民，方便使用。（3）服务标准统一，图书馆在信息服务过程中应该设立统一的服务标准，在服务技术与标准上人人平等，而不应因人因时而异。

2008年10月，为推广图书馆公平服务理念，中国图书馆学会发布了《图书馆服务宣言》，将“对社会普遍开放、平等服务、以人为本”作为图书馆服务的基本原则，对我国图书馆的公平服务起到很好的理论宣传与实践指导作用。各地公共图书馆在公平服务理念的指导下，从本地区的经济、文化发展水平的实际出

[1] 刘学平．公共图书馆公平服务所蕴含的法律价值［J］．图书馆理论与实践，2010 (1):71-74.

发，开始探索图书馆公平服务新路子、新模式，掀起了开展公平服务的实践热潮，涌现了一批可供参考借鉴的公共图书馆体系模式。成功应用于各地图书馆工作实践的模式有广东的“流动图书馆”、深圳的“图书馆之城”、上海的“中心图书馆模式”、天津的“社区分馆、行业分馆”和江苏的“多元化模式”等，为推进公共图书馆公平服务体系建设提供了强大的动力支持。长沙市区域总分馆服务网络的建设，是长沙市图书馆界践行公平服务理念的结果，对于推动和加强地方公共文化服务体系建设具有重要的战略意义和现实价值。

1.3 提升效率——图书馆资源共建共享的功能取向

效率，是指在经济运行过程中稀缺资源的有效配置，帕累托最优就是评价效率的一种理想化标准。在经济活动中，由于资源的有限性，将不同的资源使用、配置得当，有限的资源才可以发挥更大的作用，这就是高效率，反之为低效率。由于资源稀缺性的存在，人类任何活动都离不开效率问题。效率意味着资源处于最优配置状态，从而使特定范围内的需求得到最大满足或福利得到最大增进或财富得到最大增加。

公共图书馆的经费、馆藏、工作人员、馆舍等资源的有限性和稀缺性从理论与实践上促成了效率问题的突显化。图书馆在资源转化成服务—服务产生成效—成效获取新资源的循环过程中，必然受到效率因素的制约，效率对图书馆而言不仅是价值取向的问题，同时也是关系到图书馆发展及获取社会资源能力的问题。[1] 在公共图书馆中，追求效率的最大化，就是以有限的信息资源，实现公众信息需求的最大化，以此推动公共图书馆的良性发展。[2] 公共图书馆为了最大限度满足社会公众的信息需求，就要将各个图书馆的资源进行整合，使区域内各个图书馆形成紧密联系的空间积聚体，发挥集群效应，从而实现公共图书馆服务效率最大化。注重图书馆的效率是政府的责任，是图书馆的义务，更是社会公众的期待。在大力发展文化事业与完善公共文化服务体系的进程中，我国公共图书馆的绩效表现却差强人意，表现为效率水平低、区域差异大、效率下降，大力提升公共图书馆的效率水平成为发展文化事业的当务之急。在效率最大化目标的推动下，长沙市全力建设与长沙城市发展相适应、相配套的现代图书馆服务体系，在全市实施“书香星城 211 工程”，大力推广总分馆制，建设长沙数字图书馆，实

[1] 邱西西．图书馆服务效率与平等协调发展探析 [J]．图书馆学研究，2008 (2): 28-30.
[2] 李高峰．公共图书馆发展中的效率因素分析 [J]．图书馆杂志，2011 (4): 12-15.

现总分馆之间的图书通借通还和数字资源共建共享，为企业、社区、农村、学校和特殊群体打造便捷、高效的地区图书馆网群服务平台。通过图书馆之间的共建共享，资源利用率得以提高，图书馆的服务效率得到明显提升，从而使社会公众的信息获取权得到更充分的保障。

2. 图书馆资源共建共享的法律关系分析

法律关系是在法律规范调整社会关系的过程中形成的人与人之间的权利和义务关系。法律关系的三个基本要素即主体、客体和内容。在以服务为宗旨的图书馆资源共建共享这一社会关系中，有其不同于其他社会关系的主体、客体和内容。

2.1 图书馆资源共建共享的主体

主体是指在法律关系中一定权利的享有者和一定义务的承担者，或者说主体即法律关系的参与者。在图书馆资源共建共享这一活动中，主体有三级：政府、图书馆和社会公众。

（1）政府——建设主体

建设主体指保障图书馆资源共建共享建设和运行所需经费的政府、社会团体或个人，从本质上说，建设主体即责任主体，因此，对公共图书馆建设负有责任的政府都是图书馆资源共建共享的建设主体。确定图书馆的建设主体，也就确定了图书馆设置经费、人员经费、文献与设备购置经费以及其他运行经费的基本来源。目前，虽然不少国家的公共图书馆服务体系中都包含了社会团体和私人建设的图书馆，但几乎在所有国家，政府均是公共图书馆的唯一或基本建设主体。[1]在我国，从中央到乡镇，每一级政府都有保障公共文化事业的责任和义务，因此就形成了各级政府都是公共图书馆的设置主体——“一级政府建设和管理一个图书馆”的现状，形成了多元建设主体的局面。从理论上说，每一级政府都是图书馆资源共建共享的建设主体，在实践中各级政府是否承担建设责任，还取决于该政府的提供公共图书馆服务的实际能力，如经济落后地区的乡镇一级政府，在实践中并未向当地公众提供公共图书馆服务，也就无承担图书馆资源共建共享的责任。

---

[1] 于良芝等．公共图书馆总分馆建设的法律保障——法定建设主体及相关问题［J］．图书馆情报工作，2008 (7):6-11.

政府在图书馆资源共建共享中的具体责任主要包括以下几个方面：一是完善图书馆资源共建共享的制度，包括促进相关法律法规的建设以及出台相关政策。二是加大经费投入，保障图书馆资源共建共享良好运行。为了发展图书馆事业，政府必须承担经费投入主体的责任，但是也不能单纯依靠政府的资金投入，而要在政府财政支持的基础上通过多元化渠道广泛筹集资金，包括引进民间资本、慈善资金等。三是加强宣传引导。政府所具有的权威性、强制性和严肃性等特征，使其在宣传引导、动员社会力量参与图书馆建设方面具有明显的优势。具体来说，各级政府应该加强对图书馆资源共建共享性质、服务优势等方面的宣传，让社会各界了解图书馆为满足公众信息需求所做的努力。四是进行监督管理。在经费保障和法律保障的基础上，政府还应当对图书馆的建设和发展进行有效的监督和管理，以保证政府对图书馆的财政投入落到实处，确保相关的法律法规得到贯彻和执行。只有各级政府对图书馆实行有效的监督管理，才能确保区域图书馆资源共建共享高效优质运行，保证各级图书馆的服务质量和服务水平。

（2）图书馆——执行主体

参与资源共建共享的各级图书馆是业务主体和实际操作者。图书馆资源共建共享活动是在政府主导下由各级图书馆分别执行。各级图书馆通过实施分工协作、统一规划、统一采购、集中编目等一系列措施，最大限度地减少重复采购，降低采购成本和加工成本，提高资源利用率。

在资源共建共享过程中，各级图书馆应分工合作，明确责任。必须针对各馆的条件及各自特点、优势，明确各自的权利与义务，实现责、权、利分明，以确保各方面相互合作，共同推进图书馆事业的发展。

在长沙区域图书馆资源共建共享过程中，应加强市图书馆对各分馆的指导。市图书馆具有管理经验、技术和人才等方面的优势，它可以通过提供免费的基础藏书、对各分馆管理人员进行专业岗位培训等方式，在技术、人员上为各分馆的建设提供帮助、指导。同时在分馆正式运行之后，在各项工作中继续给予帮助与指导，及时解决实际工作中出现的种种问题，确保各合作馆沿着正确的轨道发展。长沙市图书馆作为区域资源共建共享的统领者，还应负责统筹全市公共图书馆服务体系均需执行的设置标准、服务标准、技术标准、数字资源建设标准和评估标准，使各个参与共建共享的图书馆向社会公众提供统一标准的服务。

（3）社会公众——利用主体

社会公众是图书馆服务的使用者和服务对象，是图书馆资源共建共享的利用主体。图书馆的宗旨就是一切为了大众，并把为公众服务的优劣作为衡量一个图书馆工作水平的标尺，离开了为公众服务这个前提，图书馆的存在就失去了意义。社会公众对文献信息需求的无限性与馆藏文献资源的有限性之间的矛盾，是图书馆资源共建共享存在的根本原因。图书馆资源共建共享的根本目的是通过对图书馆及信息资源的有效组织和管理，为社会公众配置和提供最优化的信息服务，以充分发挥文献信息资源的作用，促进经济及教育科学文化事业的发展。

图书馆资源共建共享使社会公众信息获取权得到最大限度的实现。这一权利的充分实现体现在各个方面，一是图书馆资源共建共享使社会公众可供选择的资源内容增多，区域内各图书馆通借通还的实现使一馆的读者可供使用的信息资源扩充至多馆。为使公众充分享受图书馆资源共享所带来的便利，图书馆应开展广泛的用户培训，加强信息技术教育，以提高社会公众的信息素质与信息能力，最终实现信息资源的有效获取。如何使社会公众了解和掌握检索方法与技巧，是公共信息服务提供者的一项重要任务。二是提高了社会大众的利用率，如总分馆制下图书馆提供的“一卡通”和通借通还服务，以及流动图书车、自助图书馆等措施，使社会公众迈出家门就可以享受多个图书馆的馆藏，节约了借阅时间，减少了借阅成本。三是社会公众能获得更优质的图书馆服务。共建共享所实现的资源的整合，其实更是图书馆服务质量的提升。在“读者第一，服务至上”理念的推动下，图书馆通过共建共享能够为社会公众提供更多人性化的服务，从而改变社会公众读书难的局面。

2.2 图书馆资源共建共享的客体

在法律关系中，客体是指法律关系主体之间权利和义务所指向的对象。图书馆通过全面系统地收集信息资源为用户提供信息服务，其资源共建共享的客体即信息资源，这是图书馆这一社会机构的基础设施，是其业务工作的基石，通过信息资源向社会公众提供服务是图书馆区别于其他机构的特征。区域图书馆信息资源共建共享，通过建立区域范围内跨系统的信息资源共建共享网络，打破了各行业系统的信息资源共享体系之间的界限，通过协调与合作实现了资源共享，具有强大的资源优势和竞争优势。图书馆收藏的信息资源丰富多样，从载体上分有印刷型和数字型，从形式上分有文字型、图片型等，从编辑形式上分有图书、报纸、期刊等。不同载体形式的信息资源，在图书馆的服务方式和内容上有所差异。

（1）印刷型信息资源

印刷型信息资源是指以纸张为存储介质，以印刷为主要手段而生产的信息资源。印刷型文献是文献的传统形式，也是现有文献的主要形式；主要包括图书、小册子、期刊、报纸、地图、图片等，在图书馆的馆藏中占有较大比例。其优点是可直接阅读，使用方便，流传广泛；缺点是存贮密度太低，占据贮藏空间过多，容易破损，难于实现加工利用的自动化。在传统图书馆馆藏中，以纸质为载体的印刷文献居于绝对主体地位，其门类之广、著作之丰、藏书之富、规模之大，是其他任何载体的文献所不能比拟的。在网络环境下，印刷型文献虽然受到电子文献的强大冲击，但它始终具有数量巨大、权威性高、保管使用便利等优势，其利用率也远远高于电子文献，因而在图书馆馆藏中居于主体地位。传统的资源共享形式如馆际互借，即是针对印刷型文献而开展的有限资源共享。

（2）数字型信息资源

网络化、数字化技术正势不可挡地进入图书馆，冲击着传统图书馆的方方面面。随着数字技术的发展，数字资源已成为图书馆文献资源的重要组成部分，占图书馆资源的比重越来越大，种类发展越来越多。图书馆不只局限于向用户提供文献型信息资源，还将向用户提供数字化信息资源。因此，图书馆的信息资源建设对象不再是传统的文献信息资源，还包括了电子出版物和网络信息在内的涵盖面较广的数字化信息资源。图书馆数字资源的建设和电子资源的引进大幅度增加了图书馆资源的品种和数量，特别受到大学生和科研人员的欢迎和依赖。由于多数大型数据库在网上不能免费查询，因此用户使用这些数据库的途径主要是通过图书馆来进行。[1]图书馆数据库资源主要包括各种在线数据库和光盘数据库。在线数据库包括电子期刊和电子图书等，它们一般都有实时更新的特点，其采购具有连续性。光盘数据库的内容固定，可以一次购买、永久使用。数据库资源具有容量大、累积性强、查找方便、更新迅速等特点，通过计算机终端查找电子资源逐渐成为读者利用图书馆的主要方式。

2.3 图书馆资源共建共享的内容

内容是指法律关系主体所享有的权利和承担的义务。就图书馆这一主体而言，图书馆信息资源共建共享的内容主要是指图书馆建设资源共享网络的义务。

[1] 王郁南．图书馆信息资源与网络信息资源的比较分析［J］．图书馆工作与研究，2012 (5):42-44.

区域图书馆资源共建共享的内容主要包括以下方面：

（1）平台建设

图书馆资源共建共享的基础是平台建设，如长沙市的总分馆建设，需要将现有的图书馆进行整合，新建、改建一批分馆，构建以长沙图书馆为总中心馆，各区、县（市）图书馆为中心馆，街道（乡镇）、社区（村）图书馆为分馆（服务点）以及24小时街区自助图书馆、民办图书馆、图书流动车为补充的城市公共图书馆新型网络架构。街道、社区图书馆的建设在长沙尚处在起步阶段，发展社区图书馆必须遵循“合理布局，分步实施，分类指导，因地制宜”的方针，以远离城市中心的新居民小区、工厂企业集中地区和农村集镇为社区图书馆建设的重点。[1]

（2）业务对接

图书馆业务对接包括资源、技术等方面。为实现资源共享，各馆可实行统一采购统一编目，标准化是共建共享的基础，资源共享必须统一规划、统一运行规则，否则，标准不统一将阻碍共建共享的步伐。共建共享的实现还需实现各图书馆技术上的互联互通，如部分地区可以利用VPN技术建立一个数据库共享网络来实现合作伙伴之间的数字资源共享，能够从一定程度上解决大中小图书馆之间的信息差距问题，减少信息资源建设方面的重复浪费，最大限度地扩展各馆可资利用的资源空间，从整体上提高系统内图书馆的信息服务能力。

（3）服务优化

资源共建共享网络将使图书馆可利用的资源显著增多，与此同时，图书馆需采取相应措施优化图书馆服务。因而图书馆需要为用户搭建一个良好的服务平台，使区域内图书馆的各种资源能以最快的速度、最便捷的方式为最广大的用户提供服务，使用户的任何信息需求都能最大限度地在这个服务系统中得到满足。

文献资源载体及信息获取途径的增加，使社会公众对图书馆的服务形式产生了多样化的要求，需要图书馆将分散无序的各种信息进行组织、加工和整理，提炼出有价值的信息，并以便捷的方式传递给公众，从而满足其特定的信息需求。针对用户对服务的多样化需求，图书馆应当积极拓宽服务渠道，开展形式多样的信息服务。在服务深度上，图书馆应重视信息深度加工，开展专题信息服务，协助社会公众及时地查找、参考和吸收有针对性的知识信息，使信息服务有序化、

[1] 刘新权. 关于发展长沙市社区图书馆的几点意见［J］. 图书馆，2000 (3):59-60.

浓缩化、精细化。按照特定用户的需要，进行信息的二次加工，形成“综述”“研究报告”等信息增殖产品，不断将信息服务推向专业化、知识化、深入化，充分发挥图书馆的社会价值。通过资源共建共享，图书馆资源类型丰富、技术优势明显、服务模式多样、服务效率高的优势应得到明显体现。

3. 法律制度对图书馆资源共建共享的影响分析

资源共建共享是信息时代的基本特征，也是和谐社会建设的重大原则，日益发展的数字技术为资源共建共享提供了技术支撑。然而，由于图书馆业务工作所依赖的信息资源是社会公共资源，可供图书馆界自由利用，而另一部分信息资源在法律保护下受私人控制，图书馆之间在共建共享资源时应注意相关法律制度的制约。影响图书馆资源共建共享的法律制度主要是知识产权保护制度，图书馆界为减少知识产权保护对其业务工作的负面影响做过不少努力。国际图书馆协会联合会发表的《数字化环境下版权立场》中强调：“信息是所有人的，无论何种形式的信息均应被公共获取，版权不应成为信息与思想获取的障碍。”

从技术层面来说，在新的数字时代，知识和信息几乎可以毫无障碍地在社会广泛传播、共享和使用。然而知识的生产者和投资者希望通过他们的智力劳动成果获取垄断利润，因此知识产权制度在保护权利人利益的同时，也在一定程度上限制了信息的自由传播与使用。而知识产权制度是信息资源共享必须遵守的基本规则，其往往容易陷入这样一个困境：没有合法的垄断就不会有足够的信息生产出来，但是有了合法的垄断又不会有太多的信息被使用。因此，信息资源共享与知识产权保护之间有一定的矛盾性和关联性。

3.1 知识产权保护对信息资源共建共享的制约

信息资源共享代表的是广大社会公众的利益，而知识产权是一种私权，代表权利人的个体利益。因此，两者之间存在一定的矛盾性，这种矛盾性主要体现在知识产权制度对社会信息资源共享的约束与信息资源共享对知识产权的侵犯两个方面。

（1）知识产权保护导致可供共享的信息资源数量减少

实现信息资源共享需要充足的社会信息资源作为共享的基础，然而社会上流动的信息资源大多是具有知识产权的智力劳动成果，未经权利人允许，他人不得随意使用这些信息资源。如我国著作权法规定，个人文字作品保护期限为作者终生加死后五十年，在著作权保护期限内，作品受到著作权法的保护，他人使用作品不得超出著作权法规定的范围，将作品放到公共服务网上进行传播是著作权法禁止的行为，使用这些作品必须经过作者授权，因此无法实现这些作品在全社会的无障碍传播。知识产权保护使某些社会信息资源被权利人所垄断，不能为公众自由获取，因此可供共享的社会信息资源数量减少。要使这些受知识产权保护的信息资源可以被社会公众自由获取，必须取得权利人的授权许可，而获得这种许可，需要付出大量的社会成本。

大多数信息资源都是拥有知识产权的，无论是传统载体形式的图书、期刊，还是其他形式，如通过广播电视节目、光盘、网页等传播的信息，一般都是拥有知识产权的信息产品。正是因为这些有知识产权的信息资源无法在社会广泛共享，直接导致了能够共享的社会信息资源数量减少。比如有的电视台通过对电视频道的控制，使得那些没有付费的边远地区的观众无法接收到它的电视节目；作者对其作品所拥有的版权使得公众无法随时随地获得所需作品。

（2）图书馆信息资源共建共享存在知识产权侵权风险

如果说实现社会信息资源共享主要取决于两大因素——技术与制度，那么在信息技术日益发达的今天，信息资源共享的技术障碍已经荡然无存，其共享的障碍主要来自于制度环境，而制约信息资源共享的社会制度主要是知识产权制度。

信息共享一方面使信息资源可以迅速、方便地为广大社会公众所获取，另一方面也存在着知识产权侵权风险。知识产权制度在一定程度上制约了社会信息资源共享。知识产权制度通过赋予权利人一定期限的专有权利而使公众无法得到许多新的信息资源。尤其是限制了数字时代的信息资源共享，在数字时代，信息共享主要通过数字化信息资源的网上传递和接收来实现，而信息资源的数字化传递往往涉及相关的知识产权问题。

信息资源的网络传播是数字时代实现资源共享的首要条件，当信息资源通过网络向社会公众传播时，知识产权权利人有权控制这种传播并由此获得相应的经济利益。如我国著作权法规定：著作权人享有信息网络传播权，即以有线或者无线方式向公众提供作品，使公众可以在其个人选定的时间和地点获得作品的权利。既然信息网络传播权是著作权人的一项权益，将享有著作权的作品放到网上传播自然存在知识产权侵权风险。任何未经权利人许可的扩大作品传播范围的举措和损害权利人利益的行为都是对知识产权的侵犯。

在现实中，信息传播中的知识产权侵权行为广泛存在，如未经授权的对作品任意上传、转载和下载行为，音乐、影视作品中的盗版、网络传播行为，等等。这些行为即使不以营利为目的，但侵犯了他人的合法权益，同样是违法行为，必然会受到法律的制裁。信息共享不能成为侵犯知识产权的抗辩理由。如 2002 年陈兴良诉中国数字图书馆有限责任公司一案，虽然后者一再强调其公益性质，最后仍以败诉告终，其行为的公益性不能规避其法律责任。因此，信息资源共享与知识产权的矛盾性决定了信息资源共享存在着知识产权侵权风险，信息资源共享必须在知识产权制度规定的框架内进行。

3.2 知识产权保护对信息资源共建共享的促进

信息资源共享与知识产权保护是对立统一的关系，两者之间既相互制约，又相互促进。信息资源共享与知识产权保护的一致性主要体现在以下几个方面。

（1）知识产权的公共性能够保证社会信息资源共享的顺利进行

知识产权是一种独占权，但因为智力创造成果是一种宝贵的社会财富，因此知识产权又具有很强的公共性。知识产权是一种公共性很强的私权，知识产权的公共性决定了知识产权制度对社会公共利益的维护。维护私人利益与公共利益的平衡是我国知识产权法律制度的基本原则。因此知识产权法在确认权利人专有权的同时，为了保证公共利益的实现，又通过法律规定对实施这种专有权进行适当控制。

当前世界各国知识产权制度始终要求达到两方面的协调和平衡：一是明确将知识产权界定为专有权利，保护创造者的合法权益，着眼点是保护私权；二是促进知识和技术的广泛传播与利用，保障社会科学技术的进步与文化、经济事业的繁荣，着眼点是维护社会利益。知识产权法的发展过程，就是一个“利益权衡”的过程。“利益权衡”是在著作权法、专利法和商标法中体现最为明显的一个制度特征。著作权法是以授予作者对其作品有期限的独占性权利，以及通过“合理使用”“法定许可使用”等条款对权利人的独占性权利加以限制。专利法同样赋予专利权人有期限、有条件的垄断权，以促进技术进步和信息的快速流通。商标法也同样体现了这种利益平衡。正是因为知识产权制度对权利人私人利益的限制，才使得社会信息共享工程能够顺利进行。

（2）知识产权制度对权利人的激励丰富了可供共享的信息资源

知识产权制度设立的宗旨就是通过鼓励创造性智力劳动来创造出更多的社

会精神财富，从而促进社会科技和文化的进步。知识产权制度通过确认与保护知识生产者的这种智力劳动成果，赋予人们一定的精神权利和财产权利，使他们的智力劳动得到应有的报酬甚至增值，这样就能调动智力劳动者的积极性，鼓励他们创造更多的智力成果，使社会精神文化财富日益增多，为信息资源共享提供了丰富的源泉。正是因为有知识产权制度做保障，人们才能创造出日益丰富的信息资源，从而促进整个社会的进步和科技的繁荣。另外也正是因为有知识产权做保障，智力成果创造者才乐意将自己的劳动成果向社会公开，从而促进社会信息资源共享。

如果没有合理的知识产权制度对知识产权加以界定和保护，任何的知识产品将无法给其创造者以报偿，那么知识创造者的利益就得不到保护，其继续进行智力创造的积极性就会受到抑制，阻碍社会知识产品的生产，也使得资源共享成为无源之水、无本之木，最终会阻碍科技进步和文化繁荣。因此，知识产权制度通过维护科技创作者的权益促进了整个社会信息资源共享。保护知识产权是不断创造新知识并将其转化为生产力的根本保证，也是实现资源共享的前提和基础。

信息资源共享通过对社会信息资源进行搜集、整合与传播，方便了社会公众自由利用信息，充分实现了信息的社会价值。信息资源共享的各个环节都涉及知识产权问题。如何在信息共享的同时维持私人利益与公共利益之间的平衡，是知识产权制度设立者必须认真考察的问题，知识产权制度必须妥善解决信息共享与知识产权保护之间的关系。

3.3 知识产权保护与信息资源共建共享协调发展

虽然信息共享与知识产权保护存在一定的冲突，但是两者应该协调发展，不可偏废。既不能为了信息共享而无视知识产权，也不能过度扩张知识产权保护，阻滞信息资源的共建共享。

要使信息资源共享与知识产权保护协调发展，应采取以下措施：

（1）充分挖掘不受知识产权保护的信息资源实现共享

不受知识产权保护的信息资源主要有三种类型，第一类是本身不受知识产权法保护的信息资源，如法律法规、国家机关发布的有关文件等；第二类是指已经过了保护期限的信息资源，这是一个庞大的信息资源群，知识产权对信息的保护都有一定的期限规定，超过这个期限任何信息都会进入社会公有领域，他人可以不经过授权而自由利用；第三类是指权利人放弃其知识产权权益的信息，现在社会上有很多组织主张实现信息资源的开放存取，通过开放存取、创作共用等形式鼓励知识产权权利人放弃部分权益在其放弃名下知识产权权益后，社会公众可以充分利用这类信息实现共建共享。

（2）通过许可授权将受知识产权保护的信息资源纳入共享系统

除了利用不受知识产权保护的信息资源实现共享外，信息机构还必须将受版权保护的作品纳入信息共享系统。在信息资源共享中，组织者应该积极与权利人进行协商，获得权利人的许可，使更多的信息资源在全社会共享。为了简化这种授权模式，可以设立委托版权代理中心，集中对权利人的作品实行管理，实现集中管理、集中授权，这样就在权利人与使用者之间架起了一座桥梁，既方便了权利人对作品的管理，也使信息共享机构提高了效率。

（3）知识产权保护机制与信息共享机制同步建立

信息共享必须与知识产权保护协调一致，在进行信息资源共建共享时，知识产权保护机制应该与信息资源共享机制同步建立，作为最终解决信息共享中知识产权保护问题的一种措施。知识产权保护机制包括数字版权管理系统、共享结算系统等技术手段，也包括制度上建立知识产权保护的有关规定等综合性的保护知识产权的合理机制。

知识产权保护与信息资源共享应该协调发展，在建立和完善知识产权制度的过程中，一方面应切实加强产权人合法权益的保护，另一方面应以有利于信息流通、推动资源共享、扩大社会效益为基点，注意避免私权过度膨胀，寻求信息共享与知识产权保护之间合理的平衡。在建立信息资源共建共享系统时，一方面要充分挖掘各类信息资源来实现社会全面共享，促进信息资源的有效利用，另一方面应该尊重知识产权权利人的合法权益，使图书馆信息资源共建共享工程在合法的前提下顺利开展。

3.4 不同模式图书馆资源共建共享中的法律问题

3.4.1 总分馆模式的法律问题

党的十七大将“覆盖全社会的公共文化服务体系基本建立”作为实现全面建设小康社会奋斗目标的新要求。公共图书馆服务体系是公共文化服务体系的重要组成部分，在构建覆盖全社会的公共文化服务体系中有着举足轻重的地位。这是因为：没有其他一个文化行业可以如同公共图书馆一样，是国际公认的民主社会的制度安排，有国际统一的服务理念、规范和服务方式，纵向有一个严密的组织结构、横向有一个网状的服务体系，可以通过网状的组织形式与无缝链接的计算机网络相结合而构建形成服务网络，通过管理统一、资源统一、服务统一为特征的紧密型总分馆制和以行业联盟、资源共享为特征的区域性服务网络，并配以流动图书馆，从而将全社会构建成一个无边界的大图书馆，达到全民共享、就近快捷、降低成本、提高效益，实现普遍均等服务的目的。[1]

图书馆总分馆制是国际上通行和成功的图书馆组织和服务形式之一，从国内的情况来看，总分馆也日益体现出它的优越性。总分馆制以有效的利用资源、提高服务效率为目的，通过一体化和专业化的管理，实现体系内各级图书馆之间的资源共享和服务的互动和互联，是目前国内外城市图书馆建设广泛运用的模式。公共图书馆总分馆建设是长沙市创建全国公共文化服务体系示范区的重要内容，是长沙市区域图书馆资源共享制度设计的主要内容。2012 年 4 月，以长沙市图书馆为总中心馆、县（区）级图书馆为二级中心馆的区域总分馆服务网络正式开通，长沙市计划将总分馆服务网络成员扩充至 100 家。区域总分馆服务网络的开通，可以减少资源重复建设和遗漏，提高资源建设的质量和利用效率，最大限度地满足读者需求。区域图书馆实现资源共建共享，对于推动和加强地方公共文化服务体系建设具有重要战略意义和现实价值。在不改变原有行政隶属、人事和财政关系的情况下，总分馆体系的图书馆，统一了工作规则、服务规范等，实现了文献信息资源共建共享和“一卡通”服务。总中心馆负责协调规划全区域内文献资源的采编、分类、标引和加工；总分馆之间实现协同采编、统一检索、统一管理、通借通还，共同保障市民便捷利用信息资源。

（1）资源采集过程中的法律问题

在信息资源尤其是数据库的采集过程中，应充分了解数据库的法律属性，采取相应的对策，使图书馆能够利用有限的经费获得更多的电子资源使用权。

信息和数据是构成网络的重要资源，数据库作为数据的汇编是对信息加工的结果。大型数据库的开发和维护需要先进的技术和大量的费用，因此数据库作为一种信息产品受法律保护，任何人未经授权不得擅自使用数据库的内容。目前世界上对数据库的法律保护主要有两种形式，一种是对数据库给予版权保护，据世界知识产权组织统计，目前世界上大约有 130 多个国家的版权法把数据库作为汇

[1] 邱冠华．从政府购买看实行总分馆制的必然性［J］．新世纪图书馆，2009 (1): 39-41.

编作品加以保护，我国依照国际惯例对数据库给予版权保护；另一种是单独立法对数据库予以保护，如欧盟是最先对数据库实行单独保护的地区，早在1996年就率先推出了《欧盟数据库指令》，对数据库给予特别权保护。

数据库属于法律保护的范畴，但是其受法律保护需要有一定的前提条件。《世界知识产权组织版权条约》（WCT）第5条在明确数据库法律保护的同时，也指明了数据库受保护的前提："数据或其他资料的汇编，无论采用任何形式，只要由于其内容的选择或排列构成智力创作，其本身即受到保护。这种保护不延及数据或资料本身，亦不损坏汇编中的数据或资料已存在的任何版权。"显然，数据库获得版权保护的必备条件是其内容的选择或排列应具有智力创作，同时不损坏数据本身的版权。数据库属于我国著作权法所指的演绎作品范畴。演绎作品的版权从属于原作品是我国版权法的一个重要原则。也就是说，在对作品进行演绎创作时需要经过原作者的许可，不得损害原作者的版权，否则该作品即属于非法作品，得不到法律的保护。

图书馆在向开发商采购数据库资源时应了解数据库本身的合法性，如果该数据库本身存在法律问题，在采购时要慎重考虑。在盗版和侵权行为日益严重的环境下，加上制度本身的不完善，许多数据库开发商在制作数据库时为节约成本，未经版权人许可即擅自将其作品录入数据库的现象并不罕见，尤其是在一些中文数据库中，这种现象更为严重。国内很多公司开发的数据库都曾因版权问题招致侵权诉讼，如书生之家、万方数据、重庆维普等，而且法院判决的结果都是这些数据库公司侵权成立。图书馆界对我国数据库领域侵权严重的事实必须引起警惕，因为一旦侵权存在就会导致数据库公司停止对有关数据的采用，进而影响到图书馆对读者的服务。如重庆维普公司在有关侵权诉讼之后，其数据库中很多内容都不能全文下载，影响了图书馆对数据库的使用。

图书馆在与数据库公司签订购买合同时，应识别数据库的合法性，了解电子出版物的版权状况，首先应该要求其出具有关的版权证明，以表明数据库中的内容经过了著作者和出版社的授权。应在采购合同中订立有关版权的保证条款和违约条款，如果因法律纠纷而影响图书馆对数据库的使用，数据库公司应当承担相应的责任。

图书馆在与数据库商签订购买协议时，应考虑读者的实际需求情况，要求数据库商给予最大范围的使用权限。

图书馆应主要就采购合同中的以下条款与数据库商进行协调：

一是读者条款。这主要是关于数据库商确定的图书馆使用该数据库的并发读者数量的规定。并发读者数是指在同一时刻、容许一个机构读者内部同时在线登录使用数据库计算机的终端数。一般的在线数据库都有并发读者数量的规定，在计费时按该机构使用数据库的并发读者数计算。在读者数量上，数据库商希望将读者确定在一个较小的范围，从而为其产品留下更大的市场空间。而图书馆的数字资源是面向该馆所有的读者，在订立采购合同时，应考虑本馆的读者服务情况，将读者数量确定在一个合理的范围内，既能保证读者对数据库的正常使用，又不造成资源和资金的浪费。对于一些常用的数据库，应该争取更多的并发读者数量；对一些重要的外文数据库，其价格昂贵，但又为本单位科研人员所必需，更应合理确定并发读者的数量，以免造成资源浪费。

二是使用方式定义条款。对数据库的使用方式条款同样是采购协议的必备条款，也是出版商限制最为严格的条款之一。出于投资利益最大化的理性追求，数据库商往往通过限定使用方式来谋取最大利益。但图书馆的宗旨是充分满足读者的需求，如果读者的正常使用方式受到限制，显然会使图书馆无法满足读者的信息需求。由此可能迫使读者采用非法的技术手段获取所需的内容，从而导致侵权行为的发生，最终影响图书馆的信息服务，损害其他读者的合法权益。在与数据库商签订采购合同时，图书馆应该争取使用方式的最大化，要求数据库商提供浏览、保存、下载、打印等使用方式，增加数据库使用流量、扩大 IP 地址范围等，以规避对数据库的版权侵害。

三是质量保证条款。数据库的质量是影响图书馆选择数据库产品的关键因素，对于内容相似的产品，图书馆往往会购买质量更好的数据库。界面友好、质量可靠、内容丰富的数据库可以节约读者查找信息资源的时间和成本。在数据库交易中，采购合同往往是数据库商提供的格式合同，合同条款中较少涉及数据库的质量保证。图书馆应该在签署合同时要求数据库商增加质量保证条款，如数据的完备性、准确性，数据格式的标准化，对数据库正常运行的保证，对更新周期的承诺等内容，都需要在合同中准确说明，以保证读者对数据库的正常使用。

（2）通借通还中的法律问题

总分馆制模式下的图书馆实现了各馆之间的通借通还，作为非营利性的信息服务机构，在我国单个图书馆的借阅服务一般不会受到法律的限制，但是在有些国家，图书馆对信息资源的借阅受到版权人公共借阅权的制约。公共借阅权是指作者及其他著作权人因其版权作品在公益性图书馆被免费利用而享有主要由政府拨付的补偿金权利，这种权利在一些国家被当作一项版权权利，在另外一些国家被视为报酬补偿权，而个别国家则将其作为鼓励作者创作的奖励政策。[1] 公共借阅权所保护的法益的核心是强化对著作权人权利的保护。从公共借阅权制度产生之初，其实施的主要理由就是作家因图书馆购买了其著作后提供不特定的社会读者免费使用，从而减少了读者购买图书的意愿，作家应得的版税收入减少，侵害到了作家的财产权利，因此给予其以补偿金赔偿。

2005 年 4 月国际图联发布了《国际图联关于公共借阅权的立场》，声明国际图联不支持借阅权原则，因为它会危害公民自由使用公共图书馆服务的权利。国际图联认为，通常被赋予公共借阅权的正当性理由，即版权作品因公共图书馆的使用减少了销量，并未得到证实。事实上，公共图书馆的借阅常常有助于版权作品的市场交易并鼓励了其销售。[2] 我国图书馆是一个社会公益性的机构，图书馆的运行和发展是通过政府的财政拨款支持的，图书馆的设施是公共设施，所收藏的资源是社会的公共财富，图书馆所有的设施和资源都应向公众免费开放。公共借阅权制度不仅动摇了图书馆的公益性质，也给图书馆的公共借阅行为带来了负面的影响，冲击着图书馆的基本职能，阻碍了图书馆的信息资源共享服务的实现，也不利于文化的传承。[3] 公共借阅权的设立，对总分馆制下各馆的读者借阅工作将产生一定的影响，另外，向作者支付补偿金也将在一定程度上影响到图书馆的购书经费，在公共借阅权并未成为世界各国的一项普遍制度的前提下，图书馆界应联合起来合理反对版权人的权利扩张对公共利益的损害。

3.4.2 区域图书馆联盟模式的法律问题

区域性图书馆联盟是以地域为中心建立的图书馆联合协作组织，目的是促进地区内图书馆事业的发展、信息资源的联合共建共享以及地区与地区之间的图书馆合作交流。[4] 区域图书馆联盟是指在一个区域范围内，以实现资源共享、利益互惠，促进区域内图书馆整体化发展为目的，以遵循共同协议的图书馆联合体。区域图书馆联盟在自愿、平等、互惠的基础上，通过建立图书馆与图书馆之间的各种合作、协作关系，利用各种技术、方法和途径有序地组织、整合区域内图书

[1] 傅文齐，马小芳．公共借阅权：概念、特点和立法模式 [J]．图书馆学研究，2010 (6): 2-5.
[2] 李婉彬．从一个新的角度理解和应用”公共借阅权”[J]．图书馆建设，2008 (7):39-42.
[3] 刘青，曹超．公共借阅权的发展及其对信息资源共享的影响 [J]．图书馆情报工作，2008 (1):81-84.
[4] 李云芝，王益广．区域性图书馆联盟信息共享过程法律风险规避 [J]．图书馆学研究，2008 (9):66-69.

馆信息资源，向用户提供方便、快捷、统一的资源共享服务，最大限度地满足用户信息需求。[1]

联盟制共享与总分馆制相比有一些不同。在管理体制上，总分馆制基本是单一系统，实行垂直管理，属于集团化、连锁经营的管理体制；联盟制是多系统参与，分散管理，各自经营，服从于本系统的决策。在购书经费上，总分馆制集中各分馆的购书经费，统一使用；联盟制的成员馆购书经费独立使用。在文献资源上，总分馆制实行统一采购、统一编目、统一检索，资源综合性、大众化；联盟制实行独立采购，能够实现统一编目与检索，资源突出专业化，系统性强。在设施设备上，总分馆制实行统一配置、统一标准、统一软件；联盟制则软硬件不一，配置与功能各异。在服务手段上，总分馆制实行一卡通、大流通服务，一馆办证，多馆借还书，服务便捷；联盟制也实行一卡通，但却是小流通服务，一馆办证，多馆通用，但一馆借还书。[2]图书馆联盟中的法律问题主要体现在以下两个方面：

（1）馆际互借中的法律问题

馆际互借是图书馆联盟中常见的业务合作。馆际互借作为图书馆资源共享的一种方式，是图书馆之间根据协定以互惠的方式相互利用对方馆藏，以满足本馆读者需求的文献外借方式，它可将其他图书馆的馆藏作为本馆藏书的延伸，弥补各自藏书的不足。[3]在传统环境下，图书馆的馆际互借法律风险较小，但在数字环境下，馆际互借的合理性则受到了质疑，版权保护与信息资源共享之间的冲突日益突显出来。图书馆馆际互借工作主要受到作品的版权人所享有的复制权和信息网络传播权的制约。复制权，是指以印刷、复印、拓印、录音、录像、翻录、翻拍等方式将作品制作一份或者多份的权利。复制权是著作权法规定的作者的一项重要权利。复制权当然需受到著作权法所规定的合理使用制度的制约。著作权法规定：图书馆、档案馆、纪念馆、博物馆、美术馆等为陈列或者保存版本的需要，复制本馆收藏的作品，并不属于侵犯作者著作权的行为。但是在馆际互借过程中，图书馆复制作品用于提供借阅服务，显然不属于著作权法所规定的上述合理使用范畴，面临侵权风险。因此，在馆际互借过程中，图书馆应禁用将纸本书复制而提供借阅的行为。

信息网络传播权，即以有线或者无线方式向公众提供作品，使公众可以在其

---

[1] 周慧芳. 区域图书馆联盟资源共享运行机制浅析 [J]. 河南图书馆学刊，2011 (1):71-74.

[2] 刘冬. 总分馆制与联盟制服务模式的比较研究 [J]. 图书馆学刊，2011 (8):102, 116.

[3] 郝淑东. 我国图书馆馆际互借规则研究 [J]. 图书馆学刊，2011 (5):41-43.

个人选定的时间和地点获得作品的权利。按照一般规定，将纸本书数字化属于复制行为，而将数字化的信息资源上载到网络上供用户使用则属于信息网络传播。在图书馆联盟体系中，通过网络将电子化的版权文献资料传递给未购买版权的用户方的过程实际上是一个文献传播的过程，涉及信息网络传播权问题。我国《信息网络传播权保护条例》规定了图书馆对信息网络传播权的豁免："图书馆、档案馆、纪念馆、博物馆、美术馆等可以不经著作权人许可，通过信息网络向本馆馆舍内服务对象提供本馆收藏的合法出版的数字作品和依法为陈列或者保存版本的需要以数字化形式复制的作品，不向其支付报酬，但不得直接或者间接获得经济利益。当事人另有约定的除外。为陈列或者保存版本需要以数字化形式复制的作品，应当是已经损毁或者濒临损毁、丢失或者失窃，或者其存储格式已经过时，并且在市场上无法购买或者只能以明显高于标定的价格购买的作品。"由此可知，单个图书馆在局域网范围内向本馆读者提供数字化的信息资源不受著作权法制约，但在馆际互借中，将本馆收藏的数字作品提供给其他图书馆的用户，却可能需要承担侵权责任。

（2）文献传递中的法律问题

现代意义的文献传递是在信息技术的支撑下从馆际互借发展而来，但又优于馆际互借的一种服务。馆际互借是图书馆之间的返还式文献借阅，而文献传递则是一个图书馆向其他图书馆或个人提供非返还式的文献信息资源。文献传递服务在馆藏资源建设、满足用户需求、提供高效的文献信息服务方面发挥着不可替代的作用，已经从图书馆的边缘性服务发展成为主流信息服务。

文献传递在解决广大用户对图书馆文献信息日益增长的需要和图书馆资源不足之间的矛盾方面发挥了重要作用，呈现出良好的发展前景。然而，随着文献传递服务范围与数量的不断扩大，知识产权保护问题日益突出，限制了信息的自由流通，阻碍了文献传递服务的进一步发展。[1]文献传递方式存在较大的法律风险。不管是传统型的文献传递还是电子型文献传递，都不可避免地会发生复制行为，而这种复制显然不属于著作权法所规定的属于合理使用的私人复制，属于侵犯作者著作权的行为。文献传递需要版权人的授权。在这种情况下，图书馆绕开版权人自行从事的文献传递是不合法的。在文献传递的过程中，图书馆应征得著作权人的许可，而现实情况是图书馆不可能和每一篇有知识产权保护的文献著作权人

[1] 陈清文，曹艳．德国版权法中有关图书馆文献传递的新变化及其启示［J］．图书与情报，2011 (3): 57-60.

联系而取得许可，唯一可能的途径就是同文献传递服务商合作，由文献传递服务商或组织与版权人协商版权问题。只有同文献传递服务商签订许可协议，图书馆才既可以使著作权人的合法权益得以有效的保护，又可以使广大用户利用电子文献传递服务成为可能。

越来越多的著作权限制对图书馆的文献传递服务呈现出不利影响。因此，图书馆文献传递服务工作应充分认识到著作权对文献传递工作的重大影响，严格按照著作权法的有关规定开展文献传递服务，以规避文献传递过程中的知识产权侵权风险。首先，在提供文献传递服务的过程中，图书馆应提醒用户遵守相关版权保护规定，必要时可以与用户签订版权协议；其次，在传递文献的过程中，应将传递文献数量严格控制在一定范围内，对不允许传递的文献应严格执行有关规定，不予提供；再次，图书馆文献传递服务应坚持公益服务的目的，其进行文献传递服务应该以公益服务为基础，不应以此营利。图书馆在文献传递数据库的建设和开放过程中一定要遵守知识产权相关方面的法律、法规、条例，不能超越法律底线，才能避免不必要的侵权纠纷，保护著作权人的利益，同时要尽力保障文献传递数据库不被非法利用，充分保护数据库商的利益。只有在合法的前提下，通过相关的举措规避法律风险，图书馆文献传递服务才能得以长期延续。

3.4.3 区域图书馆协作模式的法律问题

区域图书馆协作网络是指在区域内各图书馆合作、联合的基础上，通过利用现代通信技术和计算机网络设备，有计划地将分散在本地区各系统、各种类型的图书馆组织起来，在一定管理职能机构的统一领导、统一规划下统一行动，形成一个既有分工又有合作的图书馆联合体，目的是为了充分发挥图书馆联合体的整体资源优势，实现文献资源共建共享。图书馆协作网络是现代社会发展的必然趋势，通过图书馆协作网络，读者能方便、及时、准确地获取尽可能多的有用信息，而且各图书馆协作网络成员也受益匪浅，由资源共享理念推动发展的图书馆协作网络是图书馆资源共建共享的一种重要形式。建立地区性馆际协作网络，可以在统一的规划下充分发挥本地区文献资源的优势，集中为本地区经济建设服务，并以统一的机构面向用户，在网络内进行合理的分工，畅通图书馆服务的供求渠道。

图书馆协作网络对于提高用户需求的满足能力，提高图书馆的工作效率和质量，提高图书馆的社会化程度，达到真正意义上的资源共享起着非常重要的作用。但是图书馆之间的协作不仅是图书馆之间的业务工作，同时也是同出版商和数据库商之间建立在版权法律基础上的互惠互利、协同发展的客户关系。因为图书馆协作扩大了单个图书馆文献信息资源的传播范围，影响到这些信息资源权利主体的利益。因此，在图书馆协作网络建设的过程中，应该重视相关的法律问题，不能以共享之名行侵权之实。

（1）协作共建中的法律问题

图书馆协作的基础是统一的区域协作网络的建立，各图书馆在资源数据化的基础上建立资源协作网。协作网内有各具特色的书目数据库或全文数据库，甚至可以联合开发不同类型的重要数据库，建立通畅的网络信息流通渠道。在协作共建的过程中，最容易造成侵权的仍然是图书馆相关信息资源共建中的著作权问题。如很多数据库商在与图书馆签订采购协议时明确规定使用范围限本馆服务对象，此时要将这些数据库资源放在协作网上供其他成员馆共享势必影响到数据库商的利益。因此，协作图书馆建立全文数据库时应获得数据库商的授权许可。

另外，在图书馆协作网的建立过程中，合作共建特色数据库也是图书馆协作的发展趋势，尤其是一些地方特色数据库。地方特色数据库的数据来源主要有三个，即纸本文献、数据库和网络资源。这些资源大多受到著作权法保护，图书馆擅自进行二次开发必将导致侵权行为的发生。因此区域图书馆协作组织在自建特色数据库时，要认真分析潜在的法律风险，高度重视著作权问题。数据库制作者必须严格审核所收录作品，避免侵权，同时还需要经常关注有关著作权相关法律法规的变化，采取相应的措施，只有这样才能保证特色数据库长久的正常运转。

（2）协作共享中的法律问题

区域图书馆协作网络建设的目的是为了让社会公众共享网络内的资源，协作共享的内容包括传统借阅、数据库服务、参考咨询等读者服务的各个方面。在协作共享过程中，重要的是图书馆应提醒读者在信息资源特别是数据库使用时必须遵守法律规定与合同约定，不得将数据库中的资源进行非法复制、解密、修改，不得删除、隐藏或修改数据库开发商在数据内容中加入的版权声明、权利管理信息，不得利用数据库对非授权单位提供系统的服务等。

作为信息服务机构，图书馆应该定期向读者介绍最新数据库、正确的数据库使用方法、数据库检索技术等；同时，对读者进行数据库法律保护等方面的教育，使读者在使用数据库时自觉遵守和维护数据库使用规则。通过读者培训，既保证读者对数据库的充分利用，又使读者对数据库的利用控制在合理使用范围之内，以避免因数据库滥用而遭到数据库提供商的惩罚。

为了敦促读者维护电子资源的知识产权，图书馆有义务在数据库主页中发布版权公告，提醒读者合法使用数据库资源，以示图书馆尽到了注意的义务。在版权公告中需告知读者哪些行为是侵犯数据商权益的行为。一般来说下列使用行为被视为超出合理使用范围：连续、系统、集中、批量地进行下载、浏览、检索全文数据库；利用网络下载工具对数据库进行自动检索和下载；把存储于个人计算机的用于个人研究或学习的资料以公共方式提供给非授权用户使用；设置代理服务器为非授权用户提供服务。

数据库商利用先进的技术手段对读者的使用行为进行实时监测，一旦发现有违规使用行为，图书馆将受到数据库商的警告，甚至被冻结有关 IP 对数据库的访问权限，严重的行为将被数据库商诉诸法律。对于已经发生的侵权行为，图书馆有义务对侵权人的有关侵权事实进行调查并进行相应处理，同时即时将侵权人姓名和其他信息以及处理决定向数据库商汇报，以防止侵权行为的再次发生。

3.5 长沙区域图书馆资源共建共享法律保障的完善

3.5.1 立法完善

图书馆是公益性的社会服务机构，其性质决定了它的服务必须依靠法律来保障。立法有助于贯彻人的思想与意志，实现共同的目标，图书馆的健康、持续发展必须以法律作为保障。法律环境是区域图书馆资源共建共享的一个重要环境。在过去的十多年中，知识产权越来越倾向于保护而非使用，在不与知识产权保护制度相冲突的情况下，我国应该积极制订一部统一的法律意义上的图书馆法，以解决图书馆资源共建共享中需要法律协调的问题，规范图书馆资源共建共享活动。如果法律不能给予图书馆资源共享以适当的倾斜，必然造成新的壁垒。所以，必须通过法律或政策的形式给予图书馆资源共建共享以正式认同，为其发展提供一个良好的社会环境。

图书馆能否适应社会和时代的需求，能否满足读者的需要，从某种意义上说，其法制的完善是关键。为解决图书馆事业中出现的共性问题，处理好其中的各种关系，保障其沿着正确方向健康发展，同时，也是为了使中国图书馆事业与世界图书馆事业迅速全面接轨，我国图书馆立法势在必行。图书馆法可以规范和管理图书馆的各项工作，协调图书馆与外部社会的其他关系，是一个国家图书馆政策的具体化和规范化表现，能够从根本上保障图书馆事业的可持续发展。我国图书馆法立法工作已被列入全国人民代表大会“十一五”重点立法项目，文化部也于2008年启动了《公共图书馆法》立法相关工作。从2001年年初我国《图书馆法》提出启动，到2008年11月决定正式启动《公共图书馆法》立法工作，近十年间，我国图书馆立法工作几经曲折。2009年1月12日至14日，在北京举行的中国图书馆学会2009年新年峰会上，如何才能积极推进《公共图书馆法》立法工作成了大会的唯一议题；2010年8月，在吉林举行的中国图书馆学年会上，与会专家一致呼吁加快图书馆立法进程，认为“我国图书馆立法迫在眉睫”。《公共图书馆法》的颁布，对图书馆资源共建共享的实施将起着重要的指导和推动作用。

图书馆事业是一项社会性事业，其活动涉及社会的方方面面，如果只有图书馆专门法而没有整个社会对图书馆事业的综合性保障，图书馆事业的法律保障机制仍旧是不健全的。因此，重视和加强图书馆相关法的建设和完善，也是法制建设中不可缺少的。图书馆相关法的制订与实施，标志着整个社会对图书馆的认知程度，也体现了一个国家法律体系的完善程度。

除了应尽快出台图书馆专门法、充分重视图书馆相关法的制订与实施外，还应完善包括图书馆行政法规、政策、规章和图书馆行业标准、业务规范等各项管理制度，形成图书馆专门法、相关法与各项制度相互制约、相互协调、共同作用的运行机制。

3.5.2 机制健全

为了立法的有效贯彻执行，图书馆界应该建立健全的信息资源共建共享机制。按照系统论的观点，机制是指一个系统运行各组成要素之间相互作用、合理制约，使系统整体良性循环健康发展的规则、程序的总和。而运行机制则是人们想方设法建立的以达到某种目标、实现某种愿望和需求为出发点和终点的机制，它对组织的功能有决定性的作用。区域性图书馆资源共建共享的运行机制是指区域间各系统图书馆在合作建设过程中，各种构成要素之间相互联系、相互作用的工作方式。这种相互联系和作用的方式影响着区域性图书馆资源共建共享的实现。

近年来，区域图书馆资源共建共享已进入快速发展的轨道，对丰富和完善公共文化服务体系、满足读者不断增长的信息需求进行了有益的尝试和探索。但是，部分已经建成的区域图书馆共享共享工程或多或少出现了运行不畅的问题。在共建共享过程中面临着管理体制、共享模式、共享标准等方面的一系列运行机制问题的困扰，在一定程度上阻碍了资源共建共享工作的有效开展。为确保资源共建共享工作顺利开展，应建立科学、合理的运行机制。区域图书馆资源共建共享是一项系统工程，不仅涉及各级政府的职能部门，而且还涉及人、财、物的投入和各项工作的协调与管理，所以任何一个工作环节有疏忽都会影响信息资源共享的实施。因此，区域图书馆联盟必须实行统一、强有力的领导，各地区应建立专门管理机构，由当地政府统一规划指导，建成有统一规划、地区协调、行业联合的区域图书馆资源共享系统。

网络环境下图书馆信息资源共享涉及多元主体的参与及十分复杂的利益关系。包括各图书馆成员之间的利益关系、图书馆与用户之间的利益关系、图书馆与图书馆工作人员之间的利益关系等等。因此，必须建立良好的利益平衡机制，协调不同利益主体间的关系，维护各利益主体的合法权益，把各利益主体的利益和共建共享的整体目标统一起来，最大限度地取得资源共建共享的效益，从而提高图书馆的竞争力，加速我国图书馆事业的可持续发展。

3.5.3 法制宣传

一个完整的图书馆法律保障体系应当包括图书馆法律制度建立、健全、实施及监督的全过程，这也是国家图书馆政策制订与实践的全过程。图书馆资源共建共享法律保障完善的一个重要举措是加强图书馆的法制宣传。法制宣传的对象是图书馆馆员、读者以及其他相关人员。对图书馆而言，法制宣传有利于图书馆强化自身法律意识，了解自己的权利义务，以法律保护自身利益；对图书馆用户而言，法制宣传有利于用户在法律框架内合理使用图书馆的资源，明晰用户在资源利用中的权利义务，避免不必要的侵权。法制教育对图书馆和用户的功用是双赢的。

图书馆可以利用自身作为信息传播服务机构的优势，开展多种形式的法律宣传活动，让读者了解与图书馆相关的各种法律法规和政策制度。图书馆要善于借助本馆硬件和软件设施，采取张贴图片、举办报告会、网络警示、典型教育等灵活多变的方式，逐步开展图书馆内的法律教育。

普法宣传是依法治理的重要前提，为推进区域图书馆资源共建共享，应该建立法制宣传的创新载体和有效平台，充分发挥各类信息资源的传播优势，加大宣传力度，从而在全社会形成知法守法的氛围。通过法制宣传，图书馆依法管理的水平和能力进一步提高，用户学法、守法、用法的法律意识进一步增强，履行法律规定义务的自觉性和依法维护自身合法权益的能力得到提升。

PART SIX

第六篇 长沙区域图书馆资源共建共享的制度保障研究

区域图书馆资源共建共享是在一个国家或一个地区范围内，各类型信息机构协调合作，采用一定的形式，根据统一的规范，建立一个集信息资源收集、组织、存储、传递、开发和利用为一体的信息资源保障体系。[1]这些信息机构主要包括一定区域范围内的各类图书馆、信息中心、网络中心、资料室、档案馆等。其中，图书馆在资源共建共享中占有极为重要的地位，发挥着不可替代的作用。区域图书馆资源共建共享可以减少资源重复建设和遗漏，建立各具特色的图书馆资源体系，优化馆藏结构，提高资源建设质量和利用效率，最大限度地满足读者需求，消除信息鸿沟，实现信息公平。对于推动和加强地方公共文化服务体系建设具有十分重要的战略意义和现实价值。

为了保障区域图书馆资源共建共享的长期稳定有效进行，必须具有可操作的科学制度作基础。因此，制度保障是区域图书馆资源共建共享的关键。

1. 理论基础研究

区域图书馆资源共建共享是知识经济时代和网络环境下图书馆发展的必然趋势。在数字时代，任何图书馆独立地建设馆藏，或者仅仅依靠本馆资源都已无法有效地满足读者的需求。科学合理的资源共建共享既可以减少资源的重复建设和浪费，节省资源，降低成本，又可大大提高资源的利用效率，还能最大限度地满足读者的需求。因此，图书馆资源共建共享必须有科学的理论依据，应该在科学的资源共建共享模式和制度保障下才能顺利实现。

“资源”是指一国或一定地区内拥有的物力、财力、人力等各种物质要素的总称。分为自然资源和社会资源两大类。前者如阳光、空气、水、土地、森林、草原、动物、矿藏等；后者包括人力资源、信息资源以及经过劳动创造的各种物质财富。依此来看，图书馆的资源包括人力资源（管理人员和业务人员）、财力资源（图书馆获得的可供支配的资金）、物质资源（馆舍、设备等可供利用的资源）、信息资源（图书馆的馆藏，指狭义的信息资源，包括传统信息资源和数字信息资源）、读者（一切利用图书馆资源的人）。广义的信息资源是指图书馆全部资源的总和。从经济学的角度来看，一切资源都是有限的，因而是稀缺的，任何资源的获取都必须付出一定的代价。资源的价值在于其有效的开发和合理的利用，资源共享是有效开发和合理利用资源的一种科学形式。

[1] 肖希明. 信息资源建设 [M]. 武汉，武汉大学出版社，2008:318.

1.1 资源共建共享理论

1.1.1 资源共建共享的意义

图书馆资源共建共享是指图书馆在自愿、平等、互惠的基础上，通过建立图书馆与图书馆之间和图书馆与其他机构之间的各种合作、协作、相互协调关系，利用各种技术、方法和途径，开展共同提示、共同建设和共同利用信息资源，以最大限度地满足用户信息资源需求的全部活动。[1]图书馆资源共建共享是时代发展的产物，不仅具有经济意义，而且具有社会意义，同时也具有现实意义。

①经济意义。资源是人类社会赖以生存和发展的基础。物质、能源和信息是人类社会发展和进步的三大支柱。从农业文明到工业文明，再到知识经济时代，人类对各种资源进行了高度的开发和利用，这种高度开发利用，一方面导致物质资源的急剧减少和恶化，另一方面导致知识资源正在无限扩张。物质资源的急剧减少和恶化促使人类变革传统的资源观念，采用新技术和新方式开发利用资源，提高资源的利用效率。知识资源的无限扩张一方面为人类利用物质资源提供了更多的选择，同时又迫使人类投入更多的物质资源来管理和利用知识资源。图书馆资源共建共享的经济意义在于稀缺资源的优化配置和高效利用。

②社会意义。图书馆资源共建共享蕴含着社会和谐发展的理念，是消除信息鸿沟、实现信息公平的有效途径。图书馆资源共建共享是一项重要的社会公共事业，与政治、经济、科技、文化等方面的发展密切相关。因此，通过图书馆资源共建共享，保障全体公民自由平等地获取信息的权利，是和谐社会发展的基本要义。同时，图书馆作为社会公共文化事业的重要组成部分，是全国文化信息资源共享工程的核心力量。如何发挥图书馆在公共文化服务体系建设中的重要作用，开发利用图书馆的文化资源，传播先进文化，加强社会教育，是图书馆在新时代的重要职能。图书馆资源共建共享的社会意义在于紧跟时代发展和社会进步的步伐，充分体现和全面发挥图书馆的社会职能。

③现实意义。任何一个图书馆的资源都是有限的，图书馆服务的覆盖范围也是有限的，而文献信息的增长和读者的信息需求却是无限的。因此，文献信息数量的急剧增长与图书馆有限的资源之间，读者信息需求的多样化、广泛性和复杂性与图书馆满足需求的能力之间，产生了尖锐的矛盾，形成了强烈的反差，这种

[1] 程焕文、潘燕桃. 信息资源共享 [M]. 高等教育出版社，2004:15.

尖锐的矛盾和强烈的反差正在进一步加剧。

一方面，文献信息数量急剧增加，呈指数模型增长。研究表明：1900 年，文献信息每 30 年翻一番，1980 年是每 8 年，1999 年是每 1.5 年，而到 2010 年则是每 11 小时翻一番。据统计，目前全世界每年出版图书 80—90 万种，期刊 20—25 万种，研究报告 80 余万件，专利文献约 105 万件，会议文献约 10 万篇，政府出版物约 20 万篇，标准文献约 85 万件，产品样本约 50 万件，学位论文约 10 万件，技术档案数百万件。[1]

数字信息的增长速度则更快，呈几何级数增长。据美国加州大学贝克利信息管理和系统学院的研究报告《2003 年世界信息量统计》显示，2002 年全世界存储的信息量为 5 exabytes, 或 50 亿亿字节，比 1999 年的 2 exabytes 总量翻了一倍半，相当于美国国会图书馆（世界最大的图书馆）馆藏量的 50 万倍，全世界平均每人拥有约 800 兆信息。

而另一方面，图书馆的资源能力则显得相对不足。随着印刷型书刊和数据库价格的持续上涨，其与图书馆投入经费的相比则减缓，许多图书馆不得不缩减经费，使得图书馆的入藏文献品种和数量呈逐年下降趋势。我国每年收集的图书资料种数仅占世界出版量的 10% 左右，收集的科技期刊仅占世界期刊发行种数的 5% 左右。[2] 图书馆资源共建共享的现实意义在于有效缓和和解决文献信息数量的急剧增长与图书馆有限的资源之间以及读者信息需求的多样化、广泛性和复杂性与图书馆满足需求的能力之间的尖锐矛盾。

由此来看，图书馆资源共建共享的意义重大。它有助于减少图书馆资源建设的重复和遗漏，从而形成各具特色的图书馆信息资源体系，提高整体信息资源系统的保障能力；有助于国家和地区对图书馆资源建设的投入能够得到优化配置和有效利用；有助于最大限度地满足读者的信息需求，大大提高图书馆资源的利用效率；有助于消除信息鸿沟，实现信息公平。

1.1.2 资源共建共享的目标

图书馆资源共建共享的最终目的，是保障社会全体成员能够无障碍地获取信息资源。平等、自由地获取信息，是我国宪法赋予每个公民的基本权利。图书馆是国家和政府为保障公民的这种权利而进行的一种制度安排，而图书馆资

[1] 霍国庆 . 我国信息资源配置的模式分析（一）[J]. 图书情报工作，2000 (5):32-38.
[2] 贺湘文 . 论图书馆文献信息资源共享的必要性及对策 [J]. 中华医学图书馆杂志，2001 (3):4-5.

源共建共享则是图书馆为实现这一制度安排而选择的一种机制和模式。为了有效实现这一目标，图书馆必须通过资源共建共享机制和模式，建立高效运作的组织协调管理系统，确立资源优化配置机制，建立相对完备的文献信息资源保障体系，形成覆盖面广和利用便捷的书目信息网络，建立迅速高效的文献传递系统。

1.1.3 资源共建共享的模式

目前国内外区域图书馆资源共建共享的形式主要有四种：

（1）总分馆模式

总分馆制是在一个总馆下设立若干个分馆，实行一元化垂直管理体系和网状结构模式，资源由总馆统一调配、集中采购、统一编目、联合检索、通借通还，以达到各馆之间文献信息资源高度共享，提高服务的质量和效率。国外早在20世纪五六十年代就开始实施总分馆制，涌现了大批成功的典范。有公共图书馆总分馆制，也有高校图书馆总分馆制。如美国俄亥俄州图书馆、纽约市图书馆、克利夫兰市图书馆、哈佛大学图书馆，日本的大阪市图书馆等在总分馆模式建设上取得了极大的成功。进入新世纪以来我国开始了图书馆总分馆模式的探索和实践，取得了引人瞩目的成就。公共图书馆出现了深圳福田区模式、苏州模式、嘉兴模式等成功范例。高校图书馆出现了以学校图书馆为总馆、以院系资料室为分馆，或者主校区图书馆为总馆、以分校区图书馆为分馆的总分馆模式。

总分馆制是世界通行的一种较为科学的图书馆建设和管理模式。这种模式具有经费统一管理、业务统筹安排的优点，能最大程度发挥图书馆的效用。长沙市公共图书馆在其辖区范围内适宜采取总分馆模式管理。

（2）图书馆联盟模式

图书馆联盟是以实现资源共享、利益互惠目的而组织起来的，受共同认可的协议和合同制约的图书馆联合体，是新形势下图书馆资源共建共享的最新形式之一。图书馆联盟兴起于20世纪30年代初期，其中最具代表性的是美国北卡罗来纳州的“三角研究图书馆网络”。近年来，图书馆联盟的发展呈现了国际化趋势。1998年，来自世界各地图书馆联盟的代表在美国丹佛成立了“国际图书馆联盟联合体”（ICOLC），也被称作“联盟的联盟”。

图书馆联盟的主要功能有：信息资源协调采集、联合编目与联合目录、馆际互借和文献传递、数字资源建设与资源合作存储、参考咨询服务协作、计算机资源共享、人员培训和藏书保护等。图书馆联盟的形式有国际性图书馆联盟（如ICOLC)、全国性图书馆联盟（如CALIS、NSTL、全国文化信息资源共享工程)、区域性联盟（如广东高校图书馆网、北京高校图书馆联合体、上海市文献资源共建共享协作网、湖南省文献信息资源共建共享协作网)。省图书馆、驻长高校图书馆、政府情报信息机构、企事业单位情报信息机构等适合采用图书馆联盟模式实现图书馆资源共建共享。可以通过资源共建共享、联盟会员制、服务协作、利益补偿等多种形式实现。

（3）图书馆服务协作模式

图书馆服务协作是指参与联盟或协作的各类图书馆为了实现图书馆的某项服务功能而组成的业务联合体。它是一种具有单一功能的图书馆联盟形式，也称“准图书馆联盟”。图书馆服务协作的主要形式有：文献资源联合采购（如CALIS的集团采购、湖南省图书馆文献采编中心)、联合编目和联合目录（如OCLC、CALIS的联合编目、国家图书馆的联合编目、湖南图书馆的联合目录查询)、协作参考咨询服务（如全球合作数字参考咨询QP、美国国会图书馆的CDRS、英国EARL的Ask A Librarian、中国图书馆信息咨询协作网、中国高校合作数字参考服务DCVRS、湖南图书馆的联合在线咨询)、文献传递服务（如CASHL)、人员培训（如远程教育、网络培训资源共享）等。根据实际情况，长沙图书馆总分馆体系可以作为一个整体与长沙区域范围内其他信息机构开展资源联合采购、馆际互借、参考咨询服务、联合编目、文献传递和人员培训等方面的协作。

（4）高校图书馆对外开放模式

资源共建共享是知识经济时代图书馆资源建设发展的基本趋势，而高校图书馆对外开放就是资源共建共享的一种有效形式。在西方发达国家，大学图书馆都不同程度获得了政府的补助。因此，这些国家的大学图书馆界都形成了一个共识：既然接受了来自国家税金的补助，那么就理应向全体国民开放。近年来，高校图书馆对外开放在我国引起热议。赞成者认为，中国高校图书馆的场馆设计与建设、文献购置、工作人员工资等都来源于国家的教育事业经费，实际上是来源于税收。从这个角度来看，既然中国高校图书馆的经费主要来源于国家，也理应对社会开放，以满足人们知识更新的需求，满足专业读者的信息需求。反对者认为，我国高校图书馆对外开放还存在诸多瓶颈，如资源不足、服务能力有限、服务对象特定、管理体制僵化等。不论是从对社会开放的必要性和现实意义，还是从发达国家的经验来看，高校馆都应该对社会开放。但就当前的情况来看，高校馆全方位地、完全地对外开放还存在着一定的难度。但有条件地、部分地、有限地、逐步地对外开放是高校图书馆发展的趋势之一。北京地区高校图书馆的对外开放已取得了一定成效。在长沙区域图书馆资源共建共享中，高校图书馆对外开放主要分两个部分，一是驻长沙部属和省属高校图书馆的对外开放，二是市属高校图书馆的对外开放。

1.2 制度保障理论

1.2.1 制度的概念

制度是在一定历史条件下形成的政治、经济、文化等各方面的体系，是客观事物发展规律的概括和总结，是人们的思想行为和具体行动的约束和规范，是确保政治、经济、文化等方面行动目标实现的具体措施和保障规定。制度一般指要求大家共同遵守的办事规程或行动准则，也指在一定历史条件下形成的法令、礼俗等规范或一定的规格。制度是一个内涵丰富、外延宽泛的概念，既是一个法律术语，也是一个管理名词，还是一个经济概念，同时也被广泛用于政治学、社会学领域。从社会科学的角度来理解，制度泛指以规则或运作模式，规范个体行动的一种社会结构，也称为建制，可以理解为社会制度、法律制度、政治制度、经济制度、组织制度、管理制度、工作制度、劳动制度、财务制度等。

制度，也称规章制度，是国家机关、社会团体、企事业单位，为了维护正常的工作、劳动、学习、生活的秩序，保证国家各项政策的顺利执行和各项工作的正常开展，依照法律、法令、政策而的具有法规性或指导性与约束力的应用文，是各种行政法规、章程、制度、公约的总称。规章制度的使用范围极其广泛，大至国家机关、社会团体、各行业、各系统，小至单位、部门、班组。它是国家法律、法令、政策的具体化，是人们行动的准则和依据。因此，规章制度对社会经济、科学技术、文化教育事业的发展，对社会公共秩序的维护，有着十分重要的作用。规章制度主要包括劳动合同管理、工资管理、社会保险福利待遇、工时休假、职工奖惩，以及其他劳动管理规定。用人单位制订规章制度时，要严格执行国家法律、法规的规定，保障劳动者的劳动权利，督促劳动者履行劳动义务。制订规章制度应当体现权利与义务一致、奖励与惩罚结合，不得违反法律、法规的规定。否则，就会受到法律的制裁。

关于图书馆制度，我国学者有不同的理解，总体上来看图书馆制度可以从狭义和广义两个方面来理解：从广义来看，图书馆制度是国家的，为满足公民的社会权利（教育权和获取知识的自由权）而建立的一种信息保障制度，以达到信息公平的目的，进而达到正义。从狭义来看，图书馆制度是指图书馆等机构的，以一定的信息行为和信息经济关系为规范对象的各种规则、规定、章程、守则等的总和。[1]

1.2.2 制度的类型

根据不同的划分标准，制度可以分成不同的类型。

制度经济学家诺斯认为“制度是个社会的游戏规则，更规范地讲，它们是为人们的相互关系而人为设定的一些制约”。他将制度分为三种类型，即正式规则、非正式规则和这些规则的执行机制。正式规则又称正式制度，是指政府、国家或统治者等按照一定的目的和程序有意识创造的一系列的政治、经济规则及契约等法律法规，以及由这些规则构成的社会的等级结构，包括从宪法到成文法与普通法，再到明细的规则和个别契约等，它们共同构成人们行为的激励和约束；非正式规则是人们在长期实践中无意识形成的，具有持久的生命力，并构成世代相传的文化的一部分，包括价值信念、伦理规范、道德观念、风俗习惯及意识形态等因素；实施机制是为了确保上述规则得以执行的相关制度安排，它是制度安排中的关键一环。这三部分构成完整的制度内涵，是一个不可分割的整体。

制度可分为宏观制度（国家和各级政府制订的法律法规、规章制度等）、中观制度（产业或行业组织章程、建设标准、操作规程等）和微观制度（主要指工作制度和岗位制度等）。

制度可分为岗位性制度和法规性制度两种类型。岗位性制度适用于某一岗位上的长期性工作，所以有时制度也叫“岗位责任制”。如《办公室人员考勤制度》《机关值班制度》。法规性制度是对某方面工作制订的带有法令性质的规定，如《职工休假制度》《差旅费报销制度》。制度一经制订颁布，就对某一岗位上的或从事某一项工作的人员有约束作用，是他们行动的准则和依据。

按照制度的刚性程度和作用范围，可以将制度分为五种：①管理制度，它是组织管理系统的基本框架，保证管理秩序的根本性的管理制度。②管理规定，即对某专项的涉及全组织或某一个专业系统内的工作所做出的具体要求。③管

[1] 王株梅．图书馆制度［J］．定位及内在机理．图书馆学刊，2006 (2):3.

理办法，即对于一项具体工作、操作步骤或对于一个具体的项目的管理所做出的要求。④实施细则，即对于组织管理系统内某一个管理制度的具体实施步骤所做出的具体规定。⑤工作条例，即对于组织内部局部性的、或阶段性的工作所做出的系列化规定。

依此来看，图书馆制度也可作相应的划分。蒋永福教授认为图书馆制度的结构可以从多个角度考察，若按诺思的正式制度和非正式制度理论划分，可分为正式的图书馆制度和非正式的图书馆制度；若从横向的图书馆类型结构来划分，可分为公共图书馆制度、高等学校图书馆制度、专业图书馆制度等；若从纵向的层次结构来划分，可分为国家、行业和机构三个层面的图书馆制度。[1]

1.2.3 制度的特点

从宏观上来考察，制度带有根本性、全局性、稳定性和长期性特点。

（1）根本性。一个制度的建立和实施，必须体现事物的根源或最重要的部分，必须具有广泛的认知性，反映问题的主要方面，从主要矛盾方面确定人们行为的规范，具有一定的法律效力和强制性。

（2）全局性。就是要从事物的整体和发展的全过程确定制度建设的内容。必须具有一定的现实性和全面性，使之成为保障一个部门、一个地区或一个单位整体工作正常开展的有力措施。

（3）稳定性。一个制度的建立，其政策和规定在一定时期内必须具有相对的确定性，它的建立和废止都必须经过一定的政治程序，不能朝令夕改，使人们无所适从。

（4）长期性。这里主要是指制度的有效时限，必须在一定时期内具有可行性，不能因事物的局部变化而使制度走形，失去指导性和约束力。

从微观层面来理解，制度作为一种公用的行为准则和规范，具有以下特点：

（1）指导性和约束性。制度对相关人员做些什么工作、如何开展工作都有一定的提示和指导，同时也明确相关人员不得做些什么，以及违背了会受到什么样的惩罚。因此，制度有指导性和约束性的特点。

（2）鞭策性和激励性。制度有时就张贴或悬挂在工作现场，随时鞭策和激励着人员遵守纪律、努力学习、勤奋工作 。

（3）规范性和程序性。制度对实现工作程序的规范化、岗位责任的法规化和

[1] 蒋永福 . 现代公共图书馆制度研究 [M]. 北京：知识产权出版社，2010:37.

管理方法的科学化，起着重大作用。制度的制订必须以有关政策、法律、法令为依据。制度本身要有程序性，为人们的工作和活动提供可供遵循的依据。

1.2.4 制度的意义

中国有句俗话：没有规矩，不成方圆。其意思就是说，没有规则（即制度）的约束，人类的行为就会陷入混乱。邓小平曾指出，“制度好可以使坏人无法任意横行，制度不好可以使好人无法充分做好事，甚至走向反面”，“制度问题带有根本性、全局性、稳定性和长期性”。胡锦涛也曾强调：“要着力在领导干部特别是高中级干部中树立法律面前人人平等、制度面前没有特权、制度约束没有例外的意识。”因此，缺少了制度的约束，国家就会陷入无政府状态，就有走向衰亡的危险；没有制度的约束，权力就会失去控制，管理就会迷失方向，就有步入歧途的可能；没有了制度的约束，机关工作就会失去组织原则，必将呈现混乱无序的状态。

有一个故事可能更能说明制度设计的意义：几百年前，当英国政府决定把囚犯流放到澳大利亚时，此项工作承包给了私人船主，承诺按人头给钱，以多少人在英国上船为标准。所以船主为了多挣钱都拼命往船上塞囚犯，结果由于船上生活条件太差，有不少囚犯死亡。于是英国政府决定在船上安排随船监督，但监督一般都被船主收买，所以问题还是解决不了。最后有人想出改变规则，由上船多少人给钱变为在澳大利亚下船多少人给钱，马上死亡事故就少了许多。因为船主要根据船的容积、给养、卫生条件等精心计算运送多少囚犯，以保证能有更多的人活着到达澳大利亚。

由此可见制度建设的重要意义。图书馆建设和资源共建共享也不例外，没有科学的制度保障，就会使资源建设和共享处于无序混乱的状态。

2. 制度保障的内容

图书馆资源共建共享的制度保障包括制度设计和制度实施。制度设计即制度构建，制度实施即制度执行。制度设计和制度实施在一个“共同体”中发挥作用，二者相辅相成，不可偏废。制度保障是图书馆资源共建共享的核心，没有科学制度保障的图书馆资源共建共享是无法长久保持的，也是不可持续的。因此，可以说图书馆资源共建共享成功的关键在于制度设计和制度实施。如果没有制度的规范，图书馆活动必然处于混乱和无序之中。古典自由主义经济学家哈耶克认为，制度设计很重要，好制度，可以让坏人变好人；坏制度，可以让好人变坏人。没有有效地执行，再好的制度也只是一纸空文，毫无意义。所谓“道虽迩，不行不至”。没有执行，就没有结果。

制度设计在管理体系中一直是非常重要的环节，它可大可小，大可至国家层面的社会管理制度设计，小可到一个部门的规则安排，甚至小朋友们做游戏的规则都可以看作是一种制度设计。要设计和实施好一套完整的制度必须具备以下条件：①明确的制度目标。明确制度设计和实施的目标是什么，即制度设计和实施的指导思想和导向。②制度实施的可操作性。深入调研，了解实际，尊重参与者，兼顾各方利益，才能保证制度的可操作性，促使制度运行上下畅通。③建立统一的制度管理部门。由统一的制度管理部门牵头，协调各参与者间的管理制度，进行统一汇编和梳理，提高管理制度的协调性和指导性。④主管部门和领导高度重视。⑤制度宣传和导向。在条件许可的情况下，组织全员学习，加强宣传报道，营造良好的制度实施氛围。

具体到图书馆资源共建共享的制度保障，需要充分考虑以下要素：图书馆资源共建共享的实现需要健全的制度保障，通过建立完善的制度来实现图书馆资源共建共享的资源保障、组织保障、运行机制、基本功能和工作模式，建立长效机制，保障图书馆资源共建共享的协调可持续发展。

2.1 制度设计的目标

目标是个人、部门或整个组织所期望的结果。依据需要，目标一般可分为总体目标和具体目标、长远目标和近期目标等。

目标设定应符合 SMART 原则：明确的（specific）、可测量的（measurable）、行动导向的（action-oriented）、务实的（realistic）、有时间表的（time-related）。

制度设计的目标是制度的有效实施，即达到预想的目的和效果。图书馆资源共建共享制度设计的总体目标是保障图书馆资源共建共享的顺利实施，降低资源建设成本，提高资源的利用效率，最大限度地满足广大居民的精神文化和信息需求。不同的制度设计和安排的具体目标不同，应根据每一种资源共建共享的方式和模式来确定。

2.2 制度设计的原则

制度设计不是行为主体随心所欲的自我意志的产物，而是需要遵循一定的原则[1]：一是效率原则。好的制度应是有效率的制度，这里的效率指制度运作的效率。二是交易费用最小化原则。制度的功能之一是可以降低交易费用，但不同的制度安排会产生不同的交易费用。对于给定目标，实现它的途径有多种，制度安排应追求交易费用最小化原则。三是激励相容原则。激励相容指所制订的制度对每个参与者都能产生激励，使参与者在个人利益最大化的同时也满足国家（组织）所制订的目标和要求。依据该原则，制度设计应使个人利己行为结果与给定的社会目标相一致。四是和谐性原则。制度的和谐是指制度本身应合理、完善，具有自洽性，在实施过程中能避免制度的乏力、变形、缺位、失调等状况。五是帕累托改进的原则。帕累托改进是指在不减少任何一方福利的条件下，通过改变现有资源配置而提高另一方的福利，它是实现帕累托最优的途径和方式。制度设计应遵循帕累托改进原则，即在尚未达到帕累托最优的条件下，在不损害其他人利益的基础上增加一部分人的收益，从而提高整个社会的福利水平，维护社会的稳定和发展。这些制度设计的基本原则同样适用于图书馆资源共建共享的制度 保障。

2.3 资源保障

图书馆资源共建共享的制度设计与实施的资源保障包括图书馆的人力资源、财力资源、物力资源和信息资源四个方面。

2.3.1 人力资源

人是图书馆开展服务工作的基础性资源保障，图书馆的一切问题都是人的问题，“以人为本，服务至上”是图书馆服务工作的基本要求。图书馆服务涉及两类人员：一是服务提供者，即图书馆工作人员；一是服务对象，即读者。人的问题主要包括：人的数量问题、人的素质问题和人的管理问题。

图书馆工作人员可大致分为三类：管理人员、技术人员和业务人员。图书馆工作人员的问题主要包括：按照国家标准和区域实际情况配备适当数量的工作人员（如按图书馆建设标准、图书馆服务规范、服务对象的数量比例、经费投入的

[1] 赵万里，李怀. 制度设计的原则 [N]. 光明日报，2010-9-8 (10).

适当比例等）；分类设岗聘任合适的工作人员，让合适的人做合适的事（按图书馆的业务流程设置岗位，制订岗位要求，包括工作人员的基本素质要求和业务素质要求）；根据岗位要求，对内培训合适的工作人员，向外招聘合适的工作人员，提高工作人员的业务素质和工作效率，做到人尽其才，才尽其用；建立工作人员招聘、任用、考核、奖励、处罚等管理机制，通过竞争选拔优秀人才，淘汰不合格人员，如采取公开竞聘、竞争上岗，设置岗位明星、服务明星、红旗岗位等。

图书馆的读者可大致分为两类：普通读者和特殊读者。普通读者指寻求图书馆基本服务的一般社会公众。特殊读者指需要图书馆提供特殊帮助的特殊群体，如残疾人、老年人、儿童等弱势群体。读者的问题主要包括：读者数量（图书馆服务的覆盖范围和图书馆可吸引到馆的有效读者数量），读者类型（不同类型读者的需求差异），读者素质（不同类型读者的需求层次），读者培训（通过不同形式的培训提高读者素质，提高图书馆的利用效率，如图书馆宣传活动、读者活动、资源揭示报导、入馆培训、馆内信息提示引导、读者咨询服务等）。

2.3.2 财力资源

财是指资金投入问题和经费问题，合理的资金投入是图书馆开展服务工作的基本资源保障。经费投入虽然不能解决图书馆的一切问题，但是没有合理的经费投入更不能解决图书馆目前面临的重大问题。

经费问题主要包括：经费的投入数量、经费的分配结构和经费的使用效率。经费的投入数量要参考国际标准（发达国家标准、发展中国家标准、人均收入标准）、按照国家标准（我国不同地区图书馆的投入标准）、依据图书馆建设标准（读者人均投入标准）、遵照地方财政收入情况（长沙市财政收入和人均收入与其他地区的比较）等确定合理的资金投入水平。经济学原理告诉我们，只有达到一定临界点的经费投入，并保障经费的持续投入，才是有效的经费投入，否则就是沉没性的经费投入。经费的分配结构是指图书馆的人员经费、资源采购经费和活动经费在全部经费投入中所占的比例，合理的经费分配结构是高效使用经费的基本保障（国内外经费结构的一般情况）。经费的使用效率是指图书馆投入经费的使用效果，即投入和产出比，也就是每单位的投入所产生的效果，如每单位的经费投入所服务的读者数量、每单位的投入所借出的图书册数等。只有合理投入的经费、合理分配的经费和合理使用的经费，才是有效率的经费。经费的投入、分配和使用必须建立严格的财务标准、财务计划和财务管理制度，做到制度健全，专人负责，专款专用，公开透明。

2.3.3 物力资源

物是指图书馆用于提供服务的各类物质设备，主要包括馆舍、公共设备和业务设备。

馆舍包括地理位置、建筑面积和内部结构。地理位置涉及图书馆总馆和分馆分别建在城市和乡村的什么位置最合理，使用最方便，利用效率最高；建筑面积涉及图书馆总馆和分馆需要建多大面积最合理，需要建多少个分馆才能做到读者有效覆盖，利用最方便（国际国内标准和一般做法）；内部结构涉及图书馆建筑面积的合理分配，主要是指办公区、业务工作区和读者活动区的分配问题（通常按照图书馆的业务流程来分配业务工作区和读者活动区，如分为采编、典藏、流通、阅览、服务、咨询、技术等业务部门）。

公共设备是指图书馆用于服务读者和工作人员的公用设施，如停车、存包、饮水、公用检索机、服务终端、公用电话、阅读桌椅、休息休闲等设备。

业务设备是指供图书馆工作人员提供服务使用的各类专用设施，如办公桌椅、电话、电脑、服务器、打印机、复印机、扫描仪、书架、书柜、条码器等设备。

2.3.4 信息资源

信息资源是图书馆作为一种专门性的公共信息服务机构存在的基础，也是图书馆吸引读者的核心要素。现代图书馆的信息资源主要有两大类：一类是传统信息资源（主要包括图书、期刊、报纸等纸质信息资源），一类是数字信息资源（主要包括本地数字资源和网络数字资源）。信息资源问题主要涉及信息资源的数量和结构问题。信息资源的数量问题主要解决纸质信息资源和数字信息资源的多少问题（如图书、期刊、报纸等的数量，全文数据库、书目数据库、参考数据库等的数量，视频、音频、多媒体等的数量）。信息资源的结构问题主要解决纸质信息资源和数字信息资源的比例以及纸质信息资源和数字信息资源中各类信息资源的比例问题。

一个区域公共图书馆应具备多少信息资源因标准不同而有所差别。根据国际图联 20 世纪 80 年代的标准：在最小的行政区内，至少应为每个居民配备 3 册图书，这一比例随服务人口的增加而减少，普遍适用的总标准是每个居民 2 册书；图书的年增加量为每 1000 人至少 250 册—300 册；50 种报刊是图书馆必备的基本收藏量，较合理的数量是每1000人10种报刊。日本2000年的标准是：最低藏书规模5万册（以出版5年之内的书刊为主）；开架藏书所占比例达85%以上；年新增资源为开架藏书的1/8。

2.3.5 公共图书馆服务体系

公共图书馆服务体系是指一个国家或地区的公共图书馆独立或通过合作方式提供的图书馆服务的总和。对于在一个区域范围内应该建成一个什么标准的图书馆服务体系，不同的国家有不同的标准。国际通行的标准为：图书馆的有效覆盖面积是一个以“生活动线”为主轴的卵形区域；小型图书馆的卵形短半径为800米左右，卵形长半径为1500米左右，覆盖面积约3平方千米，到馆读者最高为服务人口的25%以内；中型图书馆的卵形短半径为2000米，卵形长半径约3500米，覆盖面积约5平方千米，到馆读者最高为服务人口的50%以内。

美国公共图书馆建设主体根据图书馆法授予的权力在辖区内成立公共图书馆管理机构和服务场馆，一个图书馆管理机构和它所属的所有服务场馆构成一个公共图书馆系统。根据2004年美国公共图书馆统计资料，当年全美有9 208个“公共图书馆系统”，其中1 546个图书馆有分馆，811个图书馆有流动馆，这些“公共图书馆系统”共有18 393个场馆，其中中心图书馆9 048个，分馆8 502个，流动馆844个。59.3%的公共图书馆系统所辖人口在1万以下，35.1%的系统所辖人口在1万—10万，5.5%的系统所辖人口在10万以上。如美国克利夫兰市公共图书馆服务体系覆盖面积213.4平方千米，覆盖人口39.6万，公共图书馆服务体系拥有1所总馆，1个资源保障中心，28所分馆，35辆流动服务车，平均1所固定图书馆覆盖面积8.4平方千米，服务半径1 500米，覆盖人口1.4万人，平均6.1平方千米、1.1万人有一台流动服务车。

日本的图书馆实行总馆分馆的运行模式，协作网络十分发达，实现了真正意义上的资源共享。依照《日本图书馆法》的有关规定，按行政区划，都（东京都）、道（北海道）、府（京都府和大阪府）、县（43个县）均设立至少一个中央图书馆，在其下的市、区、町依次设立分馆属基层单位。截至2004年，都道府县政府建设的图书馆共有63个，市区町政府建设的图书馆有2 840个，其中有些馆是其他图书馆的分馆。1996年，建筑面积为34 532平方米的大阪市立中央图书馆新馆建成使用，以该馆为核心，全市建立了23个地区分馆，实现了一体化预算和运营；24家图书馆联合采购文献，由中央馆统一编制目录数据，再分送各分馆。

截至2003年，这24家中央和地区分馆共计藏书313万册，年借出图书1 125万册，借阅率达300%，在各馆登记的读者达80万人，占全市总人口的1/3。

英国共有208个公共图书馆局，每个公共图书馆局管辖的人口平均为29万人。公共图书馆局通常在辖区内的市、镇、村设置规模不等的固定图书馆和若干流动图书馆，由此形成统一管理的公共图书馆系统，相当于一个总分馆体系。根据2008年的统计，英国共有公共图书馆4 584个（包含流动图书馆），每个公共图书馆系统平均拥有22个图书馆。图书馆系统的总部负责所有图书馆的财务和人事管理，同时负责图书资料的采购、加工及服务工作的指导与协调，系统内的图书馆采用统一读者证。

我国以2008年11月起执行的《公共图书馆建设标准》为基础，对大型图书馆、中型图书馆和小型图书馆的建设标准分别进行了明确的规定，如表6–1所示。

表6–1　我国公共图书馆设置原则

<table>
<tr><th>服务人口（万人）</th><th>设置原则</th><th>服务半径（km）</th></tr>
<tr><td rowspan="3">≥150</td><td>大型馆：设置1～2处，但不得超过2处；服务人口达到400万时，宜分2处设置</td><td>≤9.0</td></tr>
<tr><td>中型馆：每50万人口设置1处</td><td>≤6.5</td></tr>
<tr><td>小型馆：每20万人口设置1处</td><td>≤2.5</td></tr>
<tr><td rowspan="2">20～150</td><td>中型馆：设置1处</td><td>≤6.5</td></tr>
<tr><td>小型馆：每20万人口设置1处</td><td>≤2.5</td></tr>
<tr><td>5～20</td><td>小型馆：设置1处</td><td>≤2.5</td></tr>
</table>

依此标准，我国出现了一系列初具规模的区域公共图书馆服务体系。

①上海市“中心图书馆”服务体系。它于2001年6月开始建设，在不改变15个参与图书馆行政隶属、人事、财政关系的情况下，以上海图书馆为总馆，各区县图书馆及高校、科研等各系统图书馆为分馆，实施总分馆制，总分馆间实现了“一卡通”借阅功能和数字化资源共享。截至2005年，上海市拥有市、区县、街道和社区图书馆共计235所，其中市级图书馆1所，区县级图书馆22所，街道和社区图书馆212所，上海地区三级公共图书馆服务体系的雏形基本形成。

②上海市嘉定区“百姓书社”。它于2006年9月启动，由政府主导和投入，区图书馆具体落实，吸纳民间力量积极参与，采取志愿者管理的方式，主要在农村建设“百姓书社”。目前，已形成了以嘉定区图书馆为中心馆，以各“百姓书社”为延伸点，文献资源的统一采编、统一配送、统一管理的服务模式。到2008年上半年，嘉定区内已经建成“百姓书社”30个，遍布13个街镇。

③深圳市“图书馆之城”。2003年10月正式启动，截至2006年年底，深圳市各级公共图书馆已有532所，其中市级公共图书馆3个（深圳馆、少儿馆、科技图书馆即大学城图书馆），区级图书馆6个，街道图书馆（室）51个，达标社区图书馆483所；街道图书馆普及率达到100%，社区图书馆的普及率达到86%。图书馆之间实行分层“通借通还”：深圳馆与6个区级馆之间达到“通借通还”；区级馆与区内部分馆之间实施“通借通还”。目前，已基本实现每15万常住人口拥有1座公共图书馆，每1.5万常住人口拥有1个社区图书馆（室）的目标。

④深圳市福田区公共图书馆服务体系。以福田区图书馆为总馆，各街道、文化站图书室及村图书馆作为分馆，由福田区政府统一拨款，福田区图书馆统一管理、采购、编目、配置，总分馆之间定期交换图书的一种运作模式。福田区所有分馆除办馆场地由所在社区提供、管理人员暂时由社区委派外，其他一切资源均由福田区图书馆负责统一配置。目前，已建立了包括1个区级馆、8个街道分馆、88个社区图书馆的总分馆网络体系，文献总藏量已达106万册。总馆中心机房建立了全区公共图书馆计算机业务管理平台，读者证可在全区范围内一卡通用，图书文献可通借通还。

⑤东莞市公共图书馆服务体系。以东莞图书馆新馆为城市中心馆（总馆），各镇图书馆为分馆，村、社区（居委会）图书馆以及图书流动车为补充，同时吸收企业、学校等其他系统图书馆加入，形成服务全市的图书馆集群网络。截至2008年年底，在全市已构建起由1个城市中心馆、36个分馆，包括24个镇街、8个村（社区、居委会）图书室、4个企业（学校）图书馆及102个图书流动车服务点组成的城乡图书馆总分馆网络体系，共享工程基层服务点达123个。

⑥北京市公共图书馆服务体系。以首都图书馆为中心馆，22个区、县级图书馆为分中心馆，118家街道、乡镇级图书馆加入的服务网络，实现了首都图书馆—区（县）图书馆—街道、乡镇图书馆三级互联，实现了全市各级图书馆的联合采编、联合检索、馆际互借、资源共享和“一卡通”服务。

2.4 组织保障

图书馆资源共建共享的组织保障是指图书馆资源共建共享的组织结构设计及其关系，即图书馆在资源共建共享中采用何种形式来安排参与者的责权利关系。

组织结构（Organizational Structure）是指对于工作任务如何进行分工、分组和协调合作。组织结构是组织的全体成员为实现组织目标，在管理工作中进行分工协作，在职务范围、责任、权利方面所形成的结构体系，其本质是为实现组织战略目标而采取的一种分工协作体系，组织结构通常随着组织的重大战略调整而调整。

组织结构设计必须考虑 6 个关键因素：工作专业化、部门化、命令链、控制跨度、集权与分权、正规化。

工作专门化的实质是：不是由一个人完成一项工作的全部，而是分解成若干步骤，每一步骤由一个人独立去做。

一旦通过工作专门化完成任务细分之后，就需要按照类别对它们进行分组以便使共同的工作可以进行协调。工作分类的基础是部门化。对工作活动进行分类主要是根据活动的职能，还可以根据产品类型、服务类型、过程、地域等进行工作分类。

命令链（Chain of Command）是一种不间断的权力路线，从组织最高层扩展到最基层，澄清谁向谁报告工作。它能够回答参与者提出的这种问题："我有问题时，去找谁？""我对谁负责？"

一个上级主管可以有效地指导多少个下属？这种有关控制跨度（Span of Control）的问题非常重要，因为在很大程度上，它决定着组织要设置多少层次，配备多少管理人员。在其他条件相同时，控制跨度越宽，组织效率越高。

在有些组织中，高层管理者制订所有的决策，低层管理人员只管执行高层管理者的指示。另一种极端情况是，组织把决策权下放到最基层管理人员手中。前者是高度集权式的组织，而后者则是高度分权式的。

正规化（Formalization）是指组织中的工作实行标准化的程度。如果一种工作的正规化程度较高，就意味着做这项工作的人对工作内容、工作时间、工作手段没有多大自主权。人们总是期望员工以同样的方式投入工作，能够保证稳定一致的产出结果。在高度正规化的组织中，有明确的工作说明书，有繁杂的组织规章制度，对于工作过程有详尽的规定。

组织结构一般分为职能结构、层次结构、部门结构、职权结构四个方面。职能结构是指实现组织目标所需的各项业务工作以及比例和关系；层次结构是指管理层次的构成及管理者所管理的人数（纵向结构）；部门结构是指各管理部门的构成（横向结构）；职权结构是指各层次、各部门在权力和责任方面的分工及相互关系。

因此，图书馆资源共建共享中的总分馆模式、图书馆联盟模式、图书馆服务协作模式、高校图书馆对外开放模式采用的组织结构是不同的。科学合理的组织结构是制度设计的基本保障。

2.5 运行机制

运行机制是指在人类社会有规律的运动中，影响这种运动的各因素的结构、功能及其相互关系，以及这些因素产生影响、发挥功能的作用过程和作用原理及其运行方式，是引导和制约决策并与人、财、物相关的各项活动的基本准则及相应制度，是决定行为的内外因素及相互关系的总称。各种因素相互联系，相互作用。要保证社会各项工作的目标和任务真正实现，必须建立一套协调、灵活、高效的运行机制，如市场运行机制、竞争运行机制、企业运行机制等。

图书馆资源共建共享的运行机制包括各种资源共建共享模式的运行机制，是总分馆模式、图书馆联盟模式、图书馆服务协作模式、高校图书馆对外开放模式运行机制的集合。

每一种图书馆资源共建共享模式的运行机制都涉及管理协调机制（管理决策与组织协调）、业务工作机制（如工作组织、业务安排、质量评估、服务监督）、资源配置机制（如事权与财权的匹配、资源配置等）、利益补偿机制、图书馆服务品牌和图书馆文化建设等。

3. 长沙总分馆模式的制度保障研究

3.1 总体目标

为建设与长沙城市发展相适应、相配套的现代图书馆服务体系，完善公共文化服务体系，创新公共文化服务方式，实现图书馆服务的全民化与高效化，初步形成以长沙市图书馆为总中心馆，各区、县（市）图书馆为中心馆，街道（乡镇）、社区（村）图书馆为分馆，以街区自助图书馆、农家书屋、农民自办图书馆、图书流动车为补充，吸收企业、学校等其他系统图书馆加入的地区图书馆网群。争取到2013年年底，建成基层图书馆（室）2000个，分馆100个，数字图书馆（市图书馆）1个，到“十二五”期末，全市公共图书馆（室）全覆盖，资源服务实现“一卡通”。

3.2 发展目标

①实现文献资源协调采购和配置，加强总分馆特色资源建设，优化长沙地区馆藏资源布局。

②建立联合编目中心，实现文献编目工作标准化和规范化，降低编目成本，促进地区文献资源整体化建设。

③实现图书通借通还，一卡通用，共建、共享各类数字资源提升地区图书馆服务水平。

④定期进行业务培训与考核，推行持证上岗，全面提高全地区图书馆工作人员的业务水平。

3.3 总体要求

①合理布局。网点设置从以行政区域和管理体制为依据，逐步过渡到以人口规模和服务半径为主导，科学合理规划建设布局。

②集中管理。总馆为地区图书馆网群业务管理中心，分馆业务管理必须集中于总馆，以保证业务工作流程的统一和顺畅，保证服务的水平和质量。

③同一平台。各中心馆和分馆采用总馆认可的同一业务管理系统，实现技术统管，确保区域图书馆网络间数据流、读者流和各项业务工作的无缝对接。

④共享资源。市政府投入总分馆建设的专项购书费所购买的图书由总馆统一购买、统一调配、定期轮换、资源共享。县、区政府投入总分馆制建设的费用由县、区中心馆统一使用和调配。长沙市数字图书馆资源各分馆免费共享。

⑤突显特色。各分馆（服务点）可根据当地产业优势、地域特点和人文环境确定本馆特色，在满足常规服务外，重点突出各自的特色服务，满足不同读者的需求。

⑥规范标识。总分馆馆内各项标识规范统一，各分馆统一使用“长沙图书馆××分馆”名称，新建分馆要求装修格调基本一致。

3.4 实施模式

由市政府和各区县（市）政府共同出资，市人民政府与各区县（市）政府签约，按照政府主导、统一组织、经费分担、分步实施的原则，合力推动总分馆建设。

（1）运行模式

在不改变原有行政隶属、人事和财政关系的情况下，总馆负责协调规划全区域内文献资源的采编、分类、标引、加工，统一审校总分馆书目数据，指导和协调服务工作；各中心馆负责本区域内图书的采编、加工和书目数据上传，指导和协调街道（乡镇）、社区（村）分馆的读者服务工作；分馆专事读者服务工作。总、分馆之间实行“一卡通”，图书实现通借通还。

（2）实施步骤

①到2013年底，在全市建立100个分馆，区、县（市）图书馆配置流动图书车，芙蓉区、天心区、岳麓区、开福区、雨花区设立街区自助图书馆。

②到“十二五”期末，城区和各县（市）建立布局合理、功能完善的总分馆服务体系。

③逐步将行政管理变为行业管理，分馆作为总馆派出的一个机构，分馆的人员、财务及设备均由总馆管理，建立起国际上通行的总分馆体制。

（3）运作流程

①提出申请。区县（市）、街道（乡镇）、社区（村）向总馆提出申请；

②总馆现场考察分馆办馆条件；

③总馆与分馆签约；

④分馆人员参加总馆培训与考核；

⑤分馆挂牌；

⑥年度考核评比。

（4）经费保障

①市政府投入的总分馆专项经费由总馆负责使用；各区县（市）政府每年投入总分馆建设的经费，由所属中心馆用于该辖区内分馆建设。

②总分馆集群业务管理系统采购费、总馆流动图书车运行维护费由市统筹，市财政根据每年实际加入的分馆数量据实核拨到总馆。

③为保障县以下分馆（不含县级馆）正常运行，2013年开始，在市图书馆

事业经费中，每年市财政按每个分馆2万元的标准设立总分馆运行专项经费；在区县（市）图书馆事业经费中，每年各区县（市）财政按每个分馆2万元的标准设立分馆运行经费。街道（乡镇）、社区（村）分馆年新增报刊经费、前期建设所需的人员、设施设备、图书、网络通讯费等由所在区县（市）、街道（乡镇）财政共同解决。

④鼓励社会力量兴办公共图书馆。加入总分馆系统、藏书在20000册以上、按照公共图书馆要求向社会免费开放的私人民办图书馆，市、区（县、市）财政应按不低于社区分馆50%的标准给予相应补助。

（5）人员管理

①在现有人事权不变的情况下，各分馆人员的工资和一切福利待遇由当地政府负责，但总馆对分馆工作人员的聘用特别是对分馆馆长的聘用有建议权；

②为了提高分馆工作人员的业务水平和自身素质，分馆工作人员需分期分批接受总馆的专业培训；

③为缓解工作人员数量不足的问题，各图书馆应面向社会吸收热爱图书馆事业的人士为本馆志愿工作者。志愿者经费纳入街道（乡镇）、社区（村）财政补贴的文化管理员经费中。

（6）总中心馆的职责

①根据总分馆制的基本任务要求，研究制订和组织实施总分馆的长远发展规划和年度工作计划，并对完成情况进行考评；

②根据总分馆制的具体任务要求，组织落实协调采购、集中编目、通借通还，共建数字资源库，实现区域图书馆资源共享；

③研究制订各项业务标准、工作要求和管理制度；

④建立统一的网络信息平台，提供计算机集成系统和网络系统的技术支持和维护；

⑤组织建立以中央书目数据库为依托的长沙地区图书馆书目查询系统（OPAC），强化和保障总馆和分馆之间的信息存取和利用功能；

⑥组织建立高效的总分馆文献物流传递系统，加速文献周转，保障全市图书通借通还的实现，快速有效地满足读者需求。具体负责总馆、中心馆、城区分馆之间的馆际物流。

⑦向所有分馆提供长沙数字图书馆的网上资源，开展网上参考咨询服务，及时解答分馆读者及工作人员的疑难问题；

⑧组织分馆开展全市性阅读推广活动；

⑨对所有分馆人员免费进行业务培训；

⑩负责所有分馆的考核，每年10月份向市县（区）文化主管部门和财政部门反馈分馆建设和服务的实际情况，为财政预算提供依据。

（7）中心馆的职责

①建设与服务达到文化部关于公共图书馆评估定级标准中县级图书馆三级馆要求；

②遵守全市总分馆建设、管理与服务制度，合理调配使用辖区内分馆运行经费，确保专款专用；

③按照总分馆资源建设规划，做好本区域内的分馆图书采编、加工、书目数据整合、图书配送；县（市）中心馆负责本辖区内分馆馆际物流；

④协助总馆做好本区域内分馆的规划布局、建设管理、业务培训、考核评价等工作，及时掌握并向总馆反馈辖区分馆工作中存在的问题；

⑤积极参加总分馆的各项业务培训和馆际交流。

（8）分馆的职责

①建设与服务达到《长沙图书馆分馆建设标准》有关要求；

②遵守总分馆规章制度，支持全市总分馆工作，按要求完成分馆工作任务；

③及时向总馆或中心馆反映工作中存在的问题，传递读者需求信息，满足读者阅读需要；

④积极参加总馆的各项业务培训，并按岗位设置要求，配备有一定图书馆专业水平和工作经验的工作人员1-3名，责任心强，并保持相对稳定。

3.5 组织领导

为加强对总分馆制实施工作的领导和协调，成立由分管副市长任组长，市政府副秘书长、市委宣传部副部长、市文广新局局长任副组长，市委宣传部、市财政局、市教育局、市文广新局、市规划局、市城管局、市市政建设局、市电信局为成员单位的长沙图书馆总分馆建设领导小组，该小组办公室设在长沙市图书馆。

3.6 工作要求

①健全工作机制。各区县（市）要高度重视图书馆相关工作，根据本地实际，建立相应的领导协调机制，围绕全市的总体部署，制订本地区的实施方案，科学

规划辖区内分馆建设，保障分馆建设、图书更新、日常运行、人员培训、免费开放服务、流动图书车配置、街区自助图书馆建设等所需的场地、人员、经费和设施设备。各级文化部门要严格执行管理与考核，建立完善的激励机制，确保长沙总分馆建设可持续发展。

②注重资源共享。充分发挥公共财政效益，市属大专院校图书馆应按照公共图书馆免费开放的要求逐步向社会读者开放。各区县（市）要结合实际，积极探索各种办馆模式，采取多种途径如冠名、合建、协作等方式，统筹推进分馆建设。要加大与乡镇文化站、社区文化活动中心、农家书屋以及机关、学校、企业、军营等单位的图书资源整合力度，加强与文化信息资源共享工程、公共电子阅览室建设计划等项目的合作。村改社区、新建居民小区和各类经济园区，应规划并配套建设符合分馆要求的图书馆（室）。

③推广创新服务。总分馆制是公共图书馆总的发展趋势，是长沙市健全公共文化设施网络、保障公民基本阅读权利、发挥文化引领风尚、教育人民的重要举措。各级图书馆要将读者服务作为工作重点，切实落实免费开放要求，不断丰富服务内容，大力开展全民阅读推广活动，充分利用通信、网络等现代信息技术搭建便捷的阅读学习服务平台，努力将图书馆打造成可供市民终身学习的重要文化空间。

4. 图书馆联盟模式的制度保障研究

图书馆联盟是当前区域图书馆资源共建共享的基本模式，它适合于同一类型或不同类型图书馆之间的资源共建共享的实现。长沙市图书馆可通过图书馆资源共建共享协议或合同加入已有的各类图书馆联盟，获取图书馆资源，满足读者的需求。

4.1 图书馆联盟的概念

图书馆联盟是以两个或两个以上的图书馆为主体，联合相关信息资源系统，为实现资源共享、利益互惠而组织起来的非营利的正式组织，其成员享受认可的协议和合同制约。

图书馆联盟包含以下含义：①图书馆联盟是以两个或两个以上的图书馆为主体，联合相关信息资源系统；②图书馆联盟的目的是为了实现资源共享、利益互惠；③图书馆联盟成员享受认可的协议和合同制约；④图书馆联盟是一个非营利的正式组织。

4.2 图书馆联盟的功能

图书馆联盟的基本宗旨是为了降低图书馆的运行成本、改善读者获取信息资源的条件。但在不同的历史时期、不同的信息技术环境中，图书馆联盟的功能是不同的。

20 世纪 80 年代以前的图书馆联盟，主要功能多是编制联合目录、采购协调、馆际互借等。在 1982 年 Ruth Parrick 撰写的研究报告中，他把当时美国的大学图书馆联盟的任务总结为借阅特许、馆际互借服务、联合目录或资源目录共享、复印优惠、参考咨询协作和传递服务等六项，这六项传统服务仍是今天美国图书馆联盟的基础服务。

20 世纪 80 年代后期以来，随着计算机技术和网络的发展，图书馆联盟增加了许多以前没有的内容和任务，如创建新业务标准、改进获取文献资源的操作方式、共同建设数字化信息资源、进行整体的设计规划及维护、提供培训和咨询、数字图书馆建设等。

今天，“国际图书馆联盟联合体”（ICOLC）将图书馆联盟的基本功能总结为七项：藏书建设协调、电子资源集团采购、电子资源存储与运行、馆际互借和文献传递、联合目录、人员培训和藏书保护等。

国内早期的图书馆联盟与合作基本上限于联合目录和馆际互借等功能。到了 20 世纪 90 年代中期，出现的合作形式多基于图书馆自动化技术及网络环境，如中关村地区书目文献信息共享系统、珠江三角洲地区公共图书馆自动化网络等。到了 20 世纪 90 年代后期，新建立的图书馆联盟，如 CALIS，则将信息资源的协调采集、特色数据库、联合目录、馆际互借和文献传递服务及人员培训等作为联盟的主要功能。各种图书馆联盟组建的目的不尽相同，实现的功能也不完全一样。总的来说，目前国内图书馆联盟的功能可以归纳为以下七个方面：信息资源协调采集、联合目录和联合编目、馆际互借与文献传递、数字资源建设及资源合作储存、参考咨询服务协作、计算机资源共享、人员培训与业务辅导。

4.3 图书馆联盟的类型与构建模式

20 世纪 80 年代，美国 SDC（System Development Corporation）对美国 115

个图书馆联盟进行了研究，将联盟归纳为基于大规模计算机自动化系统运作的大型联盟、读者服务与处理图书馆日常业务的小型联盟、限于某一特定专题领域的专业联盟，以及为解决馆际互借或信息参考合作网而建立的联盟等四种类型。[1]从联盟的发展历史来看，当代美国图书馆联盟的基本形式没有什么大的变化，上述四种类型仍然是当前美国图书馆联盟的基本类型。

1998年，B.Allen, M.Hirshon 和 Arnold Hirshon 按照图书馆联盟组织的严密程度将联盟划分为四种：松散型、跨类／跨州型、紧密型和资金集中的州内型。[2]这一划分标准曾为很多学者所采纳。事隔三年后，Arnold Hirshon 又根据图书馆联盟不断发展的形势，采用多重分类标准，如联盟的组织管理模式和运作方法、联盟自身定位和成员馆类型以及联盟的服务内容和功能等对联盟类型进行了更为详尽的划分。[3]

从我们前面的分析来看，图书馆联盟是一个动态的发展过程。当联盟的成员彼此之间变得更加协调并建立了相应的合作机制时，联盟可能会从一种类型演变成另一种类型，或变为多目标共存的混合类型。而且，从不同角度、不同功能、不同目的可以将同一联盟划归到不同的类型。因此，根据国内图书馆联盟的构建模式，我们可以做出如下的类型划分：

4.3.1 从联盟的组织模式角度划分

①系统或行业主管部门组织的全国性图书馆联盟。由系统或行业主管部门组织的图书馆联盟是全国性图书馆联盟的主要形式。这种系统内文献信息资源的共建共享符合我国目前文献信息资源布局的现状，有利于政府部门对系统内的文献信息资源进行有效地协调，从而减少某一学科或行业领域内文献信息资源建设中的无序和重复现象，从整体上提高国家文献信息资源的保障能力。由教育部组建的中国高等教育文献保障系统、文化部打造的全国文化信息资源共享工程、科技部牵头组织的国家科技图书文献中心等都是这种类型的图书馆联盟。

②由地方政府主管部门推动形成的地方性联盟。政府的正确导向和持续支持是图书馆联盟发展的可靠保证。从我国的实际情况看，现阶段较为成功的省市级

---

[1] KOPP J. Library Consortia and information technology: The past, the present, the promise.[J] Information Technology and Libraries, 1998 (17):7-12.

[2] ODER N. Consortia hit critical mass [J]. Library Journa, 2000, 125 (2):48.

[3] HIRSHON A. International Library Consortia: How Did We Get Here? Where are We Going [C]. Boston: the IFLA preconfernce, 2001.

地方性图书馆联盟都离不开政府的引导和支持。如：广东高校电子图书馆是广东省教育厅主办的网上图书馆；上海市文献资源共建共享协作网是在上海市政府部门积极推动下形成的包括整个地区公共、科研、高校、情报四大系统图书情报机构的图书馆联盟。

③由地理位置相邻的图书馆组成的区域性联盟。早期图书馆联盟的形成与地理因素有着重要关系。现在由于通讯技术和网络的发展，空间距离和地缘关系已经不是影响图书馆联盟发展的决定性因素，但是，地理因素仍然在联盟的形成和组织中起着不可忽视的作用。一组地理位置相近的图书馆群，更容易相互之间沟通联系和理解信任，其可能面对相同性质的读者群，有的还同属于一个行业系统，有共同的上级管理机构和资金来源，因此在文献资源的建设协调和共享服务方面都容易取得实质性的合作成果。如：成立于2002年的“北京市北三环—学院路地区高校图书馆联合体”，是由北京市北三环沿线及其周边的大学图书馆组成的。

4.3.2 从联盟的合作模式角度划分

①共建共享式。一些省级的地方性图书馆联盟多采取此种形式。如：江苏省高等教育文献保障系统、河南省高等教育文献保障系统等，都是通过统筹规划本地区各图书馆文献资源收藏的范围和重点，分工协调，使无序的文献资源构成一个有机整体，成员馆之间相互提供服务。此种合作模式是对地区资源的优化组合，对各成员馆的要求较高，需要共同克服决策、经费、组织等方面的诸多障碍，才能渐进地实现共建共享的目标。

②会员制。“上海教育网络图书馆”是实行会员制的代表。上海教育系统的任何单位，通过签订《信息服务协议书》，每年交纳适量的信息费，就可成为网络图书馆的会员。网络图书馆依托数字化的统一服务平台，整合地区文献信息资源，会员单位的读者可直接上网访问共享数据库和使用有关的信息服务。此种合作形式较为松散，会员单位之间依靠协议进行约束，非常适合馆际文献资源在虚拟空间的利用和传播。

③联合办馆式。浙江省滨江高教园区网络图书馆是此种模式的代表。这个网络图书馆是建立在六所高校联合办学的基础上，馆藏资源仍保留在各馆，各馆共用一个集成系统，共享采购、编目、读者等信息，具有联机采购、联机编目、联机检索、读者管理、通借通阅等功能。这种方式的特点是成员馆之间合作较为密切，不仅在文献资源建设方面做到了协调，在自动化系统、业务管理和读者服务

上都能达到相当程度的统一。此种合作模式适合小范围区域内的图书馆间进行合作，并要求成员馆之间就各项合作事宜达成高度的共识。

4.3.3 从联盟的功能模式角度划分

①单一功能的联盟。图书馆联盟的功能取决于联盟所确定的目标及成员馆之间合作的程度。早期的美国图书馆联盟多是基于某一项具体业务的合作。国内目前也有单一功能的联盟，如：长三角地区图书馆讲座、资源共建共享协作 网等。

随着现代信息技术和网络技术的发展，出现了两种值得注意的单一功能的区域性联盟。一是为争取某个电子资源或其他文献资源的优惠价格而组成的采购联盟。这种联盟的主要目的是以集团组织的形式与文献资源提供商谈判，以降低采购费用，共同承担文献资源价格日益上涨的压力。二是利用现代虚拟参考咨询技术组建的数字参考咨询服务联盟。在这样的联盟中，成员馆以各自的数字化馆藏资源和资深参考馆员为基础，为成员馆及社会读者提供网上参考咨询和文献传递服务。如由广东省中山图书馆和超星数字图书馆等20多个图书情报单位合作建立的广东数字图书馆网上参考咨询服务中心，就是此类联盟。

②复合功能的联盟。现代图书馆联盟大多数都具有多项功能。随着网络的发展及成员馆之间合作与协调能力的提高，图书馆联盟的功能仍在不断扩展和延伸。除了前述七项功能外，一些新近建立的图书馆联盟在新的领域进行着有益的探索。如“重庆数字文献信息资源与服务体系”（CDISS），不仅包括重庆市高校图书馆联合书目、高校图书馆的读者查询系统，还具备专家信息征询系统、实时的动态信息发布系统等多项新的功能。

4.4 图书馆联盟构建的要素

图书馆联盟的实践表明，文献资源的共建共享可以有多种模式，不同的目标可以使联盟具有不同的功能，联盟的组织管理和运行机制也各有特点。对国外图书馆联盟的研究可以发现，有价值的项目和服务、明确的发起者和所有者、尽责的成员馆、强有力的领导、有效的专业委员会、持续的交流、负得起责任而又灵活的组织机构及称职的工作人员等，是一个联盟得以组建和发展的重要基础。总的来说，一个联盟的成功与否，取决于联盟的组织领导、议事机制、信守协议、经费来源和利益分配机制等因素。[1]

[1] 燕今伟．图书馆联盟的构建模式和发展机制研究［J］．中国图书馆学报，2005 (4):24-29.

4.4.1 强有力的领导及核心是图书馆联盟得以组建的重要基础

图书馆联盟的成员馆之间必然有共同的发展需要和共同的目的。由于分属的系统、上级管理机构、经费来源渠道和发展历史不一，图书馆之间共建共享机制的形成，还必须有强有力的领导和核心。

从国内图书馆联盟的实际情况看，其组建大都离不开政府或行业协会的领导和支持。政府主管部门或行业协会的权威地位、在同业中的号召力及有效的组织与管理是文献信息资源共建共享系统健康发展的基础。同时，良好的组织形式是联盟的骨架，有效的管理模式是联盟稳定运行的保证。在联盟中，政府或行业协会所起的作用是宏观指导性的，而联盟的具体运行，必须有一个统筹上下级、进行日常管理协调的组织。在联盟的组建和发展过程中，由于各成员馆的能力、优势和对联盟的贡献不同，往往更多需要依靠具有资源和技术优势的核心馆的力量，这个组织和核心馆的有效性、权威性、公正性、主动性和管理能力对联盟的建设至关重要。国内许多图书馆联盟都常设了一个管理机构，这个机构可以有不同的名字，但大都依托于一个核心馆，履行着对联盟的发展和日常工作进行策划和协调以及联络其他联盟的功能。

4.4.2 充分的交流与平等的议事机制是维系图书馆联盟生存的必要手段

在联盟运行的过程中，由于成员馆有各自不同的工作传统和管理制度，其可能分属不同行业系统，资源状况和工作水平存在差异，有可能造成成员馆的个体目标与联盟总体目标的差异甚至背离，从而导致联盟的解体。因此，一个成功的联盟需要成员馆之间的深入理解和相互信任，要遵循公开、平等的原则，建立充分的交流与平等的对话机制，维护各成员馆在联盟事务上的共识。

首先，联盟所进行的一切活动必须向各成员馆公开。其次，联盟中结盟单位不论大小、加盟时间早晚、担任联盟领导与否，其各项权利与义务一律平等，都有充分发表自己言论的权利。最后，在联盟内要有行之有效的对话和议事机制，要有大家认可的决策程序，保证最后能够形成大家共同严格遵守的行动方案。

4.4.3 成员馆信守协议是图书馆联盟良性运行的重要保证

从本质上来说，图书馆联盟是由多个有共同利益的图书馆组成的松散的联合体。各图书馆与自己所隶属的机构有严格的责任关系，而与联盟的关系则是靠成员馆之间的协议来维持。如果成员馆有违反协议的情况，联盟并没有强制性的手段来制止违约行为。因此，联盟的成员馆是否能牢固地树立信守协议的观念，对联盟的发展至关重要。

在参加联盟之前，成员馆要清楚地了解联盟的目标和功能以及参加联盟后的利益、责任和义务，认真参加协议签署前的研究论证，不能盲目地签署联盟的协议。参加联盟后，成员馆就要认真履行承诺的协议事项。即使在运行过程中遇到履行协议会给本馆带来不利影响的情况，也必须克服困难，保证联盟事务的正常进行。如果事实证明本馆确实不适宜参加这个联盟，也只能在协议到期后，或在确认不会对联盟整体和其他成员馆造成不利影响时才能退出联盟的活动。国内的图书馆联盟中已经出现过签约后又擅自退出采购集团、对整个联盟的履约造成困难的现象。这是在联盟发展中需要认真注意的情况。

4.4.4 持续的经费支持是图书馆联盟可持续发展的必要条件

在美国，联盟的运行资金可通过政府资助、社会赞助和商业化运营等多种方式获得。政府资助是联盟建设初期获取资金的主要渠道，许多州的政府都曾为图书馆的各种共建共享活动提供专项经费，并列入常规预算，逐年拨款。有些图书馆联盟的经费来自政府研究项目、各种基金会或民间捐款，还有成员馆交纳的费用。联盟中收费的服务项目所获取的资金也是联盟运作经费的补充。

国内由于经济体制的不同，图书馆联盟的启动和建设经费主要依靠政府的专项资金，基本上没有民间资金进入这个领域。而图书馆作为典型的公益性社会服务机构，无论在观念上还是在具体操作上，靠服务收费来支持联盟的建设也是难以实现的。这就决定了在目前的发展阶段，国内图书馆联盟的建设主要依靠政府的投入。尽管如此，各地的图书馆联盟仍在注意充分发挥整合后的资源优势及服务能力，尝试以联盟的名义筹集资金，拓展融资渠道，在获取政府提供的专项资金之外，争取得到其他社会资金的资助，并探索市场化运营的道路。

4.4.5 合理的利益分配机制是图书馆联盟保持生机的驱动力

由于图书馆联盟中各成员馆自身存在的差异，各馆对联盟事务的投入无论是在经费方面还是在设备和人员方面都有区别，成员馆之间的资源共享实际上是不平衡、不对等的。有的成员馆在资源共享中经常是提供方，而有的成员馆总是受益方。为了保证成员馆之间的资源共享机制能够不断发展，必须建立一种合理的利益分配机制，尽量减少投入与获益分配不均的现象，才能长期维持这种互利互惠的合作关系。合理的利益分配机制是建立在成本核算的基础上。因此，首先需要对网络条件下联盟在运行过程中，图书馆资源共享的成本核算及补偿原则进行分析和研究；其次，要使成员馆在不同程度上通过资源共享获得实际的利益，保证各成员馆能比没有参加联盟时有更充足的资源满足本馆用户的需求，从而促进各馆加入联盟的积极性；同时要注意考虑文献提供馆的实际承受能力，使它们能够长期保持提供服务的能力。

4.5 CALIS 的运作模式

中国高等教育文献保障系统（CALIS）是我国目前运行最大最成功的图书馆联盟之一，具有典型性和代表性。

4.5.1 CALIS 简介

中国高等教育文献保障系统（China Academic Library & Information System, 简称 CALIS)，是经国务院批准的我国高等教育“211 工程”“九五”“十五”总体规划中三个公共服务体系之一。CALIS 的宗旨是：在教育部的领导下，把国家的投资、现代图书馆理念、先进的技术手段、高校丰富的文献资源和人力资源整合起来，建设以中国高等教育数字图书馆为核心的教育文献联合保障体系，实现信息资源共建、共知、共享，以发挥最大的社会效益和经济效益，为中国的高等教育服务。

CALIS 管理中心设在北京大学，下设了文理、工程、农学、医学 4 个全国文献信息服务中心，华东北、华东南、华中、华南、西北、西南、东北 7 个地区文献信息服务中心和一个东北地区国防文献信息服务中心。

从 1998 年开始建设以来，CALIS 管理中心引进和共建了一系列国内外文献数据库，包括大量的二次文献库和全文数据库；采用独立开发与引用消化相结合的道路，主持开发了联机合作编目系统、文献传递与馆际互借系统、统一检索平台、资源注册与调度系统，形成了较为完整的 CALIS 文献信息服务网络。迄今参加 CALIS 项目建设和获取 CALIS 服务的成员馆已超过 500 家。

“十五”期间，国家继续支持 CALIS 公共服务体系二期建设。并将“中英文图书数字化国际合作计划”（简称 CADAL）列入该公共服务体系建设的重要组成部分，项目名称定为“中国高等教育文献保障体系——中国高等教育数字化图书馆（China Academic Digital Library & Information System，简称 CADLIS）”，由 CALIS 和 CADAL 两个专题项目组成。项目和总体目标明确为：在完善“九五”期间中国高等教育文献保障系统（CALIS）建设的基础上，到 2005 年底，初步建成具有国际先进水平的开放式中国高等教育数字图书馆。它将以系统化、数字化的学术信息资源为基础，以先进的数字图书馆技术为手段，建立包括文献获取环境、参考咨询环境、教学辅助环境、科研环境、培训环境和个性化服务环境在内的六大数字服务环境，为高等院校教学、科研和重点学科建设提供高效率、全方位的文献信息保障与服务，成为中国经济和社会发展的重要基础设施。

CALIS 管理中心在“十五”期间继续组织全国高校共同建设以高等教育数字图书馆为核心的文献保障体系，开展各个省级文献服务中心和高校数字图书馆基地的建设，进一步巩固和完善 CALIS 三级文献保障体系，为图书馆提供“自定义、积木式、个性化”的数字图书馆解决方案，大力提高 CALIS 综合服务水平，扩大 CALIS 服务范围，为高等教育事业和经济文化科技事业的发展发挥更大的作用，取得良好的社会效益和经济效益。

“十一五”期间，全面升级“九五”“十五”建成的 CALIS 公共服务平台，继续加强基础设施建设，提升现有系统的资源拥有量和服务能力；重点扩展已建成系统的服务功能，形成覆盖全国各级各类高校的文献服务网络，有效提升欠发达地区和地方院校的文献保障水平；着力深化 CALIS 的服务，构建支撑“211 工程”院校高水平教学科研的知识支持环境；充分发挥国家投资的效益，开拓为社会经济发展主战场服务的渠道；继续完善 CALIS 的管理和运行制度，形成可持续发展的机制，持续打造世界先进水平的高等教育数字图书馆。

4.5.2 CALIS 提供的服务

CALIS 面向所有成员提供七大服务，如图 6–1 所示。

(1) 面向读者。提供文献检索和馆际互借与文献传递服务。文献检索主要有：书刊联合目录数据库、西文期刊目次数据库、高校学位论文文摘数据库检索。馆际互借与文献传递的主要功能有：馆藏报道、电子资源链接和文献传递服务集成。馆际互借与文献传递必须具备专职人员和设备。其中专业人员包括主管馆长，协

CALIS 项目简介

中国高等教育文献保障系统（China Academic Library & Information System）简称 CALIS，是“211 工程”的两个公共服务体系之一。其总体目标是：在教育部的领导下，以资源的共建、共知、共享为理念，建设以中国高等教育数字图书馆为核心的教育文献联合保障体系，为高校的教学、科研人员营造一个与国际接轨的信息网络环境，以丰富的文献信息资源、先进的技术手段和便利的服务体系为中国高等教育的发展提供资源保障。

服务内容：以各类藏书及书刊流通机构提供检索、套录编目、原始编目、编制规范记录、加载馆藏和下载书目记录等服务

服务对象：高校图书馆、职业学校及中小学校图书馆、公共图书馆、科研院所情报机构、图书流通机构等

CALIS 联机编目数据库建设内容

1. 中文书、刊书目记录及其馆藏信息（已投入使用）；
2. 西文书、刊书目记录及其馆藏信息（已投入使用）；
3. 古籍书目记录及其馆藏信息；
4. 俄文、日文和其他语种书、刊书目记录及其馆藏信息；
5. 中西文规范记录（包括名称、主题标目和丛编题名）；
6. 非书资料、多媒体、电子出版物及网上资源联合目录。

如何得到 CALIS 联机合作编目中心的服务

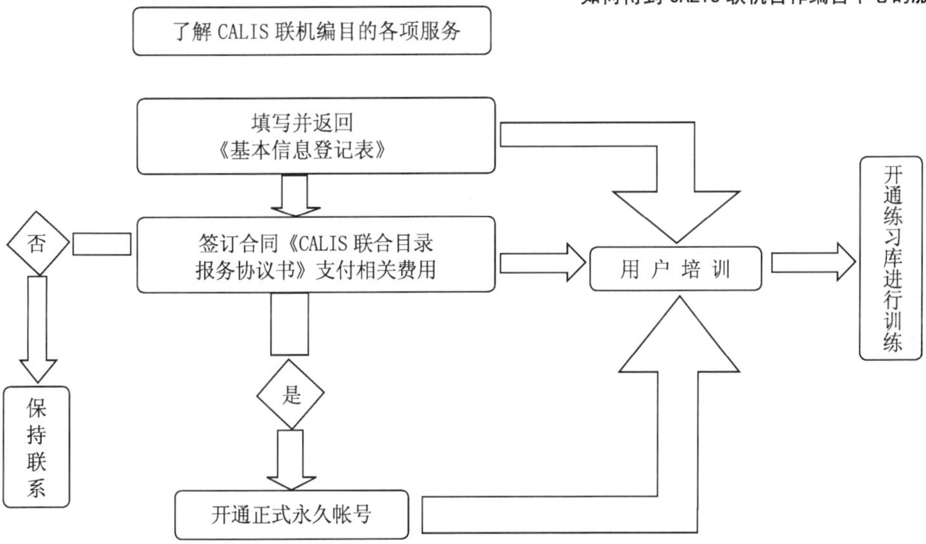

图 6-1　CALIS 提供的服务项目

调馆内部门、经费预算、馆藏维护；馆际互借员，首先要是个优秀的咨询馆员；系统管理员（有本地系统则必备），要具有数据库管理员的能力。设备包括，台式机、打印机等获取设备，扫描仪、服务器与馆际互借系统等对外服务设备。馆际互借与文献传递服务的主要内容有：人员设置与相关培训、设备与场地、选择文献传递的基础数据库（CALIS、CASHL、NSTL 等）、文献传递服务的模式（包括确定策略：对哪些读者提供文献服务，有无经费补贴，如何补贴；系统选择：

CALIS 馆际互借系统（对外服务必备）；或通过 E-mail 方式服务，要选择一个接入馆）、宣传材料与读者培训。

（2）面向图书馆与馆员。提供集团采购、联机编目和应用系统服务。其中集团采购包括与 CALIS 管理中心签署委托协议（主管校长），认可 CALIS 各引进库谈判组组团方案作为“招标结果”。内容包括设置主管副馆长与专职工作人员，在 CALIS 资源工作组报备，负责合同、付款、读者服务和评估、参加“引进数据库培训周”、宣传数据库、培训读者。联机编目包括参加 CALIS 编目员培训、使用 CALIS 编目客户端套录数据、上载馆藏。内容包括选送编目员参加 CALIS 编目中心编目员资格认证、取得原编数据上载资格、馆藏维护、提供自动化系统馆藏接口、定期批量提取书目数据、提交 CALIS、保留 CALIS 控制号。应用系统包括 SaaS 模式服务，内容有馆际互借与文献传递、参考咨询、学位论文、教学参考、资源导航。

（3）面向馆员。CALIS 面向馆员提供参考咨询和业务培训服务。参考咨询包括，馆员不仅可以在 CALIS 上申请注册成为“读者”来获取所需要的文献信息资源，还可以申请成为“咨询馆员”，为馆内及其他成员馆的馆员提供参考咨询服务。如“咨询馆员”利用其擅长的专业知识在“E 问”平台的“联合问答”和“联合问答知识库”为馆员提供业务知识解答。业务培训服务包括骨干培训计划和经费资助，内容包括接收培训通知、申请 CALIS 培训经费补贴、学员汇报等。除此之外，CALIS 还为馆员提供了包括培训管理、网上业务培训、自主学习、自主测验、网上认证考试、业务问题解答等业务培训相关的服务。

4.5.3 CALIS 的运行机制

（1）基本建设思路

以省级中心作为 CALIS 工作的重中之重。

所有 CALIS 服务免费对成员馆开放，以贡献换取服务。

面向成员馆的 CALIS 软件只部署到省级中心一级，由省级中心提供免费 SaaS 服务、相关业务培训和技术支持。

省级中心组织本省成员馆与 CALIS 管理中心签订成员馆协议，承诺承担相关义务，以免费获取 CALIS 服务资格。

评选积极利用 CALIS 服务的成员馆和省份，给予文献传递服务优惠和馆员培训补贴。

CALIS 的建设思路可以用“明确分工、规范服务、升级平台、覆盖全国”来全面概括。

明确分工。一是明确服务职责：管理中心与全国中心、地区中心共同承担着 CALIS 所有应用系统与数据库的运行，以及异地镜像和备份的职能，主要支撑省级中心的服务；省级中心负责在 CALIS 省级服务平台上，面向本省（区、市），向所有成员馆提供服务。二是明确资金来源：中央财政投入主要负责 CALIS 全国中心和地区中心的基础设施建设；省级政府的经费投入主要负责省级中心的基础设施建设，包括必要的网络条件、购置需要配备在省级中心面向全省高校服务的计算机系统及软件、开发适于本省各高校使用的应用软件、购置和建设适于全省高校共享的文献数据库、对全省各高校图书馆提供技术支持的费用等，以及日常运行和管理费用。

规范服务。建立各级中心的工作规范，规定各级中心的工作职责和任务、必须开展的服务项目、经费来源和使用办法等，根据国家和地方政府的相关规定、CALIS 的规范，各级中心的各类相关管理与服务制度，以保证 CALIS 核心服务网络和省域高校文献共享系统的正常运行。

升级平台。在升级完善后的 CALIS 基础设施上，以 Web2.0 和 SaaS（Software as a Service）架构技术升级原有 CALIS 各中心门户平台，搭建高效稳定的 CALIS 各级服务平台。

（2）三级服务保障体系

原有服务模式包括两个部分：一是全国中心、地区中心、成员馆；二是省级中心、数图基地。

新的服务模式包括三个部分：一是顶级服务，包括管理中心、全国中心、地区中心；二是枢纽级服务，包括省级中心、数图基地；三是基础级服务，包括成员馆、代理服务机构。CALIS 的文献信息服务保障体系见图 6–2、图 6–3 所示。

（3）系统运行机制

已建的省级中心根据 CALIS 项目基本要求，结合实际情况确定建设目标，提出申请并签订承建协议书。

管理中心集中培训各省级中心相关业务人员并考核通过后，相应地区中心负责省级服务平台的安装部署和技术支持。

管理中心定期召开省级中心工作会议，检查工作，交流经验，听取意见，保证项目建设的顺利开展。

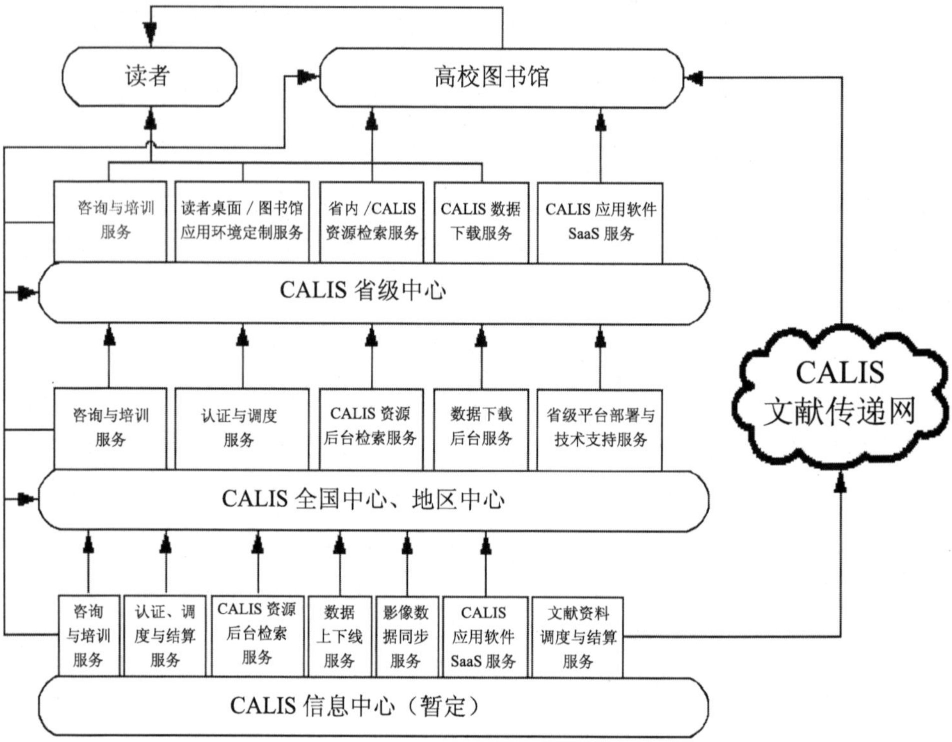

图 6-2　CALIS 的文献信息资源服务体系

管理中心和地区中心协助省级中心开展推广 CALIS 服务的本地馆员培训。

CALIS 项目提供省级服务平台所有相关软件的安装和升级，提供省级中心相关业务人员的定期培训服务和技术支持。

省级中心提供相关的硬件设施和人员配备。省级中心根据各省情况，从地方政府或成员馆中筹措相关的运行经费。

（4）运行管理协作机制

CALIS 管理中心直接管理。

成立高校馆际互借协调组。主要职责包括：高校馆际互借／文献传递工作的业务规范；提供前沿研究与 CALIS 馆际互借体系的发展规划建议；收集整理用户意见，编制系统平台发展需求；对 CALIS 馆际互借体系进行评估，组织测试。

在服务馆中聘请专业人员组成协调组。

（5）服务费用补贴

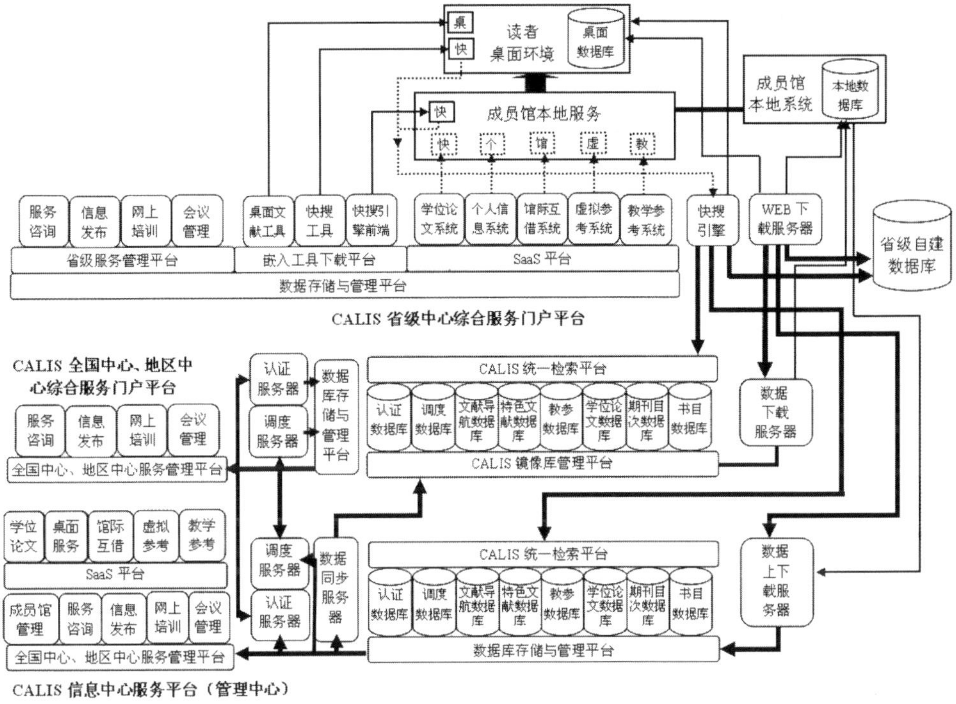

图 6-3 CALIS 的服务体系

收费标准：A4 幅面每页 1 元。收取用户每页 0.5 元，CALIS 补贴服务馆每页 0.5 元。

CALIS 支持的补贴经费至少抽出 80% 用于外馆读者。

补贴方案：补贴比例：50%—80%；额度分配：竞争使用机制；管理中心根据服务量发放补贴。

（6）管理机制建设

项目建设管理机制和相应的管理制度。

公益性服务机制。

用户反馈与自评估机制。

运行服务的经常性经费投入和运行管理机制。

项目建设与创新发展的研发机制，建立预研、试点和应用相结合的持续创新发展机制。

5. 图书馆服务协作网模式的制度保障研究

图书馆服务协作网的目的是在不同建设主体所保障的文献资源之间建立起共享机制，并把资源共享的权限（即跨馆利用资源的权限）直接交给读者，方便读者利用所有图书馆的服务。在一个区域性网络中，一般包含若干个总分馆体系和独立建制的图书馆，网络内的馆与馆之间存在着联盟、协作、指导、共享、上下级（总分馆）等多种关系。近年来已经建立的资源共享机制包括一卡通借、一卡通借通还和分层通借通还等模式。这几种模式在资源共享的范围和深度上存在着一定的递进关系，随着资源共享程度的提高，读者利用图书馆的便利程度也随之提高。

图书馆服务协作模式是总分馆制和图书馆联盟的一种特殊形式，它是总分馆和图书馆联盟早期采用的基本形式，多是功能单一型的总分馆服务模式或图书馆联盟，如采购协作、服务协作、馆际互借、文献传递、联合编目、联合咨询等。其制度设计、组织结构和运行机制可参考总分馆模式和图书馆联盟模式。

6. 高校图书馆对外开放的制度保障研究

6.1 高校图书馆向社会开放是发展的必然趋势

党的十七大报告指出，“形成全民学习、终身学习的学习型社会，促进人的全面发展”是全面建设小康社会的重要目标之一。此后，全国掀起了终身学习和公共文化服务体系建设的热潮。2008 年起，全国美术馆、公共图书馆、文化馆（站）、博物馆逐步开始免费向公众开放。目前，公共图书馆免费对公众开放即将全面实现。相比之下，高校图书馆长期以来坚持以教学与科研服务为己任，发挥了重要的作用，但也面临着资源利用率不高，尤其是寒暑假期间资源闲置浪费等问题。近几年来，面对社会上的诸多讨论与质疑，国内高校图书馆开始关注社会读者的信息需求，在开展社会化服务、鼓励大众阅读方面做了一些有益的尝试。北京大学、南开大学、复旦大学、深圳大学、中山大学等高校图书馆已向社会打开了服务窗口。北京地区 34 所高校已成立图书馆联盟，实践对外开放。但总的说来，全国高校图书馆在面向社会开放方面没有形成强大的社会效益。

2002 年文化部就启动了文献资源共享工程。现在“资源共享”在大众观念上已达到共识，成为高校图书馆的一种发展趋势。从担任的社会角色来说，提供给更多的人使用是图书馆的责任和使命，因为使用图书馆的人越多，图书馆起到的作用就越大，对社会的贡献也越大。合理利用资源是当今信息世界的发展趋势，而向社会开放就是一种合理利用资源的形式。和公共图书馆相比，高校图书馆的信息资源相对丰富，种类比较齐全，馆藏较有针对性。

因此，基于创建学习型社会和全社会信息资源共享的实际意义，高校图书馆向社会开放是时代发展的迫切需求和必然趋势。高校图书馆应当突破传统的管理模式和服务方式，在做好为校内教学、科研服务的工作的同时，利用自身优势直接服务社会，顺应时代潮流，践行科学发展观，为建立学习型社会作出贡献，这是新形势对高校图书馆提出的要求。

6.2 高校图书馆对外开放的现状与必要性

根据权威部门资料，我国 1000 余所高校共拥有藏书 6 亿多册，公共馆仅为 4 亿册。高校馆拥有网络版电子期刊的 65%，公共馆仅为 28.6%。高校拥有联机数据库为 30%，而公共馆仅为 2.9%。2002 年，教育部颁布的《普通高等学校图书馆（修订)》中指出：有条件的高等学校图书馆应尽可能向社会读者及社区读者开放，面向社会的文献信息和技术咨询服务，可根据材料和劳动的消耗或服务实际的成果收取适当费用。然而，这一规程的实施情况却一直不理想。《国际先驱导报》与新浪网就“高校图书馆是否该对公众全面开放”举行联合调查，共有近两千人参加调查。其中，在“你认为高校图书馆是否应该向公众全面开放”的调查中，有 85.99％的人选择“应该，高校没有独占书籍资源的权力，公众应该从高校图书馆中广泛获益”，但也有 22.9％的人选择“不应该，高校学生的学习会受到影响，高校的学术研究环境会受到破坏”。从这些数据能明显地看出，与高校图书馆相比，我国公共图书馆的资源显得十分缺乏，如果将高校馆开放，无疑能更好地满足读者的需求。

图书馆是知识的集散地、信息的传播源，是推动社会阅读的中坚力量。那么，在构建学习型社会中，高校图书馆对社会开放具有重要意义。高校图书馆应该创新服务，让全民共享图书馆的发展成果。高校图书馆对外开放可以更好地为当地的经济建设服务；能充分发挥高校馆藏文献资源的优势和高校图书馆的作用；可以使高校图书馆更好地明确发展方向，形成资源优势和服务优势；帮助高校图书馆在社区和地区树立良好的形象，建立良好的公共关系。从高校图书馆自身而言，面向社会开放也有着及极其重要的意义。

首先，向社会开放，符合图书馆的公益性原则。图书馆向读者提供平等服务。各级各类图书馆共同构成图书馆体系，保障全体社会成员普遍均等地享有图书馆服务。各地区、各类型图书馆加强可以协调与合作，促进全社会信息资源的有效利用。

其次，向社会开放，有利于发挥高校馆专业技术人才优势，提高人力资源的社会效益。高校图书馆背靠高等学府，得益于高校的发展，也积蓄了各学科专业人才。在用人上，图书馆得以优中选优，人才结构更加合理。

再次，向社会开放，有利于提高馆藏资源利用率。

最后，向社会开放，可以更好地为当地的经济建设做贡献。可以使高校图书馆更好地明确发展目标，形成资源优势和服务优势。帮助高校图书馆在社区和地区树立良好的形象，建立良好的公共关系。近年来，国家对图书馆投资力度不断加大，高校的资源得以较大幅度扩充。馆藏资源丰富是好事，但资源的利用率却不尽如人意。据不完全统计，我国高校馆藏纸质资源利用率普遍低于40%，有的还不足20%。换句话说，高校馆藏资源至少有六成处于“冬眠”状态，造成资源闲置浪费。

此外，高校图书馆对社会开放还能带来一些附加收益，通过对外开放可以进一步促进自己的建设和发展。首先，对外开放能够有效地扩大高校的社会影响力。通过对周边社区开放，可重点与周边地区科研单位、产业机构联系。其次，对外开放能促进馆员业务能力的提高和馆藏建设的完善。向社会开放，能在较大的范围内获取反馈信息，及时而有针对性地补充图书资料，提高藏书质量，形成藏书特色。同时还有利于进一步发展高校图书馆的情报职能，增强图书情报人员的情报意识。最后，对外开放能产生一定的经济效益。高校图书馆向社会开放虽然不应该以盈利为目的，但是适当地收取服务费可以弥补经费投入不足，加强资源建设，实现良性循环。

阅读可以提高个人修养，涵养民族气质，影响一国未来。阅读伴随着一个人的精神成长，培养着一个民族的精神境界，也决定了整个社会的总体文明程度和创造能力。读者是图书馆的“上帝”，离开了读者，图书馆就没有了存在的价值。换句话说，图书馆接待的读者数量越多，其价值就越大，社会地位也越高。

6.3 高校图书馆对外开放的障碍

目前我国高校图书馆对外开放存在一定的障碍和问题，制约了高校图书馆功能的发挥。这些障碍和问题主要体现在观念落后、制度缺乏、资源冲突、能力有限、对象特定等方面。具体来看，体现在以下几个方面：

（1）观念落后，意识不足。主要表现在高校管理者缺乏开放意识。许多高校将图书馆当作自己的财产而缺少对公众服务的意识，没有认识到高校图书馆的资源也是国有资源，属于人民大众。高校图书馆资源应为全民所享用。这是一个观念的问题，部分高校只有转变观念才能有服务大众的意识，才能充分发挥高校资源的社会价值，切实促进信息资源的价值转化。

（2）制度缺乏，管理落后。美国的大学图书馆几乎都向校外人员开放。1965 年美国制订的高等教育法规定，凡美国的大学图书馆都享受联邦政府的补助。美国的大学图书馆界由此产生了一种共识：既然接受了来自国家税金的补助，就理应向全体国民开放。如美国耶鲁大学图书馆允许任何人自由进出而无需任何证件；英国剑桥大学图书馆采用完全开放的服务方式，校外读者可与校内读者享有除外借图书外的同等权利；在日本，大学图书馆向校外开放始于 20 世纪 80 年代，到 20 世纪 90 年代渐趋普及。我国目前在高校图书馆对外开放方面缺少明确的高校图书馆法律法规制度来保障实施。黑龙江大学蒋永福教授认为，《普通高等学校图书馆规程（修订）》只是行业规程，不具有法律效力，并不能成为高校必须履行的义务。他认为，地处大城市的高校图书馆不宜全面对公众开放。同时高校图书馆管理的落后和制度的缺失也是制约其对外开放的重要因素。发达国家大部分高校图书馆都面向公众开放。但值得注意的是，在发达国家，其高校数量和人口数量的比例相当高，而在中国则低很多。如果高校图书馆全面向社会开放，只要很少一部分人进入其中，就可能会导致整个运行体系运转不畅，严重影响教学秩序。不同类型的图书馆有着自己特殊的功能，服务于不同的对象。我国绝大多数高校图书馆现在还只是在形式上履行了为学校提供教学科研文献的资源职能，相应的管理制度也为此而设。如果大学图书馆对外开放，那么现在管理制度上的不足必然会显示出来，使对外开放的愿望难以实现。所以，制订一套能将校内借阅与对外节约兼容的管理制度和操作方案是当务之急。

（3）经费缺乏，能力有限。近年来，不少高校扩招导致高校图书馆本身就人满为患，现有图书馆员工每天的工作已经很繁忙，不可能再为更多的读者提供满意的服务。由于前期长期缺少经费，所以一些高校图书馆，即使是新建的高校，能提供的空间、硬件设施也是有限的，难以满足对外开放的要求。一些新出的书可能购买到，但是要把基本的图书资料配全却不容易。虽然一些图书馆经费有了增加，但以前的缺口比较大，补齐难度大。另一方面，图书价格每年都在涨，也带来了经济上的压力。著名学者、中山大学图书馆馆长程焕文认为，“在条件允许的情况下，大学图书馆应尽可能对外开放”，但“高校图书馆面向社会公众开放，条件还未成熟”。他介绍说，根据国家教育部规定，本科生人均图书馆面积 2.1 方平米，人均图书 150 册，硕士生和博士生的要求更高，国内几乎没有大学可以达到这个标准。他还认为，大学图书馆虽然同为财政投资建设，但是这些投资是有指向性的，“类型不同，不同图书馆有其专门的服务对象”。

（4）服务对象特定，引发资源冲突。高校图书馆是为高等学校教学和科学研究服务的图书馆，是指大学图书馆和学院图书馆等，是高等学校的文献情报中心。其主要任务是承担为教学和科研服务的双重任务，是培养人才和开展科学研究的重要基地之一。因此，高校图书馆服务对象十分明确。由于高校图书馆资源和服务能力有限，社会需求与高校图书资源之间必然存在错位，可能会引发资源冲突。中国海洋大学图书馆常务副馆长关庆利认为，高校图书馆应尽可能地向社会服务。由于社会需求和高校图书资源之间的错位，高校图书馆的开放也应该有的放矢。高校图书馆首先要满足本校的需求，在这个基础上才能考虑对外服务。

从国家的根本制度上来讲，高校图书馆免费开放服务于社会大众，本身就违背了其最初制订的职责和工作范围，这是一个机制问题。而高校图书馆免费为社会开放又是大势所趋，各大高校也在努力为这一公益性事业转变思想观念，付诸行动。

6.4 高校图书馆对外开放的对策

高校图书馆对外开放已经是一种发展趋势，但是要实现完全的对外开放仍需要一个过程，绝不是短时期内就可以轻易达成的。而且高校图书馆对外开放需要一系列内外部条件保障，需要采用适当的方式和模式循序渐进地对外开放。根据我国目前高校图书馆的实际情况，其对外开放可以采用以下形式：

（1）适当的时间对外开放。高校图书馆的服务具有周期性，有学习期和假期。

学习期间高校图书馆的服务比较繁忙，资源也比较紧张，难以实现对外开放。而寒暑假期高校图书馆的资源则相对空闲，可通过政府补贴和学校补贴等方式对外开放，既能有效利用高校图书馆的资源，又能最大限度满足社会需求。

（2）适当的条件对外开放。由于高校图书馆的资源也是十分有限的，在满足高校教学和科研需要的前提下，高校图书馆的服务压力也相当大。但高校图书馆可以根据实际情况有条件地逐步对外开放，如限额开放或限量开放、开放部分纸质文献资源或数字信息资源、开放副本量大的文献资源、开放社会需求量大的文献资源等。政府和学校实施对外开放的利益补偿，如根据借阅量、借阅人数或开放时间进行补偿。

（3）建立图书馆联盟对外开放。通过建立图书馆联盟讨论制订对外开放的统一标准和规格，解决办证问题、借阅问题和收费问题等。借鉴发达地区的先进经验有效推进高校图书馆对外开放，最大限度地满足公众的需求。首都图书馆联盟就是一个可供借鉴的成功典范。首都图书馆联盟由 110 余家图书馆自愿联合成立，成员包括国家图书馆、党校系统图书馆、科研院所图书馆、高等院校（34 所）图书馆及医院、部队图书馆和北京市公共图书馆等。与其他文化联盟一样，首都图书馆联盟推出 10 项惠民措施，包括在首都图书馆及下属各区县图书馆和部分街道图书馆在内的 60 家图书馆，读者凭借“一卡通”将逐步实现同城通借通还，可以就近还书。国家图书馆将与首都图书馆之间实现读者证相互认证，实现“一馆办证、各馆通用；一卡通借阅、就近还书；一馆藏书、各馆共享；一馆讲座、各馆转播”等。

（4）政府、企业和高校共建图书馆模式。图书馆共建模式是高校图书馆实现对外开放的理想方式之一。从目前各高校的实际情况来看，对外开放仅靠高校图书馆很难解决根本问题，即使高校图书馆有这个愿望，往往也会力不从心。但是在政府和企业的支持下，相信未来将能妥善解决公共图书馆资源不足、高校教学科研与社会需求的矛盾。通过政府政策保障、企业捐赠或赞助、高校图书馆支持等形式共同推进社区、街道图书馆建设，服务好大众。

6.5 驻长沙高校图书馆对外开放的现状

目前长沙市区域范围内有驻长沙高校四五十所，图书馆资源丰富，但均未实施对外开放。通过各种有效形式推进驻长沙高校图书馆对外开放是长沙市区域图书馆资源共建共享的重要目标和基本任务。

6.6 长沙市市属高校图书馆对外开放

6.6.1 长沙市市属高校图书馆资源现状

如前所述，长沙市共有市属高校12所，其中8所高校拥有独立的图书馆，总建筑面积54 100多平方米，藏书量288万册，各馆均有不同数量的数字图书资源。这些丰富的图书馆资源也是长沙市区域资源共建共享的重要基础。但截止到2010年，长沙市市属高校图书馆没能实现面向社会的全面开放，仅长沙学院图书馆面向社会人员提供阅览服务。

表6-2 驻长沙区域高校情况

校园名称	校　区	地　址	主　页
中南大学	中南工业大学	湖南省长沙市麓山南路932号	http://www.csu.edu.cn/
	湖南医科大学	长沙市上麻园岭巷238号	
	铁道学院	长沙市韶山南路68号	
湖南大学		长沙岳麓区麓山路与牌楼路交汇处	http://www.hnu.edu.cn/
中国人民解放军国防科学技术大学	本部	开福区砚瓦池正街	http://www.nudt.edu.cn/
	工程兵学院	开福区工程兵大道	
	政治学院	城南天心区芙蓉中路869号	
	炮兵学院	天心区新开铺路黑石铺	
湖南师范大学		岳麓区	http://www.hunnu.edu.cn/hnsd/
长沙理工大学	本部	赤岭路188（金盆岭）	http://www.csust.edu.cn/
	云塘校区	雨花区万家丽南路二段960号	
湖南农业大学		芙蓉区东湖	http://www.hunau.net/
中南林业科技大学	本部	韶山南路418号	http://www.csuft.edu.cn/
	涉外学院	望城丁字镇（长沙汽车北站附近）	

校园名称	校　　区	地　　址	主　　页
湖南中医药大学		韶山中路 113 号	http://www.hnctcm.edu.cn/
湖南商学院		岳麓大道 569 号	http://www.hnuc.edu.cn/
湖南第一师范学院		岳麓区枫林三路 1015 号	http://www.hnfnu.edu.cn/
长沙医学院		长沙市岳麓区望城坡雷锋大道	http://www.csmu.edu.cn/
湖南涉外经济学院		枫林三路 822	http://www.hunaneu.com/
长沙航空职业技术学院（军队名：空军航空维修技术学院）	圭塘校区	圭塘雨花区体院北路 348 号	http://lib.cavtc.cn/
	跳马校区	长沙县跳马乡田心桥	
湖南师范大学树达学院	本部	岳麓区麓山南麓桃花坪一号	http://sdw.hunnu.edu.cn/
	新校区	芙蓉区汽车东站附近张公岭	
长沙理工大学城南学院		芙蓉中路三段 356 号	
湖南中医药大学湘杏学院		韶山中路 113	
湖南商学院北津学院		雷锋大道（11 公里）处星城镇	
湖南农业大学东方科技学院		芙蓉区湖南农业大学东方科技学院	http://www.hnaues.com/
湖南女子学院		井湾子中意一路 132 号	http://www.hnnd.com.cn/
湖南警察学院		长沙经济技术开发区	http://www.hnpolice.com/default.aspx
湖南财政经济学院		岳麓区枫林二路 139 号	http://www.hncz.edu.cn/index1.php
湖南工业职业技术学院		岳麓区岳麓山大学城含浦科教园	http://www.hunangy.com/

校园名称	校　区	地　址	主　页
长沙师范学院		蔡锷北路荷花池 11 号	http://www.cssf.cn/
长沙民政职业技术学院		香樟路 22 号	http://www.csmzxy.com/
湖南交通职业技术学院		韶山南路 635	http://www.hnjtzy.com.cn/
湖南大众传媒职业技术学院		星沙特立路 5 号	http://www.hnmmc.cn/
湖南科技职业学院		井湾路 884 号	http://www.hnkjxy.net.cn/
保险职业学院		中豹塘路 196	http://www.bxxy.com/
湖南生物机电职业技术学院		远大二路 248	http://www.hnbemc.com/web/
长沙通信职业技术学院		天心区南湖路沙湖街 128 号	http://www.csctc.net/webdata/default.html
湖南工程职业技术学院	南院	天心区大托铺	http://www.hngcjx.com.cn/
	北院	水渡河	
长沙环境保护职业技术学院		井湾路	http://www.hbcollege.com.cn/
湖南商务职业技术学院		岳麓区雷锋大道 288 号	http://www.hnswxy.com/
湖南体育职业学院		体育馆路 81 号	http://tyzy.hnedu.cn/
湖南对外经济贸易职业学院	北校区	书院南路望岳村 48 号	http://www.hnwmxy.com/
	南校区	中意一路 1156 号	
湖南网络工程职业学院		芙蓉南路一段	http://www.hnevc.com/
湖南司法警官职业学院		芙蓉区远大二路 1069 号	http://www.jgzy.com/

校园名称	校　　区	地　　址	主　　页
湖南艺术职业学院	本部	麓山南路 152 号	http://www.arthn.com/Index/Index.aspx
	北院	望岳南路 086	
湖南机电职业技术学院		洪山路 600 号（万家丽北路过月湖公园 2 公里）	http://www.hnjdzy.net/
长沙电力职业技术学院		湖南长沙韶山南路 635 号	http://www.hnjtzy.com.cn/
湖南水利水电职业技术学院		湖南长沙远大二路泉塘	http://www.hnslsdxy.com/
湖南软件职业学院		天心区新开铺路 1186 号	http://www.hnsoftedu.com/
湖南现代物流职业技术学院		远大二路泉塘	http://www.56edu.com/Default.aspx

6.6.2　长沙市市属高校图书馆面向社会开放的障碍

长沙市市属高校图书馆在实现面对社会开放的过程中，有着馆舍设备、技术、资源等方面的相对优势和社会发展大环境的有力支持。但是劣势也相当明显，一些方面甚至会成为瓶颈，解决不好甚至会严重制约开放的水平。

（1）缺乏政策支持。2002 年教育部颁布的《普通高等学校图书馆规程》（修订版）第 21 条明确指出："有条件的高等学校图书馆应尽可能向社会读者和社区读者开放。面向社会的文献信息和技术咨询服务，可根据材料和劳动的消耗或服务成果的实际收取适当费用。"其对高校图书馆社会化是持提倡鼓励的态度，但是高校往往以"条件不足"为借口拒绝对社会开放。

（2）管理体制和技术上的制约。高校图书馆向社会开放肯定会给学校和图书馆的管理带来一些实际问题。目前高校大多采用半封闭式管理，学生在上课期间不能随意进出校门，如果让社会上的人员自由进出校门的话，可能会影响稳定的学习环境，甚至带来安全隐患。从技术角度来说，图书馆现行的自动化服务集成系统必须能够对校内校外的读者进行有区别的信息自动化处理。总之，现有的管理体制很明显难以对社会读者进行管理，建立一套对内对外管理兼容的管理体制和操作体系，是高校图书馆对社会开放的当务之急。

（3）经费不足，资源与社会化服务错位。长期以来，高校图书馆以为高校教学科研服务为使命进行资源建设，在形成自己鲜明特色的同时也于某种程度上限制了资源种类与门类，加之经费不足，资源建设步伐缓慢。面向社会开展服务对图书馆的资源建设提出了新的要求，它要求其必须根据主要读者群进行资源建设，致使图书馆捉襟见肘的经费更加紧张。

（4）人力资源和设备的限制。高校图书馆的人员配置是根据学校的办学规模和图书馆的藏书量来确定的，如表 6–2 所示，目前长沙市市属高校图书馆现有职工人数有限，以长沙商贸旅游职业技术学院图书馆为例，图书馆核定需要的职工数为 45 人，而目前仅有 28 人，远低于核定编制，人力资源调配困难。一旦面向社会开放必然会出现人员紧缺、工作量增加的现象，长此以往必将影响职工的工作积极性和对外开放的效果。

（5）缺乏理论指导。目前在 12 所市属高校中，长沙学院图书馆走在前列，率先打开大门对社会开放，但是由于缺乏相关理论的指导，没有形成自己的开放规模和特色，社会影响力没有达到预期的效果。

6.6.3 长沙市市属高校图书馆面向社会开放的应对策略

由于在规划建设时，高校图书馆与公共图书馆的办学方针、服务对象、服务理念均不相同，所承担的任务也不一样，所以高校图书馆向社会开放必须有一个循序渐进的过程。有能力的高校图书馆可以尝试局部开放，逐渐探讨对社会开放的方法与模式。与此同时，政府、社会均有责任共同努力，推进市属高校图书馆全面开放的进程。

（1）制订相关政策，促成高校图书馆对社会开放的良好氛围。政府要联系高校实际，结合社会发展的大背景，适时出台相应政策，促进图书馆对社会开放。如进一步明确“长沙市高校图书馆评估指标体系”，将面向社会开放作为重要指标，加大权重，对高校和高校图书馆提出要求，为区域经济社会发展作出贡献。同时要加大对公众的宣传，提高高校图书馆的社会认可度。

（2）高校和高校图书馆要制订必要的规章制度，加强对读者尤其是社会读者的管理，借阅图书、查询信息、办理手续、时间期限、收费标准、使用权限等都要有详细的规则，使管理有章可循。制订校内读者与社会人员资源使用冲突时，本校师生优先使用的保障机制，加大开放的同时，确保本职工作的完成。根据馆内实际情况确定校外读者“入馆登记制度”或办理“一卡通”，明确规定的事项要反映到图书馆自动化服务系统中以便管理。

（3）因地制宜，逐步向社会开放。高校图书馆从最初设计到开放，主要是为满足大学生学习和教师教学科研需要，从硬件到图书、座位设置都是有限的，从管理上，大学图书馆都达不到公共图书馆对消防、安保等的要求。因此，大学图书馆的开放应该根据实际情况因地制宜，有限制、有条件地开放。对于附近没有公共图书馆，对居民又有强烈阅读需要的社区，可以考虑适当开放大学图书馆；对一些书籍有特殊需要的部分公众，也可以面向这种需求开放大学图书馆。在真正缺少社区图书馆的地方，高校可以和社区进行共建。

（4）加大公共财政投入。政府要加大对市属高校图书馆的资金投入，设立专门的能够满足免费开放读者需求增加而增长的纸质文献资源款项，保证专款专用，切实丰富图书馆的资源。资源建设要加强针对性，要根据图书馆周边社区的具体阅读需要进行资源建设。软硬件建设都要充分考虑到社会读者的便利。同时，可以加大高校数字资源的公共财政投入，通过免费的网络阅读来满足市民的需求。

（5）加大图书馆人力资源建设，同时做好现有人员的业务培训。在人数上要能保障正常运转的要求，思想上要有主动服务的意识和市场意识，业务上精而专。同时，为便于图书馆的管理，需投入一定的高科技管理软件和建立先进的服务理念。

（6）探讨政府、企业和高校共建共享图书馆的模式，构建图书馆面向社会开放的长效机制。

长沙市的12所市属高校是在长沙市市政府的领导下开展教育教学的，各高校图书馆之间联系也十分密切。在面向社会开放的问题中，长沙市市政府在领导图书馆之间协商互助，实现资源共享，甚至建立图书馆开放联盟等方面有着十分便利的优势。

在与企业合作方面可以引入企业资本合作开发科研项目。高校图书馆可以根据自身馆藏文献的学科结构，分析社会的需求，向社会提供专题情报，有针对性地进行开放。这样既充分发挥了图书馆的馆藏和人才优势，又能帮助企业更多地创造出经济效益，为国家和社会的经济进步服务。还可以与企业合作建设社区流动图书馆，创造更多的附加价值。

通过政府、企业和学校三方的共同努力，探讨建立政府主导、校企共建、院校联盟、服务共享、市场运作的长效开放机制。

总之，长沙市市属高校图书馆在建立学习型社会和公共文化服务体系建设中具有不可替代的作用，而且在实现教育资源共享中，各高校图书馆向社会开放也具有可行性。高校图书馆对外开放将对市民素质的提高产生不可估量的影响。同时，高校图书馆也会在对外开放的过程中，得到更好、更快的发展。

7. 长沙区域图书馆资源集成共享模式实现的保障机制研究

7.1 强化政府支持引导力度

7.1.1 成立共建共享领导（协调）小组

从目前长沙市总分馆的设置来看，图书馆资源共建共享的主要障碍也是管理体制。长沙市图书馆作为总中心馆，没有统一的人、财、物管理权与支配权，中心馆对分馆只有业务管理权而没有行政管理权。为突破体制障碍，打破一级政府管一级图书馆的局面，改变图书馆财政拨款“分灶吃饭”的现状，长沙市总分馆建设领导小组应从长沙市区域信息资源共建共享的角度进行合理规划与布局，协调相关方的利益关系，加快推进总分馆建设，并逐步将行政管理变为行业管理，建立起真正意义上的总分馆体制。在区域图书馆联盟和协作服务方面，市政府一是要采取措施推动市属大专院校图书馆采用各种方式向社会公众开放，二是争取省政府支持，成立由省市文化信息主管部门牵头，区域内图书馆和相关单位参加的信息资源共建共享领导小组，合力推进区域图书馆共享信息网络建设。

7.1.2 健全共建共享绩效考评机制

以创建国家公共文化服务体系示范区为契机，在充分调研、广泛征求意见的基础上制订图书馆共建共享绩效评估考核机制。进一步完善《总分馆绩效考核制度》，采取“以奖代拨”的方式，以读者服务、资源利用等为主要参考指数，对总分馆开放利用实施考核。争取省、市财政支持，建立资源共享利益补偿机制，使联盟图书馆资源共享长效持续发展。

7.2 健全相关政策与制度保障

图书馆共建共享模式的正常运行在宏观上依赖于国家、湖南省和长沙市相关政策的正确指导，在微观上也依赖于一定政策背景下的法规、制度和具体的管理措施。

7.2.1 制订政策，确保工作推进有据可依

通过相应的政策，确立各种共享模式的管理体制、总目标和总方针；明确各馆各自的权利、义务、行为准则等。如，长沙市已出台刚性政策——《长沙图书馆总分馆建设实施方案》，将构建以长沙市图书馆为总中心馆，各区县（市）图书馆为中心馆，街道（乡镇）、社区（村）图书馆为分馆，街区自助图书馆、农家书屋、农民自办图书馆、图书流动车为补充，吸收企业、学校等其他系统图书馆加入的地区图书馆网群。到2013年年底，建成基层图书馆（室）2000个、分馆100个，数字图书馆（市图书馆）1个。到“十二五”期末，全市公共图书馆（室）全覆盖，资源服务实现“一卡通”，图书实现通借通还。长沙市总分馆模式将改变区域内图书馆各自为政、管理人员缺乏、日常开放和资源共享协调难以落到实处的现状，实现图书馆分馆正常开放和资源共享，确保效益最大化，并逐步建立长效机制。

7.2.2 健全相关法规确保资源共建共享可持续发展

美国对信息资源共享活动极为重视，并颁布了一系列相关法律、法规来保证信息资源共享的顺利进行，如《图书馆服务法》《美国图书馆互际借实施规则》《公共信息准则》《信息自由法案》及一系列的版权法等，都为信息资源共享活动、公共图书馆事业的发展提供了很好的制度保障。长沙市市政府应在国家和湖南省的信息政策、公共文化服务体系发展政策、知识产权法规等指导下，健全长沙市区域图书馆资源共建共享的相关政策与制度法规。共享组织本身也要通过相应的制度来明确各方的责任、权利与义务，需要完善有关服务网点布局、借阅及其他服务方面的规章制度。

7.3 优化共建共享资金保障机制

7.3.1 固化公共财政资金投入

资源共建共享离不开政府的大力支持。目前国内大部分地区的地方政府都投入了大量财政资金来推动本地图书馆事业的发展，如广东省省政府每年给广东省立中山图书馆下拨600万元专项经费，推动流动图书馆建设；深圳福田区投资13亿元打造“一公里文化圈”；苏州图书馆的运行经费从2003年的800万元增加到了2006年的1600万元，4年翻了一番。

近年，长沙加大了对全市总分馆实施的财政支持力度，2011年投入380万元启动总分馆建设，从2013年起，在市图书馆事业经费中，市财政按一定标准预算每个分馆的运行经费，同时要求各区县（市）财政达到相应配套，运行经费根据分馆的实际运行情况每年据实核拨。考核以读者借阅量和活动举办次数、参与人数为主要指标。针对长沙市公共图书馆基础比较薄弱、不能满足群众需求的现状，为了鼓励社会力量兴办公共图书馆，长沙市对于加入总分馆系统、藏书在20 000册以上、按照公共图书馆要求向社会免费开放的私人民办图书馆，财政按不低于社区分馆50%的标准给予相应补助。这对于民办图书馆来说，从一定程度上解决了制约其常态开放和长效发展的根本问题。

7.3.2 拓展经费来源

对于共享组织本身而言，应努力拓宽经费来源渠道，才能保证共享工作长效开展。首先，应扩大共享组织本身的社会影响力，努力通过自身的发展和良好的社会效益来争取政府主导和政策支持，以争取更多的经费投入保证和政策倾斜。其次，要鼓励各成员馆积极投入，主动分担共享组织运行的成本。最后，要努力争取吸收社会资本。如通过与商业信息服务机构或商业数据库公司合作，吸引社会资本，利用社会资本实现其发展目标。

7.4 加大人力资源建设力度

人才是图书馆开展信息资源共建共享工作的成功之本，图书馆馆员的知识结构和综合素质决定着图书馆的科学管理水平和服务水平，直接影响共享组织的健康发展。长沙市市属公共图书馆普遍面临人员不足、人才缺乏的问题，不适应图书馆的发展需要。首先，长沙市各级政府应根据现代图书馆的规模、功能、服务等的变化，按照《公共图书馆服务规范》要求，及时调整图书馆人员编制，引进适合图书馆需要的专业人才。其次，图书馆自身应通过制订共建共享组织的专项人才计划，为组织运转提供人才保障。各成员馆可联合开展学术报告、专题讨论、培训班等馆员培训工作，定期不定期地组织工作人员交流学习，共享各馆在管理和图书馆业务方面的先进经验和好的做法，以有效地促进组织内人力资源的共建共享，为共享组织的运作与发展提供更好的人才保障。最后，可通过志愿者或聘用等方式吸收某一学科或专业领域内的专家来充实咨询人才队伍，以更好地利用社会力量帮助用户解决深层次的咨询问题，提高共享组织的服务效果。

7.5 扩大共建共享组织的社会影响力

7.5.1 加大总分馆制推行力度，延伸服务触角

如何解决社会用户资源需求量大而公共图书馆资源不足的矛盾，是近年来公共图书馆界面临的最主要问题。经过探索，实践证明了在公共图书馆推行总分馆制是解决上述矛盾的有效方式之一。长沙市图书馆于2011年开始在全市范围内推行总分馆制，2012年得到较快发展。总分馆制倡导共建、共享各种类型的纸质资源与数字资源，尤其是在数字资源建设方面，总馆结合全国文化信息资源共享工程和国家数字图书馆推广计划，高起点、高标准地建设了长沙数字图书馆，各分馆可免费共享使用。该计划自推行以来效果显著，通过资源共享、技术支持、人员培训等措施，有效缓解了基层图书馆专业人员不足、资源更新缓慢等突出问题。同时通过增设“街区自助图书馆”，进一步延伸服务触角。24小时街区自助图书馆是集数字化、人性化、智能化为一体的新型图书馆，是图书馆延伸服务和高新技术在图书馆应用上的重大突破，对于保障群众对图书馆的需求是一个有益的补充。但现在全市已建的仅3台，如果各级政府能加大投入，或者引导社会力量捐赠，并选择人流相对较大、城市居民相对集中的社区、车站安放，对于优化全市公共阅读环境、提升城市文明程度将起到良好作用。

7.5.2 通过多种方式宣传推广共享资源

宣传推广被认为是图书馆运营中最重要的模块之一。现代图书馆资源宣传推广方式多种多样，为扩大长沙市共建共享组织的社会影响力，可以采取如媒体宣

传，包括利用电视、报纸、网络等各类渠道进行新闻报道；活动宣传，包括在馆内举办宣传展览、各类讲座等；实物宣传，包括设计专门LOGO、编制专门小册子、印发宣传单等；另外，还可通过QQ群、微博、微信等途径向读者发送有关信息。如长沙市总分馆推行的“一卡通”服务，初期，中心馆应向成员馆推出专门的宣传手册，统一制作宣传展板，统一组织宣传推广活动，可通过现场咨询、宣传展板展示、服务讲座、用户调查、微博、微信推送等形式引导公众了解并利用“一卡通”服务；同时还应加大数字资源的宣传推广，如印制数据库资源宣传资料、定期在共享平台上更新数据库使用指南、定期举行有关查询文献或数据库使用技巧的讲座等，让读者知道区域图书馆拥有哪些数字资源及如何利用这些数字资源，其中较有影响的活动，还应借助媒体进行宣传。

7.5.3 树立长沙区域图书馆服务品牌

随着公共图书馆免费开放的深入实施，图书馆除正常开展阵地服务以外，还需日益重视创建品牌性服务项目。图书馆服务质量和服务水平的高低，其服务品牌的创建与发展，直接关系到公共图书馆的办馆效益。为了整体提升地区图书馆的服务效能，近年来，长沙市图书馆总分馆争取各方支持，运用现代新技术、新手段，不断创新，努力打造区域图书馆服务品牌，如在全市总分馆常年推广的橘洲讲坛、星城科学讲堂、长沙公益大课堂、你的Book我买单、圈圈故事会、法律大课堂等活动，已成为地方文化品牌；市县流动图书车服务、地铁自助图书馆的开通，充分体现了公共图书馆服务的均等与便捷，赢得了读者和社会的广泛好评，成为城乡亮丽的文化风景线，同时有效扩大了全市公共图书馆的影响力和基层文化工作的美誉度。但这仅是图书馆服务品牌建设很小的一个方面。图书馆服务品牌是图书馆服务理念、服务特色、办馆精神的集中体现，其品牌的树立，要进一步寻求自身的特色，着重从馆藏特色、服务特色、管理特色等方面得到体现。同时，品牌的树立是一个长期积累的过程，需要不断提高用户对图书馆及其服务的认知，不断提高用户对图书馆服务的满意度，不断提高用户对图书馆及服务的忠诚度。

附录一 长沙图书馆总分馆建设实施相关制度

长沙市人民政府办公厅
关于印发《长沙图书馆总分馆建设实施方案》的通知

长政办函［2013］53 号

各区县（市）人民政府，市直机关有关单位：

《长沙图书馆总分馆建设实施方案》已经市人民政府同意，现印发给你们，请认真组织实施。

长沙市人民政府办公厅

2013 年 3 月 13 日

长沙图书馆总分馆建设实施方案

为建设与长沙城市发展相适应的现代图书馆服务体系，根据《长沙市人民政府关于印发〈长沙市创建国家公共文化服务体系示范区工作规划〉的通知》（长政函[2011]62号）要求，结合我市公共图书馆现状，现制订本方案。

一、指导思想

坚持以邓小平理论、“三个代表”重要思想和科学发展观为指导，深入贯彻落实党的十八大精神，完善公共文化服务体系，创新公共文化服务方式，实现图书馆服务的全民化和高效化。

二、建设目标

（一）总体目标。构建以长沙市图书馆为总中心馆（以下简称总馆），各区县（市）图书馆为中心馆，街道（乡镇）、社区（村）图书馆为分馆，街区自助图书馆、农家书屋、农民自办图书馆、图书流动车为补充，吸收企业、学校等其他系统图书馆加入的地区图书馆网群。到2013年底，建成基层图书馆（室）2000个，分馆100个，数字图书馆（市图书馆）1个。到“十二五”末，全市公共图书馆（室）全覆盖，资源服务实现“一卡通”。

（二）发展目标。实现文献资源协调采购和配置，加强总分馆特色资源建设，优化长沙地区文献资源布局；建立联合编目中心，实现文献编目工作标准化和规范化，降低编目成本，促进地区文献资源整体化建设；实现图书通借通还、一卡通用，共建、共享各类数字资源，提升地区图书馆服务水平；定期进行业务培训与考核，推行持证上岗，全面提高地区图书馆工作人员的业务水平。

三、总体要求

（一）合理布局。网点设置以行政区域和管理体制为依据，逐步过渡到以人口规模和服务半径为主导，科学合理规划建设布局。

（二）集中管理。总馆为地区图书馆网群业务管理中心，分馆业务管理必须集中于总馆，以保证业务工作流程的统一和顺畅，保证服务的水平和质量。

（三）同一平台。各中心馆和分馆采用总馆认可的同一业务管理系统，实现技术统管，确保区域图书馆网络间数据流、读者流和各项业务工作的无缝对接。

（四）共享资源。市政府投入总分馆建设的专项购书费所购买的图书，由总馆统一购买、统一调配、定期轮换、资源共享。区县（市）政府投入总分馆建设的费用，由区县（市）中心馆统一使用和调配。长沙数字图书馆资源，各分馆免费共享。

（五）突显特色。各分馆可根据当地产业优势、地域特点和人文环境确定本馆的特色资源，在满足常规服务外，重点突出特色服务，满足不同读者的需求。

（六）规范标识。总分馆馆内各项标识规范统一，各分馆统一使用“长沙图书馆 ×× 分馆”名称，新建分馆要求装修格调基本一致。

四、实施模式

市政府和各区县（市）政府共同出资，市人民政府与各区县（市）政府签约，按照政府主导、统一组织、经费分担、分步实施的原则，合力推动总分馆制建设。

（一）运行模式

在不改变原有行政隶属、人事和财政关系的情况下，总馆负责协调规划区域内文献资源的采编、分类、标引、加工，统一审校总分馆书目数据，指导和协调服务工作；各中心馆负责本区域内图书采编、加工和书目数据上传，指导和协调街道（乡镇）、社区（村）分馆读者服务工作；分馆专事读者服务工作。总、分馆之间实行“一卡通”，图书实现通借通还。

（二）实施步骤

1. 到 2013 年底，在全市建立 100 个分馆，区县（市）图书馆配置流动图书车，芙蓉区、天心区、岳麓区、开福区、雨花区设立街区自助图书馆。

2. 到“十二五”期末，城区和各县（市）建立布局合理、功能完善的总分馆服务体系。

3. 逐步将行政管理变为行业管理，分馆作为总馆派出的一个机构，分馆的人员、财务及设备均由总馆管理，建立起国际上通行的总分馆体制。

（三）运作流程

1. 提出申请。区县（市）、街道（乡镇）、社区（村）向总馆提出申请；

2. 总馆现场考察分馆办馆条件；

3. 总馆与分馆签约；

4. 分馆人员参加总馆培训与考核；

5. 分馆挂牌；

6. 年度考核评比。

（四）经费来源及使用

1. 市政府投入的总分馆专项经费由总馆负责使用；各区县（市）政府每年投入总分馆建设的经费，由所属中心馆用于该辖区内分馆建设，并实行购书经费单列。

2. 总分馆集群业务管理系统采购费、总馆流动图书车运行维护费由市统筹，市财政根据每年实际加入的分馆数量，据实核拨到总馆。

3. 为保障县以下分馆（不含县级馆）正常运行，2013 年开始，在市图书馆事业经费中，市财政每年按每个分馆 2 万元的标准设立总分馆运行专项经费；在区县（市）图书馆事业经费中，各区县（市）财政每年按每个分馆 2 万元的标准设立分馆运行经费。街道（乡镇）、社区（村）分馆年新增报刊经费、前期建设所需的人员、设施设备、图书、网络通讯等所需费用由所在区县（市）、街道（乡镇）财政共同解决。

4. 鼓励社会力量兴办公共图书馆。加入总分馆系统、藏书在 20 000 册以上、按照公共图书馆要求向社会免费开放的私人民办图书馆，市、区（县、市）财政应按不低于社区分馆 50% 的标准给予相应补助。

（五）人员管理

1. 在现有人事权不变的情况下，各分馆人员的工资和一切福利待遇由当地政府负责，总馆对分馆工作人员的聘用特别是对分馆馆长的聘用有建议权；

2. 为了提高分馆工作人员的业务水平和自身素质，分馆工作人员需分期分批接受总馆专业培训；

3. 为缓解工作人员不足的问题，各图书馆应面向社会吸收热爱图书馆事业的人士为本馆志愿工作者。志愿者经费纳入街道（乡镇）、社区（村）财政补贴的文化管理员经费中。

五、保障措施

（一）加强组织领导

为了加强对总分馆制实施的领导和协调，成立由夏建平任组长，刘秋成、赵柏林、杨长江任副组长，市委宣传部、市财政局、市教育局、市文广新局、市规划局、市城管局、市市政建设局、市电信局为成员单位的长沙图书馆总分馆建设领导小组，领导小组办公室设在长沙市图书馆。

（二）健全工作机制

各区县（市）要高度重视，根据本地实际，建立相应的领导协调机制，围绕全市的总体部署，制订本地区的实施方案，科学规划辖区内分馆建设，保障分馆建设、图书更新、日常运行、人员培训、免费开放服务、流动图书车配置、街区自助图书馆建设等所需的场地、人员、经费和设施设备。各级文化部门要严格管理与考核，建立完善的激励机制，确保长沙总分馆建设可持续发展。

（三）注重资源共享

充分发挥公共财政效益，市属大专院校图书馆应按照公共图书馆免费开放要求逐步向社会读者开放。各区县（市）要结合实际，积极探索各种办馆模式，采取冠名、合建、协作等方式，统筹推进分馆建设。要加大与乡镇文化站、社区文化活动中心、农家书屋以及机关、学校、企业、军营等单位的图书资源整合力度，加强与文化信息资源共享工程、公共电子阅览室建设计划等项目的合作。村改社区、新建居民小区和各类经济园区，应规划并配套建设符合分馆要求的图书馆（室）。

（四）推广创新服务

总分馆制是公共图书馆总的发展趋势，是我市健全公共文化设施网络、保障公民基本阅读权利、发挥文化引领风尚、教育人民的重要举措。各级图书馆要将读者服务作为工作重点，切实落实免费开放要求，不断丰富服务内容，大力开展全民阅读推广活动，充分利用通信、网络等现代信息技术，搭建便捷的阅读学习服务平台，努力将图书馆打造成市民终身学习的重要文化空间。

六、总中心馆、中心馆、分馆职责

（一）总中心馆的职责

1. 根据总分馆制的基本任务要求，研究制订和组织实施总分馆长远发展规划和年度工作计划，并对完成情况进行考评；

2. 根据总分馆制具体任务要求，组织落实协调采购、集中编目、通借通还，共建数字资源库，实现区域图书馆资源共享；

3. 研究制订各项业务标准、工作要求和管理制度；

4. 建立统一的网络信息平台，提供计算机集成系统和网络系统的技术支持和维护；

5. 组织建立以中央书目数据库为依托的长沙地区图书馆书目查询系统（OPAC），强化和保障总馆和分馆之间的信息存取和利用功能；

6. 组织建立高效的总分馆文献物流传递系统，加速文献周转，确保全市图书通借通还，快速有效地满足读者需求；具体负责总馆、中心馆、城区分馆之间的馆际物流；

7. 向所有分馆提供长沙数字图书馆网上资源；开展网上参考咨询服务，及时解答分馆读者及工作人员的疑难问题；

8. 组织分馆开展全市性阅读推广活动；

9. 对所有分馆人员免费进行业务培训；

10. 负责所有分馆的考核，每年 10 月向市、区县（市）文化主管部门和财政部门反馈分馆建设和服务实际情况，为财政预算提供依据。

（二）中心馆的职责

1. 建设与服务达到文化部关于公共图书馆评估定级标准县级图书馆三级馆要求；

2. 遵守全市总分馆建设、管理与服务制度，合理调配使用辖区内分馆运行经费，确保专款专用；

3. 按照总分馆资源建设规划，做好本区域内分馆图书采编、加工、书目数据整合、图书配送；县（市）中心馆负责本辖区内分馆馆际物流；

4. 协助总馆做好本区域内分馆规划布局、建设管理、业务培训、考核评价等工作，及时掌握并向总馆反馈辖区分馆工作中存在的问题；

5. 积极参加总分馆的各项业务培训和馆际交流。

（三）分馆的职责

1. 建设与服务达到《长沙图书馆分馆建设标准》有关要求；

2. 遵守总分馆规章制度，支持全市总分馆工作，按要求完成分馆工作任务；

3. 及时向总馆或中心馆反映工作中存在的问题，传递读者需求信息，满足读者阅读需要；

4. 积极参加总馆的业务培训，并按岗位设置要求配备有一定图书馆专业水平和工作经验的工作人员 1—3 名，并保持相对稳定。

长沙图书馆共建分馆建设协议书

协议编号：

甲方：长沙市图书馆

乙方：_______ 街道

丙方：_______ 区县（市）图书馆

为了更好地保障和满足人民群众的基本文化需求，促进城乡和区域之间文化的共同发展，建设学习型社会，长沙图书馆（甲方）、××街道（乙方）、××区县（市）图书馆（丙方）经过友好协商，就共同建设“长沙图书××分馆”的相关事项，达成以下协议有关事项协议如下：

一、合作形式

1. 甲方为总馆，乙方为分馆。甲方协助乙方制订图书馆统一的业务工作标准和规则。乙方在馆舍前悬挂长沙市图书馆提供的“长沙图书馆××分馆”标牌。

2. 由甲方提供技术和服务支持，甲方负责定期为乙方更新图书。丙方统一负责乙方的图书文献的采购、编目、加工和配送工作。

3. 乙方提供馆舍（地址如下：_______________）。面积___平方米，电子阅览室坐席___个，阅览坐席___个。乙方负责分馆的馆舍日常维护工作，负责图书馆正常开放的安全管理工作。

4. 乙方自觉遵守甲方在图书馆管理与服务方面各项的规章制度，规章制度牌框按甲方要求统一配置，乙方须公开悬挂以便读者知晓。

二、甲方的责任和义务

1. 为乙方提供流通图书，并根据实际情况定期更新补充分馆图书，甲方提供的财产名称和数量以配送的实际签收清单为准，上述物品产权归甲方所有。

2. 负责乙方工作人员业务培训，并提供实习机会。

3. 为乙方提供参与甲方读者活动（如讲座、培训）及使用甲方数字图书馆现有数字资源的便利。

4. 不定期巡查乙方分馆，如乙方未依照业务规范开展服务，甲方有权提出整改意见；如乙方不配合整改，甲方有权终止合作协议，并收回流通图书及配送设备。

三、乙方的责任和义务

1. 提供馆舍和必要的设施设备。包括存包柜、防盗器、书车、阅览设备（书架、报刊架、阅览桌椅）、办公桌椅柜、铭牌（馆外）等设备，负责其日常维护，并根据图书馆业务的发展进行必要的补充。

2. 保证专职管理人员 1 名，服从丙方业务管理。

3. 对甲方、丙方提供的文献资源和设施设备有使用权与保管义务，并负责财产安全；如有丢失或损毁，须照价赔偿。

4. 负责分馆读者证的办理和图书延误费的财经事务，并按与丙方要求约定的时间及时结算缴送。

5. 确保分馆每周开放时间_____小时以上，每月办理读者证_____个以上，每年服务读者_____人次以上，每年外借文献_____册次以上。

6. 每月 5 日前向丙方报送分馆读者需求信息和服务统计情况（如借阅量、借阅人次、读者反馈等）。

7. 积极组织管理人员参加总分馆各项业务培训，并积极配合开展“世界读书日”“图书馆宣传周”和“三湘读书月”等各项阅读活动。

8. 基于分馆业务工作发展与宣传需要，丙方在知会乙方后，组织专家进行业务评估、评比及学习、调研等活动；乙方在获悉信息后，要及时对专项评估、评比与学习等做好准备与参与工作。

四、丙方的职责和义务

1. 负责分馆场地、社会文化资源建设，支持读者活动开展。

2. 负责乙方年增新书采购、加工、配送，并保障甲方与乙方的馆际物流。

3. 负责协调甲方与乙方的关系，帮助解决合作中遇到的问题和困难。

五、本协议有效期为____年，自____年__月__日至____年__月__日。

六、协议期满后，三方协商一致，同意延期的，应续签协议；不再续签协议的，乙方不得以“长沙图书馆 ×× 分馆”的名义开展业务活动，所有甲方、丙方提供的图书、设备等财产由甲方、丙方收回。

七、本协议一式四份，三方各执一份，具有同等法律效力，自三方签字盖章之日起生效。

八、未尽事宜，三方应本着平等合作的原则友好协商解决，如发生纠纷，由长沙市仲裁委员会仲裁。

甲方：长沙图书馆（盖章）

法人代表签字：

日期：　　年　　月　　日

乙方：______（盖章）

法人代表签字：

日期：　　年　　月　　日

丙方：×× 区县（市）图书馆（盖章）

法人代表签字：

日期：　　年　　月　　日

长沙图书馆直属分馆建设协议书

协议编号：

甲方：长沙市图书馆

乙方：____________

为了更好地保障和满足人民群众的基本文化需求，促进城乡和区域之间文化的共同发展，建设学习型社会，经甲乙双方友好协商，就共同建设“长沙图书馆××分馆”的相关事项，达成协议如下：

一、合作形式

1. 甲方为总馆，乙方为分馆。甲方指导乙方制订图书馆统一的业务工作标准和规则。乙方在馆舍前明显位置悬挂长沙市图书馆提供的“长沙图书馆 xx 分馆”标牌。

2. 由甲方提供技术和服务支持，并定期为乙方更新图书。

3. 乙方提供馆舍（地址如下：______________）。面积____平方米，电子阅览室坐席___个，阅览坐席___个。乙方负责分馆的馆舍日常维护工作，负责图书馆正常开放的安全管理工作。

4. 乙方自觉遵守甲方在图书馆管理与服务方面的各项规章制度，规章制度牌框按甲方要求统一配置，乙方须公开悬挂。

二、甲方的责任和义务

1. 负责总分馆集群业务管理系统的管理和维护，协调规划总分馆书目数据库建设，并做好书目数据的统一审校。

2. 为乙方提供流通文献资源，甲方负责总、分馆之间的馆际物流，甲方提供的财产名称和数量以配送的实际签收清单为准，上述物品产权归甲方所有。

3. 组织总分馆业务培训，为乙方提供总分馆读者证，指导和协调读者服务工作。

4. 为乙方提供参与甲方读者活动（如讲座、培训）及使用甲方数字图书馆现有数字资源的便利。

5. 不定期巡查乙方分馆，如乙方未依照业务规范开展服务，甲方有权提出整改意见；如乙方有整改不配合的情况，甲方有权终止合作协议，并收回文献资源。

三、乙方的责任和义务

1. 达到《长沙图书馆机关（企业）分馆建设标准》（见附件）建设要求，提供馆舍和必要的设施设备。包括防盗器、书车、阅览设备（书架、报刊架、阅览桌椅）、办公桌椅柜等设备，负责其日常维护，并根据图书馆业务的发展进行必要的补充。

2. 对甲方提供的文献资源等有使用权与保管义务，并负责甲方提供财产的安全；如有丢失或损毁，则按照《长沙市图书馆总分馆财产管理制度》赔偿。

3. 负责分馆办理读者证和读者图书滞还费的财经事务，并按与甲方要求约定的时间及时结算缴送。

4. 按甲方开放要求保证正常开放，每月办理读者证_____个以上，每年服务读者_____人次以上，每年外借文献_____册次以上。

5. 每月 5 日前向甲方报送分馆读者需求信息和服务统计情况（如借阅量、借阅人次、读者反馈等）。

6. 积极组织管理人员参加各项业务培训，并积极配合开展“世界读书日”“图书馆宣传周”和“三湘读书月”等读书活动。

7. 基于分馆业务工作发展需要，甲方在通知乙方后，组织专家进行业务评估、评比及学习、调研等活动；乙方要及时对专项评估、评比与学习等做好准备与参与工作。

四、本协议有效期为____年，自____年__月__日至____年__月__日。

五、协议期满后，协商一致，同意延期的，应续签协议；不再续签协议的，乙方不得以“长沙图书馆××分馆”的名义开展业务活动，所有甲方提供的图书、设备等财产由甲方收回。

六、本协议一式四份，双方各执二份，具有同等法律效力，自双方签字盖章之日起生效。

七、未尽事宜，双方应本着平等合作的原则友好协商解决，如发生纠纷，由长沙市仲裁委员会仲裁。

甲方（盖章）：长沙市图书馆	乙方（盖章）：
法定代表人（或授权代表）	法定代表人（或授权代表）
签字：	签字：
联系电话：	联系电话：
日期：　　年　月　日	日期：　　年　月　日

城市街区自助图书馆服务管理协议书

协议编号：CSLIB-SSL-0__-S03-2012

甲　方：长沙市图书馆
地　址：长沙市解放西路84号
联系人：________　　**联系电话：**88614730
传　真：88614730　　**24小时服务电话：**13607495050

乙方：______________________________
联系地址：______________________________
联系人：________　　**联系电话：**________
传真：________　　**24小时服务电话：**________

为使广大市民享受到便捷的自助图书馆服务，甲、乙双方经友好协商，在甲方管理的辖区范围内安装、运行城市街区自助图书馆（以下简称“自助图书馆”），开展自助图书馆服务。双方本着平等互利、互相信赖、共同发展的原则，达成以下协议。

第1条　标的物及范围

乙方申请使用甲方的自助图书馆，由甲方在双方协定的地点安装自助图书馆服务机，为该服务点所在区域及周边地区的市民提供免费的自助图书馆服务，服务机的详细安装地址为：

机器编号	服务点名称	具体安装地点

本协议条款以下所述“自助图书馆”“自助图书馆服务机”，专指安装在上述地点的自助图书馆、自助图书馆服务机。

第 2 条　协议有效期

本协议有效期为自双方签字确认之日起，至____年__月__日。

第 3 条　自助图书馆的运行环境

3.1 自助图书馆的安装地点已经双方协商和确认，任何一方不得自行变更该地点位置。乙方对自助图书馆在该地点的运行，不收取任何租赁费、管理费等费用。

3.2 就自助图书馆在该服务点的使用许可、占地面积、运行噪音、承重、电力负荷、网络接入、遮阳避雨、人流密度等要求，双方已经过充分协商和沟通，并达成一致意见。

3.3 对自助图书馆的电力接入，相关的电力费用由乙方与供电管理部门进行结算。

3.4 自助图书馆的网络接入由乙方按照城市街区自助图书馆系统的运行要求进行统一规划和实施，相关的网络租赁费由乙方予以承担。

3.5 自助图书馆的物流配送、故障维修由甲方指定专门的物流管理单位、维修维护单位进行实施和管理。

第 4 条　甲方的权利和义务

4.1 甲方的权利

（1）按照本协议，为乙方免费提供自助图书馆服务机，但相关设备的所有权归甲方所有。

（2）如乙方未按照本协议约定进行配合和支持，拒绝继续履行本协议的相关义务，甲方有权对自助图书馆进行回收。

4.2 甲方的义务

（1）负责自助图书馆的入场运输、安装、调试，并须在设备入场前提前通知乙方，就入场等相关事宜与乙方达成一致。

（2）负责自助图书馆设施的日常服务管理和运行状态监控，提供服务所需的文献资源。

（3）委托专业物流管理单位对自助图书馆进行日常物流配送、文献收取，并承担相应的费用。

（4）委托专业维护维修单位对自助图书馆进行故障维修和定期巡检，并承担相应的费用。

第 5 条　乙方的权利和义务

5.1 乙方的权利

（1）有权依据辖区市民的要求，就自助图书馆的开放服务时间、配送图书类型等向甲方提出要求和改进意见。

（2）有权对自助图书馆的物流管理单位工作人员、服务机维护单位工作人员的进出安全许可、停靠要求、作业行为提出合理要求和指导性意见。

5.2 乙方的义务

（1）指定专门工作人员，负责自助图书馆入场安装的各项协调工作和准备工作，包括：

①按照自助图书馆设施的参数要求（具体参数详见附件一），提供自助图书馆服务机的安装场地；并就自助图书馆在该安装场地的运行与可能受其影响的住户或利益单位进行过沟通和协调。

②按照自助图书馆的运行服务要求，对安装场地的现场土建环境进行必要的改造。

③协调安装人员及车辆准入事宜，协助自助图书馆在辖区内的运输及施工安装，免费提供必要的施工电源环境及临时网络测试环境；

④对自助图书馆具体安装地点的周边环境、配电环境、网络环境进行改造，以保证自助图书馆设施的合理摆放和安装；

（2）做好自助图书馆的安全督管，安装监控设备，并将自助图书馆的安全纳入本辖区的巡视机制。如发现有对自助图书馆进行蓄意破坏、恶意阻拦他人操作等行为，须及时予以制止。在自助图书馆服务期间，发生重大问题应尽量告知甲方或报警。因设备本身所造成的故障乙方概不负责，由第三方原因造成的损坏乙方协助甲方追究第三方责任。

（3）为自助图书馆物流配送服务车辆、自助图书馆运行维护车辆等提供免费入区及停靠许可。

（4）应协助甲方开展自助图书馆设施在辖区内的服务宣传工作，在本辖区的宣传、公告设施上进行明显标注和指引。

（5）因电力线路检修、线路故障等可能对自助图书馆设施造成的运行中断或其他危害，乙方应提前通知甲方，并协助做好电路故障的排查和解决。

（6）因周边区域施工、雷雨台风天气等原因可能对自助图书馆设施运行造成的危害，乙方应提前通知甲方，并协助做好设备暂停服务通知。

（7）若乙方提供的机器摆放场地为封闭区域，区域外市民在出示读者证或提出现场办理读者证的需求后，乙方应允许其进入，使用自助图书馆。

（8）保证自助图书馆设施的卫生清洁，并约束本辖区的清洁工作人员，不得对自助图书馆服务机表体使用水枪或水管等设施直接进行喷淋。如因上述原因造成自助图书馆设备损坏，由乙方负责进行赔偿。

第 6 条　协议延期和提前终止

6.1 在协议到期前一个月内，甲乙双方协商是否续签协议。但是，如本协议任何一方未在本协议届满前一个月内通知对方在本协议期限届满后终止本协议或就下述服务期限顺延的年限提出任何异议，且本协议双方在本协议期限届满后继续履行本协议约定的，视为本协议双方同意将本协议项下的服务期限顺延，顺延期限为一年。服务期限顺延期限内，本协议的约定对本协议双方仍然具有约束力。

6.2 因特殊原因导致任何一方无法继续履行本协议的，应至少提前 15 日以适当的方式告知对方，甲乙双方可就解决方案进行协商。

6.3 若协议任何一方在协议期满之前未与对方协商达成共同意见，单方提前终止协议的，违约方应向守约方承担相应的赔偿责任。

第 7 条　争议解决

对于因本协议履行而发生的争议，双方友好协商解决。协商不成，任何一方可向长沙市有管辖权的地方行政单位进行申诉。

第 8 条　附则

8.1 未经甲乙双方书面确认，任何一方不得自行变更或修改本协议。

8.2 本协议的相关附件为本协议的组成部分，经甲乙双方确认的补充协议具有同等法律效力。

8.3 本协议一式肆份，甲乙双方各执贰份。本协议由双方法定代表人或授权代表签字并加盖公章之日起生效。

8.4 乙方已经阅读本协议条款，应乙方的要求，甲方已经就本协议的相应条款进行了解释。

甲方（盖章）：长沙市图书馆	乙方（盖章）：
法定代表人（或授权代表）	法定代表人（或授权代表）
签字：	签字：
联系电话：	联系电话：
日期：　　年　月　日	日期：　　年　月　日

长沙图书馆总分馆流通管理技术规范

长沙图书馆总分馆代码

图书馆（室）名称	图书馆（室）名称	图书馆（室）代码	图书馆（室）代码
芙蓉区图书馆	0001	长沙县图书馆	0007
天心区图书馆	0002	浏阳市图书馆	0008
岳麓区图书馆	0003	宁乡县图书馆	0009
开福区图书馆	0004	八方社区分馆	0010
雨花区图书馆	0005	杜鹃分馆	0011
望城区图书馆	0006	其他分馆	

文献类型一览表

文献类型名称	文献类型代码	文献类型名称	文献类型代码
中文图书	01	盲文图书	08
外文图书	02	地方文献	09
中文期刊	03	古籍	10
外文期刊	04	少儿外文期刊	11
少儿中文图书	05	典藏文献	12
少儿中文期刊	06	特藏文献	13
多媒体	07	少儿外文图书	14

注：典藏文献，各馆根据自身需求可以不用，市馆是专门用于总分馆流通图书的类型定义。

流通规则

规则名称	规则说明（续借当天算起）	押　金
2 册 30 天	读者可在指定地点借阅 2 册图书，借期 30 天，可续借 1 次，续期 30 天	50 元
5 册 30 天	读者可在指定地点借阅 5 册图书，借期 30 天，可续借 1 次，续期 30 天	100 元
10 册 30 天	读者可在指定地点借阅 10 册图书，借期 30 天，可续借 1 次，续期 30 天	200 元
15 册 30 天	读者可在指定地点借阅 15 册图书，借期 30 天，可续借 1 次，续期 30 天	300 元

长沙图书馆总分馆条形码规则

一、范围

（一）本规则规定了长沙地区内图书馆行业条形码使用规则。

（二）本规则适用于长沙地区内各图书馆（室）。

二、引用标准

（一）《GB/T 12908—2002 GB/T 12908—2002 信息技术 自动识别和数据采集技术条码符号规范 三九条码》

（二）《GB/T 14258—2003 信息技术 自动识别与数据采集技术条码符号印刷质量的检验》

三、码制

使用39码。

四、结构

条形码码长14位，使用纯数字编码（即不使用任何数字或符号），由4位单位代码、1位标识字符、2位年代码、6位顺序号、1位校验码组成。

五、说明

（一）单位代码使用《长沙图书馆总分馆代码表》规定代码。

（二）标识字符使用规则，按下表1规定使用：

表1　标识字符使用规则

标识符	使用含义
0	读者信息类条码
1—2	标识的文献为外文图书
3—4	标识的文献为中文图书
5	标识的文献为期刊
6	标识的文献为本馆档案资料
7	标识的文献为电子出版物
8—9	其他文献类型

（三）年代码：读者信息数据中的年代码用于标识读者借阅证办理或换发的年份；文献信息数据中的2位年代码用于该文献的入藏年份，均使用公元纪年的最后两位数字。

（四）顺序号由使用单位自己设定。

（五）校验位：纯数字条码使用模10校验，位数从左向右起，最左边的位数为1，最后一位位数位14即校验位，校验位计算方法如下：

1. 奇数分别乘2，如果积大于或等于10则取个位与十位相加的和；

2. 双数位不变。

3. 求所有位的数值之和，除以模数10减去余数。

4. 当余数为0时，校验位的值为0时，，否则就用模10减去余数，就是校验位的数值。

六、技术要求

（一）条形码高一般不超过8毫米。

（二）条形码宽应小于85毫米。

（三）空白区的最小宽度要大于2.5毫米。

（四）显示字符一般用OCR—B字符集。

（五）条码密度一般应根据扫描器分辨率的高低及印刷的误差进行选择，应符合以下表2的规定：

表 2　三九码密度和允许误差

窄单元宽度	宽单元宽度	条宽比	条（空）宽的允许误差（毫米）	条码密度 1/（25.4 毫米）
0.191	0.429	2.25	±0.043	9.40
0.292	0.876	3.00	±0.102	5.40
0.508	1.524	3.00	±0.175	3.00
1.016	2.540	2.50	±0.279	1.70
2.032	5.080	2.50	±0.559	0.85

长沙图书馆馆际调配申请表

____年 __月__ 日

书 名	条码号	所在馆	所在馆藏地点	目标馆藏地点

填写人：

分馆盖章：

读者需求信息管理

读者需求信息管理主要汇总读者预借、荐购信息，报送相关部门处理，图书半个月内送达相关指向地点。

需求类型：预借 Y 荐购 J；

指向地点：读者最近的分馆；

处理方式：总分馆调配 D 采编采购 C，描述受理分馆和部门；

来源：通过什么渠道获取的信息，如 QQ、Sys、Tel、WB、WX、Me。

需求类型	姓名	联系方式	书名/作者	指向地点	处理方式	受理时间	完成时间	来源

附录二

长沙区域图书馆联盟框架协议书

为更好地保障和满足人民群众的基本文化需求，促进区域内文化信息资源共建共享，本着自觉自愿、互利互惠、共建共享的原则，签字馆经过友好协商，就共同建立长沙区域图书馆联盟的相关事项，达成协议如下：

一、合作形式

1. 设立长沙区域图书馆联盟委员会。委员会由参加联盟的各图书馆或机构的主要负责人组成。每届任期三年，设立主任委员一名（由长沙市图书馆馆长兼任），副主任委员若干名。其职责是：组织、协调、指导、研讨联盟成员馆文献资源的共建共享等工作，并督查成员馆履行协议书情况等。委员会下设办公室于长沙市图书馆，负责处理日常事务。

2. 制订《长沙区域图书馆联盟章程》。成员单位自觉遵守联盟章程各项规定，执行联盟决议，按规定要求完成联盟布置的工作任务。

3. 联盟馆共同制订图书馆统一的业务工作标准和规则，统一制作“长沙区域图书馆联盟馆”标牌和“长沙区域图书馆联盟”读者证。各馆在本馆明显位置悬挂联盟标牌，发放一定数量的联盟读者证。

二、联盟馆责任和义务

1. 协调文献采购，优化资源配置。无论是纸质文献还是电子文献，可以统筹规划，协调采购，增强和优化资源配置。

2. 各自择定相应学科、领域、专题编制各种类型的联合书目或信息资料，实现资源共享。

3. 加强馆藏资源整合和利用，提供优质服务。有计划、有步骤、全方位地开展联合咨询、馆际互借、文献传递等协作协调工作。在书目数据共知、电子资源共享、各馆网站互联、共商服务大计、交流读者工作经验等多方面进行合作。

4. 根据事业发展需要，采用多种方式和渠道——如举办专题培训、组织巡回讲座、彼此交换馆员、互相参观访问等等，对专业人员进行培训，以增强办馆软实力。

5. 有针对性地组织馆员开展各种类型的学术、业务研讨活动，分析新情况、发现新问题、总结新经验、找出新规律。通过研讨，出成果、出人才。

6. 每年举行一次图书馆联盟联席会议或大型研讨会，经费由举办方负责筹集（可适当收取会务费），合作项目的经费预算可根据实际情况，经商定决定经费筹集方式。

7. 读者持联盟读者证至联盟馆可阅览书刊资料或借出图书，可按联盟馆相关规定使用数字资源、参加馆内读者活动。

8. 联盟馆每季度初向办公室报送上一季度的读者需求信息和服务统计情况（如借阅量、借阅人次、读者反馈等），办公室定期反馈各联盟馆数据统计情况。

三、本协议有效期为____年，自_____年__月__日至_____年__月__日。

四、协议期满后，协商一致，同意延期的，应续签协议；不再续签协议的联盟馆，不得以“长沙区域图书馆联盟馆”的名义开展业务活动，并归还其他成员馆图书、设备等财产。

五、本协议一式四份，联盟委员会办公室和成员馆各执二份，具有同等法律效力，自签字盖章之日起生效。在运行过程中，若需做适当修改、补充，亦须经长沙区域图书馆联盟委员会审定公布。

六、本协议之解释权，属长沙区域图书馆联盟委员会。未尽事宜，双方应本着平等合作的原则友好协商解决，如发生纠纷，由长沙市仲裁委员会仲裁。

长沙区域图书馆 联盟委员会（盖章）	联盟图书馆（盖章）
代表签字：	代表签字：
年　月　日	年　月　日

附录三

湖南省文献资源共建共享协作网
长沙市图书馆文献资源共建共享合作协议

文献资源共享是图书情报人的世纪梦想，也是图书情报事业和图书情报工作达到最高境界的标志，半个多世纪以来，我国图书情报界矢志不渝地为着这个理想而努力奋斗。从20世纪五十年代《全国图书协调方案》的出台，全国和各省中心图书馆委员会的建立，到1987年文化部、国家科委、国家教委、中国科学院、国防科工委等15个部委联合成立的全国部际图书情报工作协调委员会，以及开展的学科文献布局、系统文献资源布局、地域文献资源布局等全国文献资源布局模式的研究和对全国研究级文献的大规模调研等，无不浸透着各级政府和图书情报界同仁对文献资源共建共享的重视及执着追求。然而，由于技术条件和管理体制等因素的限制，我国文献资源共建共享始终停留在较低的水平上。随着社会信息化和体制改革步伐的加快，束缚共建共享的坚冰已经开始消融，社会大环境正朝着有利于共建共享的方向发展。近年来政府对图书情报事业愈益重视，用于文献资源建设的经费逐年增多，文献数量不断增加，电子信息资源增长尤为迅速。基于计算机和网络通讯技术的文献信息收集、存储、处理和传播技术的广泛应用，广大用户对文献信息的需求量越来越大，要求也越来越高。为满足用户对文献信息日益增长的需求，湖南图书馆、湖南大学图书馆、湖南省科技信息研究所为推进全省文献资源共建共享工作，率先在一些领域达成共建共享协议，并向全省图书情报界发出倡议，共同推进全省文献资源共建共享工作。

一、湖南图书馆、湖南大学图书馆、湖南省科技信息研究所作为全省公共图书馆、高校图书馆和科学专业图书馆中的有代表性的大型文献收藏单位，应当在文献资源共建共享中起到表率作用。为推进全省文献资源共建共享工作，湖南图书馆、湖南大学图书馆、湖南省科技信息所联合成立湖南省文献资源共建共享协作网，这是一个跨系统、跨部门、跨行业、跨地区的协作组织，在文献资源共建共享领域开展了全面合作。

二、湖南省文献资源共建共享协作网以共同建设、共同发展、共同提高为宗旨，优化文献资源配置，提高文献利用率，节约经费开支，充分发挥全省图书情报机构的文献资源优势、信息技术优势和人才优势，提高湖南省文献资源的保障能力、可获知能力、可获得能力，促进湖南省经济、文化、教育、科技全面协调发展。

三、成立湖南省文献资源共建共享协作网工作委员会，其职能是组织、领导和协调协作网开展工作。设立工作委员会办公室，负责管理协作网日常工作。

四、协作网成员单位的文献资源建设，要在充分考虑各自文献资源优势的基础上，合理分工，相互补充，保持特色。大部头工具书、外文文献和文献数据库的采购可以开展分工采购、集团采购的方式，要提升文献资源的共建规模，逐步建立各馆有特色的文献资源体系和全省整体化的文献资源保障系统。

五、现代网络信息技术是文献资源共建共享的重要手段和技术保障。协作网成员单位在互联网上共同建立统一的服务网站，并在网站上开放本单位的书目查询系统。

六、协作网成员单位须设立馆际资源服务岗位，承担为各协作网成员单位读者提供参考咨询的服务，并向协作网成员单位的持证读者开放阅览室，读者可以查阅各单位收藏的纸本文献和全文数据库。

七、各签约机构须向协作网成员单位的读者提供优质服务，执行协作网制订的统一的服务收费标准。协作网可以组织各种层次、各种类型的培训班，提高员工的业务素质。

八、协作网的组织、发展与管理工作按照《湖南省文献资源共建共享协作网章程》执行。省内其他图书情报单位如果同意《湖南省文献资源共建共享协作网章程》，可以提出申请，加入文献资源共建共享协作网。

九、文献资源共建共享协作网的具体工作程序遵照“工作细则”执行。

十、签约单位须利用自身的信息资源及人才资源优势提供优质服务，承担协作网办公室交与的工作与任务，履行自身的义务与责任。

湖南省文献资源共建共享协作网	长沙市图书馆
签名：	签名：
年　月　日	年　月　日